1교시
제국주의

책 속의 QR 코드로 용선생의 세계 문화유산 강의를 볼 수 있습니다.
QR 코드를 스캔하여 회원 가입 및 로그인 진행 후
도서 구매 시 제공된 영상 쿠폰 번호를 등록해 주세요.

영상 재생 방법
❶ QR 코드 스캔 ⋯ ❷ 회원 가입 / 로그인 ⋯ ❸ 영상 쿠폰 번호 등록 ⋯ ❹ 영상 재생

회원 가입/로그인 후에 영상 재생을 위해 QR 코드를 다시 스캔해 주세요.
쿠폰 번호는 최초 1회만 등록 가능하며, 변경 또는 양도할 수 없습니다.
로그인 상태라면 즉시 영상을 재생할 수 있습니다.
PC에서는 용선생 클래스(yongclass.com)에서 시청할 수 있습니다.

영상 재생 방법 안내

글 차윤석
서울대학교 독어독문학과를 졸업하고 같은 학교 대학원에서 석·박사 과정을 거친 뒤 독일 뮌헨대학교에서 중세문학 박사 과정을 마쳤습니다.

글 김선빈
고려대학교 국어국문학과를 졸업하고 웹진 <거울> 등에서 소설을 썼습니다. 어린이 교육과 관련된 일을 시작하여 국어, 사회, 세계사와 관련된 다양한 교재와 콘텐츠를 개발했습니다.

글 박병익
고려대학교 사학과를 졸업한 뒤 대중적이면서도 깊이 있는 역사책을 만들고 있습니다.

글 김선혜
고려대학교 사학과를 졸업하고 여러 회사에서 콘텐츠 매니저, 기획 업무를 담당했습니다.

그림 이우일
홍익대학교에서 시각디자인을 공부한 만화가입니다. '노빈손' 시리즈의 모든 일러스트레이션을 그렸으며 지은 책으로는 《우일우화》, 《옥수수빵파랑》, 《좋은 여행》, 《고양이 카프카의 고백》 등이 있습니다. 그림책 작가인 아내 선현경, 딸 은서, 고양이 카프카와 함께 그림을 그리고 글을 쓰며 살고 있습니다.

설명삽화 박기종
단국대학교 동양화과와 홍익대학교 대학원을 나와 지금은 아이들의 신나는 책 읽기를 위해 어린이 책 일러스트 작가로 활동하고 있습니다. 발간된 책으로는 《늦둥이 이른둥이》, 《말 잘 듣는 약》, 《천재를 뛰어넘은 77인의 연습벌레들》, 《수학 대소동》, 《과학 탐정 브라운》, 《북극곰의 내일》 등이 있습니다.

지도 김경진
'매핑'이란 지도 회사에서 일하면서 어린이, 청소년 책에 지도를 그리고 있습니다. 얼마 전까지 중학교 교과서 만드는 일도 했습니다. 참여한 책으로는 《아틀라스 중국사》, 《아틀라스 일본사》, 《아틀라스 중앙유라시아사》, 《미래를 여는 한국의 역사》 등이 있습니다.

구성 장유영
서울대학교에서 지리교육과 언론정보학을 공부했습니다. 졸업 후 학교에서 학생들을 가르치다 지금은 어린이책을 만들고 있습니다.

구성 정지윤
서울대학교 국어교육과를 졸업하고 문화예술, 교육 분야 기관에서 기획 업무를 담당했습니다.

자문 및 감수 강영순
아세아연합신학대학교 아세아학과를 졸업하고 한국외국어대학교 대학원 아시아학과에서 석사 학위를, 국립 인도네시아대학교에서 박사 학위를 받았습니다. 현재 한국외국어대학교 말레이·인도네시아어통번역 학과에서 강의를 하고 있습니다. <인도네시아 환경정치에 대한 연구: 열대림을 중심으로>, <수까르노와 이승만: 제2차 세계 대전 후 건국 지도자 비교>, <인도네시아 서 파푸아 특별자치제에 관한 연구> 등의 논문을 지었습니다.

자문 및 감수 김광수
한국외국어대학교를 졸업하고 남아프리카 공화국 노스-웨스트대학교 역사학과에서 석사·박사 학위를 받았습니다. 현재 한국외국어대학교 아프리카연구소 HK교수로 재직 중입니다. 지은 책으로 《스와힐리어 연구》, 《에티오피아 악숨 문명》 등이 있고, 함께 지은 책으로 《7인 7색 아프리카》, 《남아프리카사》 등이 있으며 《현대 아프리카의 이해》를 우리말로 옮겼습니다.

자문 및 감수 박상수
고려대학교 사학과를 졸업하고 같은 학교 대학원에서 석사학위와 박사과정 수료를, 프랑스 국립 사회과학고등연구원에서 박사 학위를 받았습니다. 현재 고려대학교 사학과 교수로 재직하고 있습니다. 지은 책으로 《중국혁명과 비밀결사》 등이 있고, 함께 지은 책으로는 《동아시아, 인식과 역사적 실재: 전시기(戰時期)에 대한 조명》 등이 있습니다. 《중국현대사 - 공산당, 국가, 사회의 격동》을 우리말로 옮겼습니다.

자문 및 감수 박수철
서울대학교 역사교육과를 졸업하고 같은 대학 대학원 동양사학과에서 석사를, 일본 교토대에서 박사 학위를 받았습니다. 현재는 서울대학교 역사학부 교수로 재직 중입니다. 지은 책으로는 《오다·도요토미 정권의 사사지배와 천황》이 있으며, 함께 지은 책으로는 《아틀라스 일본사》, 《사료로 보는 아시아사》, 《일본사의 변혁기를 본다》 등이 있습니다.

자문 및 감수 이은정
한국외국어대학교 터키어과를 졸업하고 튀르키예 국립 앙카라 대학교 역사학과에서 석사 학위를, 서울대학교 서양사학과에서 박사 학위를 받았습니다. 현재는 서울대학교 등에서 강의를 하고 있습니다. <16-17세기 오스만 황실 여성의 사회적 위상과 공적 역할- 오스만 황태후의 역할을 중심으로>와 <'다종교·다민족·다문화'적인 오스만 제국의 통치전략> 등의 논문을 지었습니다.

자문 및 감수 이지은
이화여대 사학과를 졸업하고 한국외국어대학교와 인도 델리대학교, 네루대학교에서 석사·박사 학위를 받았습니다. 현재 한국외국어대학교 인도연구소 HK연구교수로 일하고 있습니다. 함께 지은 책으로는 《탈서구중심주의는 가능한가》가 있으며 <인도 식민지 시기와 국가형성기 하층카스트 엘리트의 저항 담론 형성과 역사인식>, <반서구중심주의에서 원리주의까지> 등의 논문을 지었습니다.

자문 및 감수 최재인
서울대학교 서양사학과를 졸업하고 같은 학교 대학원에서 석사·박사 학위를 받았습니다. 현재 서울대학교 강사로 일하고 있습니다. 함께 지은 책으로 《서양여성들 근대를 달리다》, 《여성의 삶과 문화》, 《다민족 다인종 국가의 역사인식》, 《동서양 역사 속의 다문화적 전개양상》 등이 있고, 《가부장제와 자본주의》, 《유럽의 자본주의》, 《세계사 공부의 기초》 등을 우리말로 옮겼습니다.

교과 과정 감수 박혜정
성균관대학교 역사교육과를 졸업하고 현재는 경기도 용인 신촌중학교에서 근무하고 있습니다. 『나의 첫 세계사』를 집필하였습니다.

교과 과정 감수 한유라
홍익대학교 역사교육과를 졸업하고, 현재는 경기도 광명 충현중학교에서 근무하고 있습니다. 『12.3 사태, 그날 밤의 기록』을 집필하였습니다.

교과 과정 감수 원지혜
동국대학교 역사교육과를 졸업하고, 현재는 경기도 시흥 은계중학교에서 근무하고 있습니다. 『더 늦기 전에 시작하는 생태환경사 수업』의 공저자입니다.

기획자문 세계로
1991년부터 역사 전공자들이 모여 함께 고민하고 연구하며 한국사와 세계사를 가르치고 있습니다. 《용선생의 시끌벅적 한국사》 기획에 참여했고, 지은 책으로는 역사동화 '이선비' 시리즈가 있습니다.

11 제국주의의 등장

제국주의의 등장, 이슬람 세계의 쇠퇴, 청나라의 몰락과 일본의 부상

교양으로 읽는
용선생
세계사

글 | 차윤석 김선빈 박병익 김선혜
그림 | 이우일 박기종

차례

2교시 이슬람 세계의 위기와 개혁 운동

중앙아시아의 눈물, 아프가니스탄	078
조금씩 흔들리는 오스만 제국	084
화려했던 오스만 제국의 튤립 시대	091
유럽 열강이 오스만 제국을 본격적으로 침략하다	096
벼랑 끝에 선 제국, 예니체리를 몰아내고 개혁에 나서다	100
이집트가 영국의 보호국이 되다	109
서아시아의 강국 페르시아가 몰락하다	116
나선애의 정리노트	123
세계사 퀴즈 달인을 찾아라!	124
용선생 세계사 카페	
《쿠란》의 가르침으로 돌아가자! 와하브 운동과 이슬람 원리주의	126
오스만 제국의 베르사유 궁전 돌마바흐체 궁전	130

교과 연계 중학교 역사① V-3 아시아의 국민 국가 건설 운동

1교시 제국주의 열강이 세계를 주름잡다

아프리카의 심장부 콩고 분지의 세 나라	014
유럽 열강이 식민지 경쟁에 뛰어들다	020
영국이 동인도 회사를 앞세워 인도를 집어삼키다	029
열강이 동남아시아와 태평양의 섬들을 식민지로 만들다	036
유럽 열강이 아프리카를 갈라 먹다	047
해가 지지 않는 나라 영국, 북방의 거인 러시아와 대립하다	055
나선애의 정리노트	063
세계사 퀴즈 달인을 찾아라!	064
용선생 세계사 카페	
아프리카를 고향으로 여긴 탐험가 리빙스턴	066
레오폴드 2세가 만든 생지옥 콩고	070

교과 연계 중학교 역사① V-2 유럽의 산업화와 제국주의

3교시
청나라가 무너지고 중화민국이 탄생하다

중국의 아픈 역사 조계지의 오늘날	136
영국 동인도 회사의 아편으로 청나라가 휘청거리다	142
영국이 청나라와 아편 전쟁을 벌이다	148
태평천국 운동으로 청나라가 혼란에 빠지다	156
개혁이 잇따라 실패하다	161
의화단 운동으로 더욱 흔들리는 청나라	169
청나라가 무너지고 중화민국이 세워지다	172
나선애의 정리노트	181
세계사 퀴즈 달인을 찾아라!	182
용선생 세계사 카페	
현대 중국의 아버지 쑨원	184
무술의 달인 황페이훙	186

교과 연계 중학교 역사① V-3 아시아의 국민 국가 건설 운동

4교시
메이지 유신이 성공하고 일본이 열강으로 떠오르다

일본의 관문 서남부 지역에 가다	192
에도 막부가 쇄국 정책을 포기하다	196
무사들이 천황을 앞세워 막부를 무너뜨리다	204
머리부터 발끝까지 전부 서양식으로 바꿔라!	212
조선을 침략하고 청나라에 승리를 거두다	224
일본이 러시아를 무너뜨리고 열강으로 떠오르다	232
나선애의 정리노트	241
세계사 퀴즈 달인을 찾아라!	242
용선생 세계사 카페	
막부를 지키는 무사 집단 신센구미	244
메이지 시대에 만들어진 일본 기업들	246

교과 연계 중학교 역사① V-3 아시아의 국민 국가 건설 운동

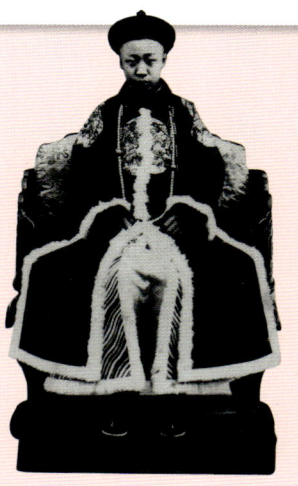

한눈에 보는 세계사-한국사 연표	250
찾아보기	252
참고문헌	254
사진 제공	261
퀴즈 정답	263

초대하는 글

용선생 역사반, 세계로 출발!

　여러분, 안녕! 용선생 역사반에 온 걸 환영해!
　용선생 역사반의 명성은 익히 들어 잘 알고 있겠지? 신나고 즐거운 데다 깊이까지 있다고 소문이 쫙 났더라고. 역사반에서 공부한 하다와 선애, 수재, 영심이도 중학교 잘 다니고 있다는 소식을 들었지.
　그런데 어느 날 중학생이 된 하다와 선애, 수재, 영심이가 다짜고짜 찾아와서 막 따지는 거야.
　"선생님! 왜 역사반에서는 한국사만 가르쳐 주신 거예요?"
　"중학교 가자마자 세계사를 배우는데, 이름도 지명도 너무 낯설고 어려워요!"
　"역사반 덕분에 초등학교 때는 천재 소리 들었는데, 중학교 가서 완전 바보 되는 거 아니에요?"
　한참을 그러더니 마지막에는 세계사도 가르쳐 달라고 조르더라고.
　"너희들은 중학생이어서 역사반에 들어올 수 없어~"
　그랬더니 선애가 벌써 교장 선생님한테 허락을 받았다는 거야. 아닌 게 아니라 다음날 교장 선생님께서 나를 불러 이러시더군.

"용선생님, 방과 후 시간에 역사반 아이들을 위한 세계사 수업을 해 보면 어떨까요?"

결국 역사반 아이들은 다시 하나로 뭉쳤어.

원래 역사반에서 세계사까지 가르칠 계획은 전혀 없었지만… 피할 수 없다면 즐겨라. 역사반 아이들이 이토록 원하는데 용선생이 어떻게 가만히 있을 수 있겠어? 그래서 중·고등학교 세계사 교과서들은 물론이고, 서점에 나와 있는 세계사 책들, 심지어 미국과 독일을 비롯한 세계사 교과서까지 몽땅 긁어모은 뒤 철저히 조사했어. 뭘 어떻게 가르칠지 결정하기 위해서였지. 그런 뒤 몇 가지 원칙을 정했어.

첫째, 지도를 최대한 활용하자! 서점에 나와 있는 책들은 대부분 지도가 부족하더군. 역사란 건 공간에 시간이 쌓인 거야. 그러니 그 공간을 알아야 역사가 이해되지 않겠어? 그래서 지도를 최대한 많이 넣어서 너희들의 지리 감각을 올려주기로 했단다.

둘째, 사람들이 살아가는 모습을 꼼꼼히 들여다보자! 세계사 공부를 할 때 중요 사건이 왜 일어났는지도 중요하지만, 그때 사람들이 어떤 모습으로 살았는지도 중요해. 그 모습을 보면, 그들이 왜 그렇게 살았는지, 우리와는 무엇이 같고 다른지 알 수 있게 될 거야.

셋째, 사진과 그림을 최대한 많이 보여주자! 사진 한 장이 백 마디 말보다 사건이나 시대 분위기를 훨씬 더 효과적으로 전달할 때가 많아. 특히 세계사를 처음 배울 때는 이런 시각 자료가 큰 도움이 되지. 사진이나 그림은 당시 분위기를 파악하는 데도 아주 좋은 자료란다.

==넷째, 다른 역사책에서 잘 다루지 않는 지역의 역사도 다루자!== 인류 문명은 어떤 특정한 집단이나 나라가 만든 게 아니라, 지구상에 살았던 모든 집단과 나라가 빚어낸 합작품이야. 아프리카, 아메리카 원주민, 유목민도 유럽과 아시아 못지않게 인류 문명의 발전에 기여했다는 말이지. 세계 각지에서 일어난 문명과 역사를 알면 세계사가 더 쉽게 느껴질 거야.

==다섯째, 과거와 현재를 연결하자.== 수업 시작하기 전에 그 시간에 배울 사건들이 일어났던 나라나 도시의 현재 모습을 보게 될 거야. 그 장소가 과거뿐 아니라 지금도 사람들의 삶의 현장이라는 것을 보여 주기 위해서지. 예를 들어 메소포타미아 하면 사람들은 메소포타미아 문명이 일어난 곳으로만 알지, 지금 그곳에 이라크라는 나라가 있다는 사실은 모르는 경우가 많아. 지금 이라크 사람들의 모습과 옛날 메소포타미아 문명 사람들의 모습을 비교해 보는 것도 좋은 역사 공부 방법이란다.

이런 원칙으로 재미있게 세계사 공부를 하려는데, 작은 문제가 하나 있어. 세계사는 한국사와 달리, 직접 현장을 방문하기가 쉽지 않다는 점이지. 하지만 용선생이 누구냐. 역사 공부를 위해서라면 물불 가리지 않는 용선생이 이번에는 너희들이 볼 수 있는 영상도 만들었어. ==책 속의 QR코드를 찍으면 세계 곳곳의 문화유산과 흥미로운 사건을 볼 수 있을 거야.==

자, 얘들아. 그럼 이제 슬슬 세계사 여행을 시작해 볼까?

등장인물

'용쓴다 용써' 용선생

어쩌다 맡게 된 역사반에, 한국사에 이어 세계사까지 가르치게 됐다. 맡은바 용선생의 명예를 욕되게 할 수는 없지. 제멋대로 자란 머리카락을 휘날리며 오늘도 용쓴다.

'장하다 장해' 장하다

'튼튼하게만 자라 다오.'라는 아버지의 소원대로 튼튼하게만 자랐다. 세계적인 축구 스타가 꿈! 세계를 다니려면 세계사 지식도 필수라는 생각에 세계사반에 지원했다. 영웅 이야기를 좋아해서 역사 인물들에게 관심이 많다.

'오늘도 나선다' 나선애

역사 마스터를 꿈꾸는 우등생. 공부도 잘하고 아는 게 많아서 잘 나선다. 글로벌 인재가 되려면 기초 교양이 튼튼해야 한다는 생각으로 용선생을 찾아가 세계사반을 만들게 한다. 어려운 역사 용어들을 똑소리 나게 정리해 준다.

'잘난 척 대장' 왕수재

시도 때도 없이 잘난 척을 해서 얄밉지만 천재적인 기억력 하나만큼은 인정. 또 하나 천재적인 데가 있으니 바로 깐족거림이다. 세계를 무대로 한 사업가를 꿈꾸다 보니 지리에 관심이 많다.

'엉뚱 낭만' 허영심

엉뚱 발랄한 매력을 가진 역사반의 분위기 메이커. 남다른 공감 능력이 있어서 사람들이 고통을 겪을 때면 눈물을 참지 못한다. 예술과 문화에 관심이 많고, 그 방면에서는 뛰어난 상식을 자랑한다.

'깍두기 소년' 곽두기

애교가 넘치는 역사반 막내. 훈장 할아버지 덕분에 뛰어난 한자 실력을 갖추고 있으며, 어휘력만큼은 형과 누나들을 뛰어넘을 정도. 그래서 새로운 단어가 등장할 때마다 한자 풀이를 해 주는 것이 곽두기의 몫.

1교시

제국주의 열강이 세계를 주름잡다

산업 혁명을 통해 급속한 발전을 이룬 서유럽 강국들은
전 세계로 활동 범위를 넓혀 나갔어.
이 과정에서 몇몇 국가가 경쟁적으로 식민지를 넓히며
세계를 주름잡는 제국으로 성장했지.
이 시기를 제국주의 시대라고 해.
오늘은 유럽 열강이 치열하게 경쟁을 벌였던
제국주의 시대로 떠나 보자.

1784년	1869년	1879년~1884년	1884년	1887년	1898년	1914년
1784년 인도법 통과	수에즈 운하 개통	스탠리가 콩고 지방을 탐험함	베를린 회의	프랑스령 인도차이나 건설	파쇼다 사건	파나마 운하 개통

역사의 현장 지금은?

아프리카의 심장부 콩고 분지의 세 나라

콩고 공화국과 콩고 민주 공화국, 가봉은 적도가 지나가는 중앙아프리카 콩고 분지에 위치한 나라들이야. 콩고 공화국과 가봉은 프랑스, 콩고 민주 공화국은 벨기에의 식민 지배를 받다 1960년에 독립해 대통령제 민주 국가를 세웠어. 세 나라의 공용어는 프랑스어, 주요 종교는 크리스트교야. 국토 대부분은 열대 우림 기후, 일부 지역은 건기와 우기가 뚜렷한 사바나 기후지. 주요 산업은 농업과 광공업이야.

▲ 세계에서 두 번째로 큰 콩고 열대 우림

콩고강과 콩고 분지

아프리카 중서부 콩고강은 아프리카에서 나일강 다음으로 긴 강이야. 유량은 아마존강에 이어 세계에서 두 번째로 많고, 수심은 가장 깊지. 유역이 무려 한반도의 15배로 10개국에 걸쳐 있단다. 콩고 분지는 피그미족 등 다양한 부족과 온갖 희귀 동물의 터전이자 수많은 광물 자원이 매장된 자원 창고야.

⬇ **콩고 민주 공화국의 끝없는 차밭** 차, 고무, 바나나 같은 단일 열대 작물을 상업적 목적으로 대량 생산하는 플랜테이션 농업도 발달했어.

⬆ **키가 작아 유명해진 피그미족**
피그미족의 평균 키는 1.2미터에서 1.4미터로 매우 작아.

중앙아프리카의 자원 백화점 콩고 민주 공화국

콩고 분지 대부분을 차지하고 있는 콩고 민주 공화국은 수도의 이름을 따서 킨샤사 콩고라고도 불러. 면적은 한반도의 11배, 인구는 1억 명 가까이 돼. 알제리에 이어 아프리카에서 두 번째, 세계에서 열한 번째로 큰 나라란다. 콩고 민주 공화국에는 금, 구리, 콜탄, 코발트, 다이아몬드 등 온갖 광물 자원이 매우 풍부해. 핵폭탄의 원료인 우라늄의 주 생산지이기도 한데, 1945년 일본에 투하된 핵폭탄도 콩고의 우라늄으로 만들었어. 하지만 오랜 내전 때문에 경제 발전이 매우 더뎌 세계에서 손꼽히는 가난한 나라 중 하나야.

◆ **인기 광물 자원 콜탄**
스마트폰과 같은 전자 제품 회로에 쓰이는 탄탈럼이 콜탄에서 나와. 세계 콜탄의 80퍼센트가 콩고 민주 공화국에 매장돼 있는데, 콜탄을 마구 채취하는 바람에 콩고 열대 우림이 파괴되고 있단다.

◆ **코발트** 전기차 배터리의 핵심 원료야. 전 세계 코발트의 60퍼센트가 이 나라에서 생산돼.

↑ 콜탄 때문에 멸종 위기에 처한 마운틴 고릴라

◆ **천만 인구가 사는 킨샤사**
킨샤사는 이집트 카이로와 나이지리아 라고스에 이어 아프리카에서 세 번째로 큰 대도시야.

016

중앙아프리카의 정치 중심지 콩고 공화국

콩고 공화국은 가봉과 콩고 민주 공화국 사이에 있어. 콩고 민주 공화국과 마찬가지로 수도의 이름을 따서 브라자빌 콩고라고도 부른단다. 면적은 한반도의 1.5배, 인구는 약 630만 명이야. 콩고 공화국은 독립 이후 오랫동안 공산주의 체제를 거치며 경제가 어려운 상황이야. 석유 수출이 국내 총생산(GDP)의 대부분을 차지하지만 아직도 대다수 국민은 농업에 종사해.

↓ 중앙아프리카의 정치 중심지 브라자빌

브라자빌은 콩고강을 끼고 킨샤사와 마주하고 있어. 프랑스령 적도 아프리카의 수도였고 제2차 세계 대전 땐 프랑스 본부가 있었어. 미국, 유럽 국가와 가깝게 지내는 아프리카 12개국의 모임인 브라자빌 그룹도 이곳에서 결성됐지.

← **나벰바 타워** 기업, 정부 기관, 유네스코 같은 국제기구들이 들어선 높이 186미터의 건물이야.

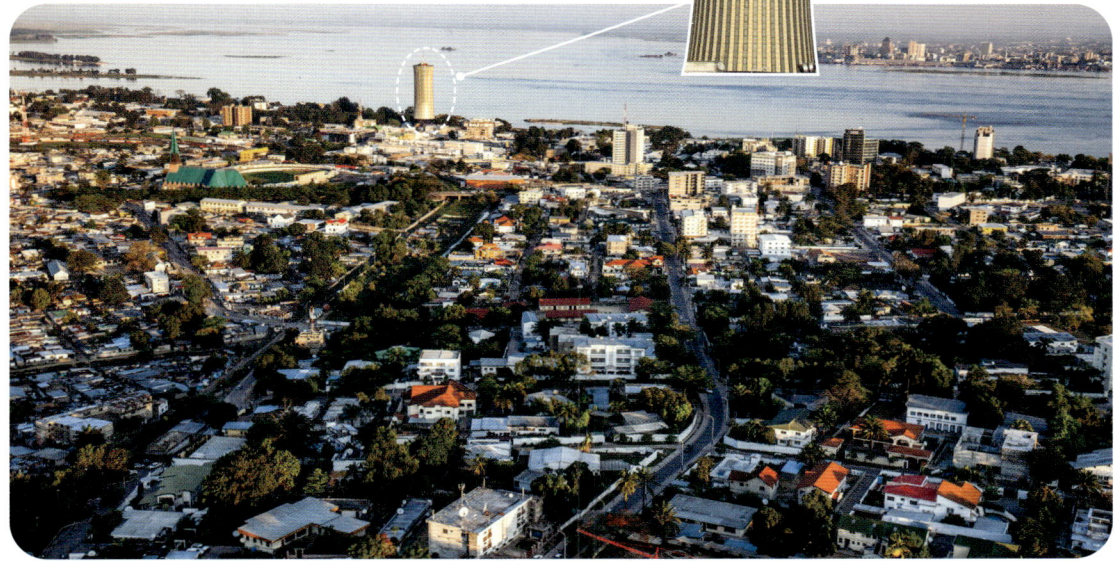

↓ 푸앵트누아르의 기차역

푸앵트누아르는 콩고 공화국 남서부 대서양 해안에 위치한 항구 도시야. 수도 브라자빌까지 철도가 건설되면서 푸앵트누아르는 아프리카 중부 내륙과 바다를 연결하는 관문이 됐어.

대서양의 관문 가봉

가봉은 아프리카 중서부 대서양 연안에 있어. 인구 약 230만 명, 면적은 한반도보다 조금 더 크지만 아프리카에서는 작은 편이지. 하지만 사하라 이남 아프리카에서는 경제 수준이 높은 편이야. 인구에 비해 석유 자원이 풍부하고, 대서양에 접해 있어서 수출입에 유리한 데다가 내전 같은 혼란도 없거든. 그래서 해외 자본 투자가 활발한 편이지. 아프리카 국가 중에는 최초로 1962년 한국과 수교를 맺기도 했어.

↑ **수도 리브르빌** 가봉강 하구 대서양 연안에 자리한 항구 도시야. 가봉 인구의 절반이 거주하고 있어.

↑ **가봉 서부의 항구 도시 포르장티의 석유 정제 공장**

↑ **오웬도 항구의 목재들**
목재, 코코아, 고무 등도 가봉의 주요 수출품이야.

세 나라의 음식 문화

아프리카 콩고 분지 사람들은 뭘 먹고 살까? 이곳에선 감자와 맛이 비슷한 뿌리 식물인 카사바, 옥수수, 땅콩, 콩, 가지, 토마토, 양파 등이 주로 재배돼. 또 바나나, 망고 같은 열대 과일도 잘 자라. 더운 날씨에 금방 상하지 않도록 기름에 튀기거나 매운 향신료를 많이 쓴단다.

↑ 팜나무 열매
팜나무 열매에서 얻는 팜유는 아프리카의 주요 수출 품목이야. 라면, 세제, 화장품 제조 등 다양한 용도로 쓰인단다.

← 팜 와인
팜나무 열매로 만든 전통 술이야.

푸푸 / 모암베 소스

↑ 푸푸와 모암베
푸푸는 카사바 가루나 옥수숫가루를 덩어리로 반죽해 찐 건데 지역마다 부르는 이름이 다양해. 푸푸는 주로 땅콩 소스, 팜유 등을 섞어 만든 모암베 소스로 요리한 반찬이랑 같이 먹어.

← 카사바
주로 갈아서 가루로 만든 뒤 삶아서 먹어.

↑ 바부트
콩과 고기, 야채를 넣고 끓이는 전통 수프야.

← 삥리삥리 고추
아프리카에서 즐겨 먹는 고추야. 매운맛이 특징으로, 소스로 만들어 먹기도 해.

019

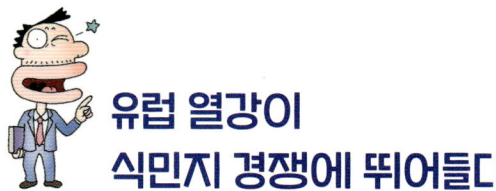
유럽 열강이 식민지 경쟁에 뛰어들다

"제국주의? 갑자기 제국주의라는 말을 만든 이유라도 있나요? 지금까지도 제국은 많았잖아요."

"맞아요. 로마 제국도 있고, 페르시아 제국도 있었는데."

왕수재의 질문에 영심이도 이상한 듯 한마디를 덧붙였다.

"좋은 질문이야. '제국'이라는 말은 오래전부터 써 왔지만, '제국주의'라는 말은 1800년대 후반에 생겨났어. 영국이나 프랑스 같은 서유럽의 몇몇 강대국이 세계 곳곳에 경쟁적으로 식민지를 건설해 나가자, 그 모습이 꼭 고대 로마 제국이 무차별적으로 영토를 넓히던 모습을 떠올리게 한다고 해서 '제국주의'라는 말을 만든 거지."

"그럼 왜 지금까지는 제국주의라는 말이 안 생긴 거예요? 에스파냐나 포르투갈 같은 나라도 예전에 식민지를 많이 만들었잖아요. 아메리카 대륙도 정복했고."

이번에는 나선애도 손을 들고 물었다.

"물론 아메리카로 유럽인이 진출하면서 많은 원주민이 죽고 아스테카와 잉카처럼 아메리카에 오래전부터 있던 제국이 멸망하기도 했지. 하지만 그 외 세계 곳곳에서는 유럽인이 그만큼 힘을 쓰지 못했단다."

"어, 그러고 보니 그러네요. 왜 다른 곳에서는 힘을 못 쓴 거죠?"

"이유는 여러 가지가 있어. 아프리카에서는 더운 기후와 그로 인해 생기는 말라리아 같은 풍토병이 큰 걸림돌이었고, 1700년대까지만 해도 중국의 청나라나 서아시아의 오스만 제국 같은 나라가 아직 막강해서 맘대로 하기가 어려웠거든. 게다가 먼 거리도 커다란 장벽이었어. 해류와 계절풍에 의존해 항해를 하다 보니, 유럽에서 동남아시아나 인도와 연락을 한 번 주고받는 데에 몇 달씩 시간이 걸렸으니 말이야."

"흐음, 그럼 전쟁은 꿈도 못 꿨겠군요."

"그래. 하지만 산업 혁명이 진행된 1800년대 중반에 이르자 상황이 많이 변했어. 증기선이 발명되어 바람이나 해류의 도움이 없어도 바다를 누빌 수 있게 됐고, 그래서 세계를 가로막은 지리적 장벽이 많이 낮아졌지. 또 철강 생산 기술이 급속도로 향상되면서 강철로 만든 군함이 등장했고, 총과 대포의 위력도 크게 강해졌어. 그리고 말라리아나 황열병

↑ **말라리아 경고 캠페인** 말라리아는 모기를 통해 감염되는 병이야. 아프리카뿐 아니라 여러 지역에서 발생하고, 한 해 수십만 명이 사망할 정도로 여전히 무서운 질병이야.

→ **최초의 철갑 증기선 네메시스호** 1839년 영국에서 만들어진 최초의 철갑 증기선이야. 이 배는 청나라와의 전쟁에 투입돼 혼자서 26척이나 되는 청나라 함선을 침몰시키고 해안 요새를 초토화시켜서 '악마의 배'로 불렸지.

용선생의 세계사 돋보기

아시아나 아프리카에도 산업화를 이루는 데에 성공한 나라가 있었어. 대표적인 나라가 일본이지.

같은 전염병에 대처하는 약도 개발됐지. 이게 다 산업화 이후 급속도로 진행된 기술 발전의 결과였어."

"그럼 결국 산업 혁명이 제국주의의 계기가 됐다는 말씀이시네요."

"그렇지. 말하자면 먼저 산업화를 이룬 국가와 이루지 못한 국가의 격차가 엄청나게 벌어졌단 말이지. 예컨대 유럽에서는 먼저 산업화를 이룬 영국이 급속도로 강해지고 프랑스, 독일 같은 국가가 그 뒤를 따라 성장했지. 반면, 유럽 외 대부분의 지역은 산업화가 더뎌 수백 년 전과 비슷하게 살았어."

"산업 혁명으로 유럽이 세계에서 압도적으로 잘나가게 된 거네요."

"국력의 차이가 너무나도 커졌기 때문에, 자연스럽게 약육강식의 시대가 펼쳐졌어. 힘센 나라가 힘이 약한 나라를 식민지로 삼고 그 나라 사람들을 괴롭히는 일이 아무렇지 않게 받아들여졌거든. 그래서 이 시대를 '제국주의 시대'라고 하는 거란다."

"어휴, 힘이 있다고 약한 나라를 쳐들어가다니……. 너무하네요."

"음, 그런데 힘이 있다는 이유만으로 무작정 쳐들어갔던 건 아니야. 그만한 이득이 있어야지."

"하긴 그렇겠네요. 음……. 어떤 이득을 보는데요?"

장하다가 뒷머리를 긁으며 고개를 갸웃거렸다.

"산업 혁명 이후 유럽의 공장에서는 값싸고 질 좋은 물건들이 쏟아져 나왔어. 그 덕분에 공장을 운영하는 기업가들은 많은 돈을 벌고 정치적으로도 목소리가 커졌지. 그런데 기업가가 이렇게 계속 공장을 돌리려면 필요한 게 있어."

"그게 뭔데요?"

"일단 제품을 생산하는 데 필요한 원료야. 많은 원료를 쉽고 싸게 구할 수 있어야 제품을 안정적으로 생산해서 팔 수 있거든. 제국주의 국가들은 원료를 확보하기 위해 경쟁적으로 식민지 건설에 나선 거란다."

◀ 수확한 목화를 나르는 일꾼 인도는 목화의 원산지였어. 영국은 인도를 식민지로 삼은 뒤 대량으로 목화를 재배해 본국의 면직물 공장에 공급했지.

↑ **고무 채취** 열대 지역에서 자라는 고무나무의 수액을 받아서 굳히면 고무가 돼. 유럽의 강국들은 아프리카와 동남아시아를 식민지로 삼은 뒤 고무나무를 대량으로 키웠단다.

"무슨 원료를 식민지까지 만들면서 찾아야 돼요?"

"면직물의 재료인 목화만 해도, 따뜻하고 건조한 지방에서 잘 자라는 작물이라 유럽에서는 대량으로 키우기가 어려웠거든. 그래서 영국은 인도를 식민지로 삼은 뒤 대규모 목화 농장을 건설했어. 그리고 식민지를 건설하면 또 다른 장점이 있지. 바로 본국에서 생산된 제품을 식민지에 독점적으로 팔 수 있다는 거야. 영국은 인도산 목화로 만든 면직물을 도로 인도에 가져다 팔았단다. 인도는 인구가 워낙 많아서 면직물을 살 사람도 그만큼 많았거든."

"식민지에서 재료도 구하고, 물건도 팔고…… 완전 일석이조네요."

곽두기의 말에 용선생은 가만히 고개를 끄덕였다.

"그렇지? 산업화가 급속히 진행되면서 필요한 자원은 점점 다양해졌어. 예컨대 타이어의 재료인 고무나, 화학 공학에 필수적으로 사용되고 연료로도 쓰이는 석유 같은 자원이 대표적이지. 또 부자가 늘어나면서 금이나 다이아몬드 같은 귀금속과 보석을 찾는 사람도 많아졌단다. 이런 자원 역시 유럽에서는 구하기 어렵기 때문에, 유럽 강국들은 더더욱 식민지를 건설하는 데 열을 올렸지."

"흠, 결국 필요한 자원을 탈탈 털어 가기 위해 식민지를 건설했다는 말씀이군요."

"그런데 재밌는 사실이 있어. 사실 제국주의 시대 유럽 열강이 식민지를 건설해서 얻은 이득은 생각만큼 크지 않았단다."

"그건 또 무슨 말씀이세요?"

뜻밖의 이야기에 아이들이 고개를 갸웃거렸다.

"일단 자원이 많은 나라를 정복해 식민지로 삼는다 해도, 막상 그 자원을 개발해서 안정적으로 이용하려면 복잡한 과정을 거쳐야 해. 현지에서 일할 사람을 고용하고, 철도를 놓고, 군대를 파견해서 주둔시키고…… 전부 돈 들어가는 일이지. 게다가 혹시 식민지에서 큰 전쟁이라도 터지면 전쟁 비용 때문에 배보다 배꼽이 더 커지는 일도 자주 발생했어."

"에이, 그럼 왜 그렇게 다들 열심히 식민지를 건설한 건데요?"

"식민지 개척을 일종의 국가 간 자존심 싸움으로 생각했기 때문이야. 특히 1800년대 초반 들어 유럽에서 민족주의가 성장하고 국민 국가가 건설되자 각국 국민 사이에서는 자존심 경쟁이 더 치열해졌어. 그러니까 자기 민족과 나라가 다른 나라보다 훨씬 우수하다는 걸 증명하려고 식민지 건설에 적극적으로 나섰단다. 식민지가 실제로 이득이 되는지는 나중 문제였지."

"어휴, 별 이득도 안 되는데 자존심 때문에 식민지를 만들었다는 거죠?"

"그래서 독일을 통일한 비스마르크는 식민지 개척에 부정적이었단다. 식민지 경쟁을 펼치는 과정에서 괜히 유럽의 다른 국가와 사이만 나빠질 뿐, 정작 이득은 크지 않다고 생각했거든."

↑ **아프리카의 철도 건설 현장** 아프리카 서부의 철도 건설 현장 모습이야. 제국주의 국가들은 이렇게 많은 돈을 들여 자원이 있는 내륙 지방과 해안의 항구를 연결하는 철도와 도로를 건설했어.

제국주의 열강이 세계를 주름잡다 **025**

▲ **백인의 그릇된 사명감** 백인은 흑인과 황인을 짐처럼 짊어지고 문명 세계로 이끌 사명이 있다고 주장하며 자신들의 침략을 정당화했어.

"하지만 이득이 크더라도 힘 약한 나라를 함부로 침략해서 괴롭히면 안 되는 거죠."

영심이가 불만인 듯 중얼거리자 용선생은 어깨를 으쓱했다.

"그 당시 유럽 사람들은 자기들이 약한 나라를 괴롭힌다고 생각하지 않았어."

"군대를 이끌고 침략해서 식민지로 삼았으면서도요?"

"1800년대 중반의 유럽 사람들은 스스로를 세계에서 제일가는 문명인이라고 생각했어. 그래서 유럽이 전 세계를 지배하는 것이 당연한 일이고, 더 나아가 야만적인 아시아와 아프리카 세계를 지배하며 앞선 문명을 전파하는 것이 유럽인의 의무라고 여겼지. 심지어 백인이 흑인과 황인에 비해 인종적으로 우수하기 때문에 유럽인이 가장 우월한 문명을 이룩한 거라고 생각하기도 했어. 이렇게 문명을 전파하는 것이 '백인의 짐'이라고 이야기한 사람도 있을 정도야."

"백인의 짐? 그게 무슨 뜻이에요?"

"야만스러운 흑인과 황인을 잘 다스려서 문명 세계로 안내하는 것이 백인이 짊어져야 할 짐이라는 뜻이지."

"맙소사, 그게 무슨 헛소리예요?"

"제국주의 시대에는 백인이 다른 인종보다 우월하다는 생각을 대부분 당연하게 여겼어. 비교적 최근인 1950년대까지도 인종 간 능력에 차이가 있다는 이론이 과학적으로 꽤 진지하게 연구됐단다."

진화론을 잘못 해석한 사회진화론

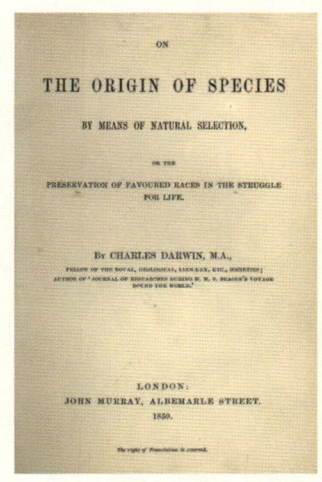

▲ 찰스 다윈의 《종의 기원》
다윈은 이 책에서 생명체가 자연 선택을 통해 진화한다고 설명했어.

영국의 생물학자 찰스 다윈은 지구상에 다양한 생물이 있는 이유를 연구했어. 연구 결과 다윈은 생존에 유리한 특징을 가진 생물만 살아남아 자손을 남긴다고 생각했고, 이를 '자연 선택'이라고 했지. 자연 선택이 오랜 세월 동안 반복되다 보면 저마다의 방법으로 생존에 성공한 생물이 다양하게 등장해. 그 결과 생물의 종류가 다양해졌다고 설명했어. 이렇게 오랜 세월에 걸친 자연 선택의 과정을 '진화'라고 불렀단다.

그런데 제국주의 시대에 다윈의 진화론을 인간 사회에 적용시킨 사회 진화론이 등장했어. 사회 진화론자들은 1800년대의 유럽 문명이 아시아와 아프리카의 문명보다 훨씬 진화하고 우수한 문명이라고 여겼어. 그러니까 유럽 문명이 아시아와 아프리카의 열등한 문명을 지배하는 것이 당연하다고 결론을 내린 거야. 사회 진화론은 유럽 국가들이 아프리카와 아시아를 침략해 식민지를 건설하는 행위를 마치 과학적인 근거가 있는 것처럼 포장했지.

하지만 사회 진화론은 진화론과는 아무런 관계도 없고 과학적이지도 않아. 다윈의 진화론을 완전히 잘못 해석해서 나온 주장이거든. 일단 다윈의 진화론은 생물의 진화를 설명하는 이론이지, 인간 사회의 변화를 설명하는 이론이 아니야. 게다가 진화 자체에 대한 오해도 있는데, 다윈이 말한 '생존에 유리한 특징을 가진 생물'을 '우수한 특징을 가진 생물'로 오해한 거지. 진화를 거친 생물은 주어진 환경에 더 잘 적응해 생존에 성공한 것일 뿐, 적응하지 못한 생물보다 더 우수한 게 아니야. 마찬가지로 1800년대 유럽의 백인이 아프리카 흑인보다 잘산다 하더라도 백인이 흑인보다 우월하다고 함부로 판단할 근거는 전혀 없는 거지.

사회 진화론은 과학 이론에 대한 오해가 얼마나 엉뚱한 결론을 낳는지 보여 주는 대표적인 사례야. 하지만 오늘날까지도 아시아와 아프리카의 전통 문명과 사회를 하찮게 여기며 그 근거로 사회 진화론을 이야기하는 사람을 심심찮게 찾아볼 수 있어.

▲ 허버트 스펜서
영국 학자로 진화론을 사회학에 적용해 사회 진화론을 만들어 냈어.

027

"쳇, 정말 별 이상한 생각을 다 하고 살았네요."

나선애가 입을 비죽거렸다.

"흐흐. 먼 옛날 이야기처럼 들릴지 몰라도, 제국주의 시대에 만들어진 온갖 국제 질서가 오늘날 이 순간까지도 영향을 미치고 있어. 그럼 지금부터는 유럽의 강국들이 세계 곳곳에 식민지를 건설하는 과정을 차근차근 살펴보자꾸나. 우선 인도로 가 볼까?"

>  **용선생의 핵심 정리**
>
> 1800년대 후반 들어 산업화를 이룬 유럽 강국들이 압도적인 힘을 무기 삼아 세계 곳곳에 식민지를 건설함. 산업 발전에 필요한 원료 확보 등 경제적 이유도 있었지만 국민들의 자존심 싸움, '유럽의 앞선 문명을 전파하겠다.'는 이유도 있었음.

영국이 동인도 회사를 앞세워 인도를 집어삼키다

용선생이 인도 지도를 펼치며 설명을 시작했다.

"영국의 인도 침략은 1700년대 중반부터 시작됐단다. 인도 침략은 영국 정부가 아니라 인도 무역을 독점하던 영국 동인도 회사가 주도했어."

"무역 회사가요?"

"응. 동인도 회사는 자체적으로 군대를 거느리고, 화폐도 발행하고, 조약도 맺을 수 있는 회사라서 사실상 하나의 국가나 다름없었거든. 영국 동인도 회사는 1757년 플라시 전투에서 승리해 인도에 들어와 있던 프랑스를 몰아내고 인도에서 주도권을 잡았어. 뒤이어 무굴 제국과의 전쟁에서 승리해 인도의 비하르와 벵골 지역에서 세금을 거둘 권리를 얻어 냈지."

왕수재의 지리 사전

비하르 갠지스강 중하류에 위치한 인도의 29개 주 가운데 하나야. 예로부터 인도의 중심지였고, 파탈리푸트라와 부다가야 등 유서 깊은 도시가 많아.

"회사가 세금도 거둬요?"

"그래. 원래 인도에서는 황제가 지방의 영주에게 세금을 거둘 권리를 주고, 그중 일부를 받는 식으로 나라를 통치하는 경우가 많았어. 그러니까 영국 동인도 회사를 인도의 영주로 인정한 셈이지."

"그럼, 영국 동인도 회사가 다스린 벵골이랑 비하르는 어떤 곳이었어요?"

"비하르와 벵골 지역은 갠지스강 중하류에 위치해 있어서 땅이 비옥하고 부유했어. 면적

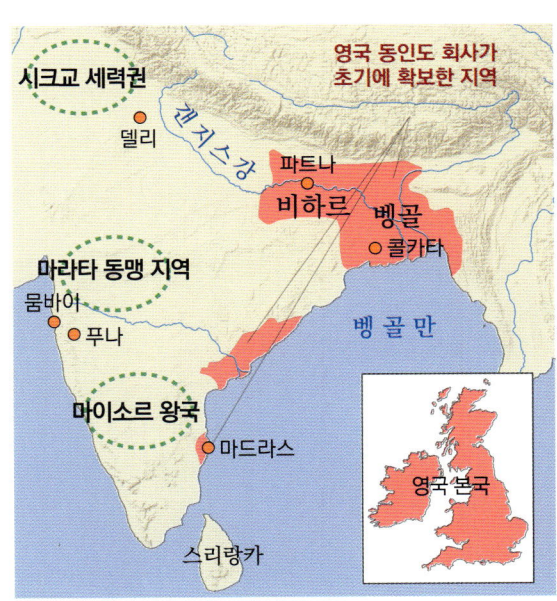

↑ 동인도 회사의 초기 점령지와 영국 본국 크기 비교

▲ 벵골 지역의 모내기 모습 벵골 지역은 지금도 인도의 대표적인 곡창 지대야. 인구 밀도도 세계에서 손꼽힐 정도로 높아.

도 꽤 넓어. 벵골 지역의 면적만 해도 영국 본국에 맞먹었고, 인구는 영국 본국보다도 많았지."

"거참, 한 회사가 자기 나라만큼 큰 땅을 다스리다니……."

장하다가 신기한 듯 눈을 끔뻑였다.

"흐흐, 당연히 두 지역에서 거둘 수 있는 세금 수입도 어마어마했단다. 동인도 회사가 자체적으로 계산해 보니, 벵골과 비하르에서 거두는 세금 수입만으로도 동인도 회사를 운영하는 모든 비용을 댈 수 있었어."

"헐, 그럼 동인도 회사는 완전 대박난 거네요!"

"영국 사람들은 당연히 그렇게 생각했어. 하지만 실상은 전혀 달랐지."

"어? 그럼 계산을 잘못한 건가요?"

"그런 건 아니고, 생각해 보렴. 세금은 저절로 걷히지 않거든. 세금

▶ 콜카타의 윌리엄 요새 영국이 파견한 인도 총독은 이곳에서 머물며 동인도 회사를 감독하고 벵골 지역을 다스렸어.

내는 걸 좋아하는 사람이 어딨겠니? 세금을 걷으려면 세금 낼 사람이 적힌 장부를 만들고, 관리를 파견하고, 때로는 사람을 보내서 닦달도 해야 한단 말이지. 게다가 전쟁이 터지거나 반란이 일어날 수도 있으니 군대도 파견하고 경찰도 운영해야 해. 실제로 동인도 회사는 이웃한 인도 영주와 계속 전쟁하느라 해가 갈수록 점점 더 많은 군사비를 썼지. 그러다 보니 결과적으로는 세금으로 얻는 수입보다 세금을 걷기 위해 들어가는 비용이 더 많아져 버렸어."

▲ 네이봅 영국 동인도 회사 직원이 인도인 하인들의 시중을 받고 있어. 이처럼 인도에는 자신의 권한을 이용해 벼락부자가 된 영국인이 많았어.

"그러니까 배보다 배꼽이 더 커지고 말았다는 거군요."

"그렇지. 여기에 동인도 회사 직원의 부정부패도 한몫했어. 인도가 영국 본국에서 워낙 멀리 떨어져 있는 탓에 직원의 행동을 일일이 단속하기가 쉽지 않았거든. 갑자기 권력자가 된 직원들은 뇌물을 받고서 세금을 제대로 거두지 않는 경우가 많았어. 또 감시가 느슨한 만큼 회사와는 상관없는 개인 무역으로 돈을 긁어모아서 벼락부자가 된 사람도 많았지."

"쯧쯧. 이래저래 문제가 많았네요."

"1770년에는 벵골에 엄청난 대기근이 닥쳐서 농민 수백만 명이 굶어 죽는 사태가 벌어졌단다. 사람이 굶어 죽는 와중인데, 세금을 낼 수 있었겠니? 당연히 세금 수입은 급감했고, 이 사건으로 동인도 회사는 대박을 내기는커녕 회사 운영조차 어려워지고 말았어. 일단 급한 대로 은행에서 돈을 빌려 왔지만, 곧 그마저 갚을 수가 없어 파

 용선생의 세계사 돋보기

이 무렵 영국에서 네이봅(Nabob)이란 새로운 말이 생겼어. 원래 무굴 제국의 지방 통치자를 가리키는 칭호였는데, 인도에서 권력을 이용하거나 부정한 방법으로 벼락부자가 된 사람을 가리키는 단어가 됐지. 약탈을 뜻하는 루트(Loot)도 힌디어에서 영향을 받은 거래. 새로운 영어 단어가 생길 만큼 동인도 회사 직원의 부정부패가 심했던 거야.

제국주의 열강이 세계를 주름잡다 **031**

산 위기에 몰렸지. 하지만 영국 정부는 동인도 회사를 그냥 망하게 둘 수 없었단다. 동인도 회사가 이미 은행에 진 빚이 워낙 많아서 자칫하다간 은행까지 망할 우려가 있었고, 또 수많은 주주도 큰 손해를 볼 수 있었거든."

"그럼 어떡해요?"

"영국 정부가 나서서 동인도 회사에 자금을 지원해 줬어. 일단 시급한 빚부터 갚으라는 의미였지. 또 동인도 회사가 중국에서 수입한 홍차를 아메리카 식민지에 팔 때 유리하도록 '홍차법'을 만들었지. 그 대신 이제부터는 회사의 경영에 영국 정부가 참여하기로 했단다."

"회사 일에 정부가 어떻게 참여하는데요?"

"우선 벵골에 총독을 보내 동인도 회사의 인도 지배를 감독하도록 했어. 여기에 1784년에는 새로운 감독 기관을 만들어서 동인도 회사의 운영에 직접 간섭을 했지. 영국 정부가 인도 지배에 보다 깊숙이 관여하게 된 거야."

"그럼 이제 동인도 회사는 어떻게 되는 거예요?"

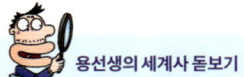

용선생의 세계사 돋보기

1773년 영국 정부는 동인도 회사를 위해 홍차법을 만들어 아메리카 식민지에서 차 교역에 물리던 세금을 면제해 줬어. 이에 식민지 상인들은 크게 반발했고, 미국 독립 전쟁의 계기가 된 보스턴 차 사건이 터지게 돼.

"동인도 회사는 영국 정부와 총독의 지시를 받아 인도를 지배하는 일종의 식민지 정부 역할을 하게 된단다. 이로써 인도에서 영국 정부가 임명한 식민지 정부와 총독이 처음으로 활동하게 됐어. 총독은 우선 혼란스러운 인도 현지 상황을 안정시키려고 했어. 동인도 회사 직원들의 부정부패를 철저히 단속하고, 지나치게 높은 세율을 조정해 인도인의 불만을 줄여 나갔지. 또 현지의 인도인 협조자를 찾아서 관리로 임명하기도 했어. 여기에 더해 전쟁을 벌여 인도 아대륙 전체로 영국 세력을 넓혔단다."

↑ 워런 헤이스팅스
(1732년~1818년) 영국 정부가 임명한 인도의 첫 번째 총독이야. 8년간 인도를 다스리며 훗날 영국의 인도 지배로 이어지는 기초를 닦았지.

"전쟁을 하면 돈이 많이 들어갈 텐데……."

"맞아. 영국 정부도 처음엔 세력 확장에 소극적이었지. 영국 정부가 인도 정복에 나선 건 나폴레옹 때문이었어. 1798년에 나폴레옹이 이집트를 정복하는 바람에 비상이 걸린 거야. 나폴레옹이 서아시아를 거쳐 인도까지 쳐들어올 거라는 소문이 파다했거든. 영국의 침략에 맞서 싸우던 인도의 영주들은 슬금슬금 프랑스에 기대려고 했지. 그러자 프랑스가 인도를 넘보지 못하도록 더 늦기 전에 인도를 완전히 장악해야 한다는 목소리가 커졌어."

"그래서 적극적으로 세력을 넓혀 나간 거군요?"

"응. 영국 동인도 회사는 1798년부터 폭발적으로 영토를 넓혀 나갔어. 그리고 나폴레옹이 몰락한 이후에도 영국의 영토 확장은 계속됐지. 50여 년이 지나 1850년대에 이르렀을 땐

↑ 티푸 술탄의 죽음 영국군에 맞서 싸우던 마이소르 왕국 술탄의 최후를 그린 그림이야. 마이소르의 티푸 술탄은 1789년과 1798년에 프랑스와 연합해 영국을 몰아내려 했지.

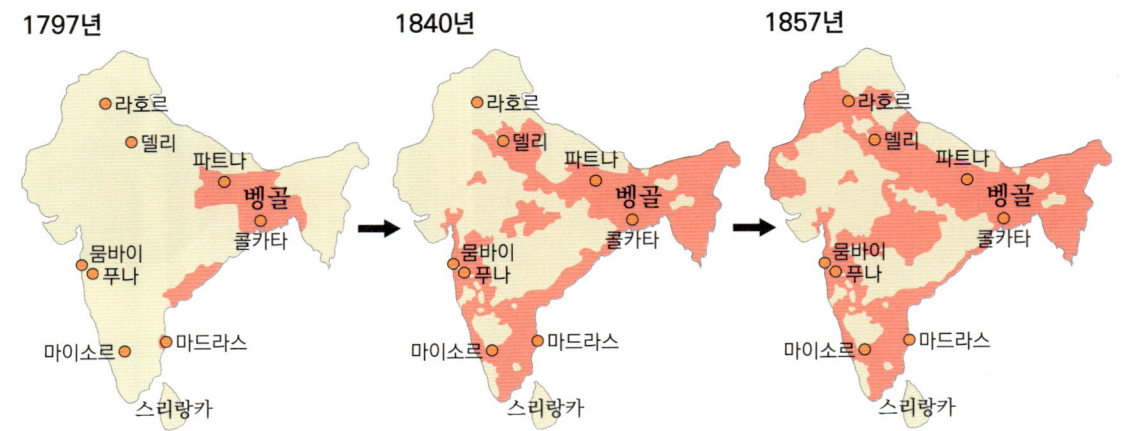

▲ 영국의 인도 식민화 과정

1800년대 영국은 인도 전역으로 세력을 넓혔어.

인도 아대륙의 절반 이상이 영국의 직접적인 지배를 받게 돼. 나머지 절반도 외교권이나 군사권을 빼앗긴 상태라 식민지와 다름없었지."

"와, 50년 만에 인도 전체를 장악하다니 영국도 대단하네요."

"물론 영국군이 막강하긴 했지. 하지만 머나먼 인도에서 전쟁을 벌이는 건 영국에게도 큰 부담이었어. 그래서 영국은 되도록 전쟁을 피하려 했단다."

"전쟁을 안 하고 어떻게 영토를 넓혀요?"

"방법이야 많지. 예컨대 영국군이 보호해 주겠다는 핑계로 군대를 보내 주둔시키거나, 인도인 영주가 풍요로운 생활을 고스란히 누릴 수 있게 보장하면서 외교권이나 자원 개발권 같은 알짜배기 권리만 빼앗아 버리는 방법이 있어. 또는 그냥 영주에게 돈을 주고 지배권을 사는 방법도 있

▲ 동인도 회사와 협상하는 인도 영주 인도의 한 영주가 자신의 지배권을 동인도 회사에 넘기기로 협상하고 있어. 그림 가운데 붉은 옷을 입은 인물이 인도 총독이란다.

었지. 이렇게 영국이 인도에서 써먹은 여러 가지 수법은 훗날 다른 제국주의 국가들이 세계 곳곳을 정복해 나갈 때 본보기가 되었단다."

"제국주의 국가들에게는 영국이 스승이었던 셈이네요."

영심이가 입을 비죽 내밀며 중얼거렸다.

↑ **영국 동인도 회사의 아편 창고** 영국 동인도 회사는 인도에서 아편을 만들어 중국에 수출했어.

"선생님, 이제 동인도 회사는 식민지만 다스리고 무역은 안 하는 거예요?"

"좋은 질문이야. 무역도 했어. 영국 동인도 회사는 1800년대 초반까지도 여전히 영국과 아시아 사이의 무역 독점권을 가지고 있었거든. 특히 1800년대에 들어서면 인도에서 아편을 만들어 중국에 팔고, 중국에서 차를 수입해 영국에 팔아서 많은 이득을 보았지. 하지만 산업 혁명이 진행되면서 동인도 회사의 무역 독점권을 취소해 달라는 요구가 거세게 일어났어. 영국의 기업가들이 공장에서 생산된 각종 제품을 인도와 중국에 팔고 싶은데, 동인도 회사의 무역 독점권 때문에 사업을 시작할 수가 없었기 때문이야."

"그럼 영국 정부가 독점권을 취소해 줬나요?"

"응. 이 무렵 영국에서는 기업가의 정치 영향력이 점점 커지고 있었거든. 그래서 1813년에는 동인도 회사의 인도 무역 독점권이 취소됐고, 뒤이어 1833년에는 중국 무역 독점권도 취소됐단다. 이후 동인도 회사는 무역 활동을 접고 인도 지배에만 집중했지."

"그것참, 그럼 이름은 회사인데 장사는 안 하는 거네요."

 허영심의 상식 사전
아편 양귀비꽃에서 채취해 만드는 마약이야. 예로부터 진통제나 수면제로 사용되기도 했지만, 중독이 되면 쉽게 끊을 수가 없고 건강에도 몹시 해로워.

장하다가 뒷머리를 긁으며 중얼거렸다.

"동인도 회사 같은 독점 무역 회사를 만들고 국가가 팍팍 밀어 주는 건 유럽인의 아시아 항해가 몹시 위험하고 어려웠던 1600년대에나 어울리는 낡은 정책이었어. 그래야 상인들이 좀 더 수월하게 사업에 뛰어들 수 있으니까 말이야. 하지만 기술 발달로 인도 항해가 비교적 손쉬워진 1800년대에 이런 정책은 기업가들에게 방해만 될 뿐이었단다. 사라지는 게 자연스러운 순서였지."

"그럼 다른 동인도 회사도 마찬가지였나요?"

"비슷해. 이번에는 동남아시아로 가서 네덜란드 동인도 회사의 사정을 알아보자."

용선생의 핵심 정리

영국 동인도 회사는 프랑스를 몰아내 인도에서 주도권을 잡고, 벵골의 세금 징수권을 얻음. 그러나 회사 운영이 어려워지자 영국 정부가 직접 인도 지배에 참여하며 점차 인도 전역으로 식민지를 넓힘.

열강이 동남아시아와 태평양의 섬들을 식민지로 만들다

"음, 예전에 네덜란드 동인도 회사가 포르투갈을 몰아내고 동남아시아를 단단히 장악했다고 말씀하셨어요."

나선애의 대답에 용선생이 고개를 끄덕였다.

"잘 기억하고 있구나. 하지만 네덜란드 동인도 회사의 경영 사정은

네덜란드 동인도 회사에 타격을 준 동아시아의 격변

↑ 네덜란드 동인도 회사의 활동상

네덜란드 동인도 회사는 아시아산 물건을 유럽으로 수입하는 무역뿐 아니라 아시아 내부에서의 중계 무역에도 활발히 참여해 많은 이득을 챙겼단다. 네덜란드는 당시 중국의 세력이 미치지 않았던 타이완섬을 점령해 아시아의 무역 기지로 삼았어. 그리고 일본에서는 에도 막부의 허락을 받아 유럽 국가 중에서는 유일하게 일본과 무역을 해 나갔지.

그런데 1600년대 중반 들어 네덜란드의 아시아 무역을 어렵게 만드는 사건이 일어났단다. 중국에서 청나라가 등장해 명나라를 멸망시킨 거야. 이때 명나라의 정성공이란 인물이 네덜란드의 무역 기지인 타이완섬을 공격해 네덜란드를 몰아내고, 남중국해를 장악해 40여 년 동안 청나라에 대항해 싸웠지. 청나라는 정성공 세력을 고립시킬 목적으로 모든 해외 무역을 금지하는 해금 정책을 펼쳤어. 네덜란드 동인도 회사는 무역 기지를 잃은 데다가 중국과의 무역마저 중단된 탓에 자연히 큰 피해를 볼 수밖에 없었지.

40년 뒤 정성공 세력을 멸망시키고, 청나라는 해금 정책을 해제했어. 그런데 이때에도 뜻밖의 일이 벌어졌어. 일본 사람들이 중국산 물건을 수입하려고 은을 너무 많이 쓴 탓에 일본의 은이 바닥날 지경에 놓인 거야. 그래서 일본의 에도 막부는 해외 무역량을 제한하고 특히 은의 유출을 철저히 막았단다. 네덜란드 동인도 회사는 주로 일본에서 은을 마련해 무역에 사용했는데, 막부가 은의 유출을 제한하는 바람에 곤란한 지경이 되었지. 청나라의 등장으로 시작된 아시아의 격변이 네덜란드 동인도 회사의 경영에도 큰 영향을 미친 거야.

↑ 네덜란드인을 쫓아내는 정성공
타이완을 점령해 네덜란드인을 쫓아내는 모습을 표현한 동상이야. 유럽 세력을 몰아냈다는 점 때문에 타이완 사람들은 정성공을 위대한 인물로 평가한단다.

왕수재의 지리 사전

타이완 중국의 남동부, 남중 국해에 있는 섬이야. 오늘날 이 섬에는 '중화민국'이라는 나라가 있는데, 나라 이름 대신 보통 타이완 혹은 대만이라고 불러.

1600년대 말부터 꾸준히 악화됐어. 이 무렵 정성공 세력이 타이완을 빼앗는 바람에 네덜란드와 중국 사이의 무역이 크게 줄어들었거든. 일본의 에도 막부가 쇄국 정책을 강화하며 대외 무역량을 많이 줄인 것도 큰 타격이었어. 여기에 아시아산 물건이 유럽에서 점점 흔해지자 예전처럼 이득을 보기도 어려웠지. 그래서 네덜란드 동인도 회사는 단순한 무역 활동에서 한 걸음 더 나아가 동남아시아를 식민지로 만들기 시작했단다."

"영국처럼 땅을 점령해서 세금을 거두려고 한 건가요?"

"네덜란드의 계획은 달랐어. 사탕수수나 커피 같은 농작물을 대량으로 키워서 유럽으로 수출하려고 했어. 마치 아메리카에서 운영되는 대농장처럼 말이지. 하지만 영국과의 경쟁이 점점 거세지는 통에 그마저도 쉽지 않았단다. 네덜란드 동인도 회사는 1780년에 시작된 영국과의 전쟁에서 엄청나게 많은 배를 잃고 그만 파산 지경에 이르렀어."

"쯧쯧, 그럼 이제 영국처럼 네덜란드 정부가 나서야겠네요?"

"네덜란드 정부는 그러려고 했지. 하지만 그럴 사정이 아니었어. 얼마 뒤 프랑스 대혁명과 나폴레옹 전쟁이 일어나는 바람에 네덜란드 본국이 프랑스의 침략을 받았거든. 네덜란드는 1795년부터 1815년까지 20년 동안 프랑스의 지배를 받았단다."

"어, 그럼 네덜란드 식민지도 프랑스로 넘어갔나요?"

"프랑스가 무슨 수로 동남아시아까지 손을 뻗겠니. 네덜란드가 프랑스의 지배를 받는 동안은 영국이 네덜란드의 동남아시아 식민지를 관리했단다. 영국은 이 기간을 이용해서 동남아시아로 과감하게 세력을 넓혔어."

"우아, 그럼 이제 동남아시아까지 영국 차지가 된 거네요."

"흐흐, 그건 아냐. 프랑스 혁명 전쟁이 끝나고 네덜란드가 다시 독립하자, 영국은 동남아시아의 식민지 분배를 두고 네덜란드와 담판을 벌여야 했어. 그 결과 영국은 말레이반도를 가지고 자와섬을 비롯한 도서부 동남아시아는 네덜란드에 되돌려주었지."

"어? 영국이 신기하게 욕심을 부리지 않았네요."

"이미 영국은 중국과의 무역으로 많은 이득을 보고 있었어. 어차피 영국 입장에서는 중국으로 가는 길목만 장악할 수 있으면 그만이어서 동남아시아 전체가 필요하진 않았지. 곧이어 영국은 말레이반도 일대와 보르네오섬 북부까지 점령해서 인도와 중국을 오가는 바닷길을 안전하게 확보했어. 이때 싱가포르 같은 나라가 새롭게 생겨났단다."

용선생의 세계사 돋보기

이곳은 오늘날의 동말레이시아 지역과 브루나이에 해당해.

"영국은 목적이 뚜렷했군요."

"그렇지. 그리고 과거 네덜란드 동인도 회사가 지배하던 식민지는

▼ **싱가포르** 영국이 1819년에 동남아시아에 무역 거점을 만들기 위해 개발한 도시로 현재는 동남아시아에서 아주 부유한 나라 중 하나야. 말레이반도 남쪽 끝에 있어.

→ 도서부
동남아시아의 식민화

영국은 인도와 중국을 오가는 뱃길을 장악했어.

이제 네덜란드 정부가 직접 다스렸어. 네덜란드 정부는 옛날보다 훨씬 공격적으로 영토 확장에 나섰단다. 그 결과 60여 년 사이에 사실상 오늘날 인도네시아에 해당하는 섬 지역 전체가 네덜란드의 지배 아래 놓이게 되었지."

용선생은 지도를 짚어 가며 설명했다.

"그럼 동인도 회사가 다스릴 때랑 뭐가 달라졌는데요?"

"비슷해. 네덜란드는 동남아시아의 농민에게 사탕수수와 커피, 담배 같은 상품 작물을 대량으로 재배하게 해서 유럽으로 가져다 팔았단다. 하지만 정작 농사를 지은 현지 주민들에게는 제대로 값을 쳐주지 않았어. 게다가 상품 작물 재배가 늘어난 만큼 쌀 농사를 지을 땅이 줄었기 때문에 원주민들은 굶주리기 일쑤였지."

"어휴, 정말 너무하네요."

영심이가 팔짱을 낀 채로 투덜거렸다. 그때 나선애가 손을 번쩍 들었다.

◆ 인도네시아의 사탕수수 농장
동남아시아에는 아직까지도 사탕수수, 커피 등을 대량으로 키우는 농장이 많아.

"그런데 선생님, 베트남이나 타이 같은 나라는 유럽의 침략을 안 받았어요?"

"그 나라들도 유럽 식민지가 되긴 했어. 하지만 시기는 좀 늦었지. 미얀마와 베트남, 타이 같은 나라들은 명목상 청나라에 조공을 바치는 속국이기 때문에 유럽 열강도 청나라의 눈치를 볼 수밖에 없었거든."

"그래도 아직은 청나라가 제법 강했군요!"

"하지만 1842년에 청나라가 영국과의 전쟁에서 크게 패하자 본격적으로 침략을 시작했단다. 1852년에는 영국이 미얀마를 공격해 해안 지역을 모조리 빼앗았어. 이로써 인도에서 중국까지 가는 해안 지역은 거의 다 영국의 손아귀에 들어왔지. 남은 건 베트남뿐이었어. 이쯤 되자 영국의 영원한 라이벌인 프랑스도 가만있지 않았단다."

"예전에 프랑스가 베트남을 공격했다고 하신 것 같은데……."

나선애가 이맛살을 찌푸리며 말하자 용선생이 고개를 끄덕였다.

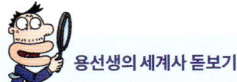

용선생의 세계사 돋보기

이 전쟁을 '아편 전쟁'이라고 불러. 청나라는 아편 전쟁에서 패배하며 몰락하기 시작했지.

▲ 대륙부 동남아시아의 식민화

"맞아, 나폴레옹 3세 때였지. 프랑스는 1858년에 베트남으로 쳐들어가 베트남 남부 지역을 점령했어. 그 뒤 30여 년에 걸쳐서 오늘날의 베트남, 캄보디아, 라오스에 해당하는 대륙부 동남아시아의 동쪽을 모두 점령해 식민지로 삼았지. 그러자 영국도 질세라 미얀마 전체를 점령해 대륙부 동남아시아의 서쪽을 식민지로 삼았어. 이제 영국과 프랑스 사이에는 타이만 남았지. 하지만 뜻밖에도 타이는 끝까지 독립을 지켜 냈단다."

"아니, 어떻게요?"

"타이는 이웃한 나라가 모두 다 식민지로 전락하는 걸 지켜보고는, 재빠르게 나라 문을 열고 서양의 문물을 받아들여 개혁 정책을 펼쳤거든. 영국과 프랑스 역시 직접 국경을 맞대고 신경전을 벌이느니 타이를 두 나라 사이의 완충 지대로 삼는 게 낫다고 생각했단다. 그 결과 타이는 동남아시아에서 유일하게 독립을 지킨 나라가 되었어."

➔ 타이의 짜끄리 마하 프라삿 왕궁

타이 방콕에 있는 왕궁이야. 1700년대 말부터 타이 국왕이 머무르며 타이의 개혁을 주도해 나갔지.

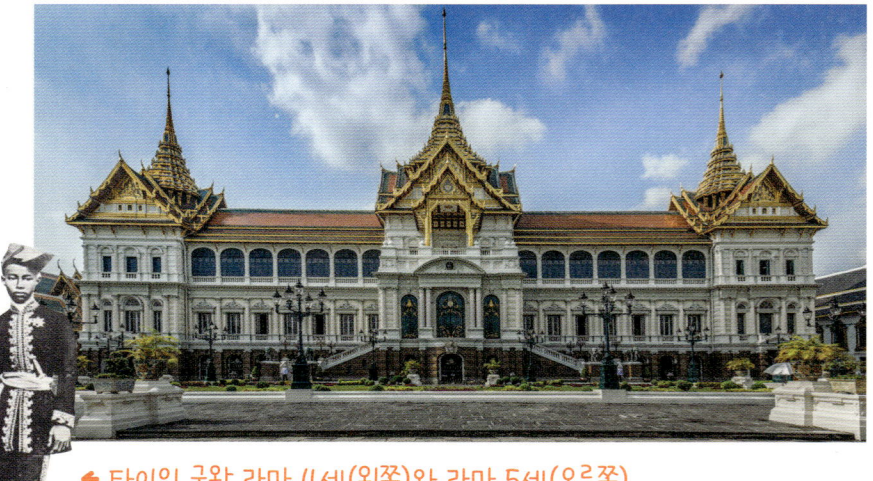

◀ 타이의 국왕 라마 4세(왼쪽)와 라마 5세(오른쪽)

1800년대 중반 들어 타이를 다스린 국왕들이야. 이들은 재빠르게 나라 문을 열고 개혁을 펼치는 한편 신중한 중립 외교를 통해 독립을 지켜 낼 수 있었지.

"휴, 독립을 지킨 나라가 있었다니 대단하네요!"

곽두기가 기쁜 표정으로 말했다.

"선생님, 그러니까 동남아시아의 도서부는 네덜란드, 대륙부는 영국이랑 프랑스가 식민지로 삼은 거죠? 타이는 독립국으로 남은 거고요."

"응, 맞아. 근데 나중에는 여기에 미국까지 끼어들었어."

"미국도요?"

뜻밖의 이야기에 아이들이 고개를 갸웃했다.

"1800년대 말 무렵 미국은 서부 개척을 어느 정도 마무리 짓고 밖으로 눈을 돌렸어. 유럽 열강처럼 식민지 개척에 뛰어든 거지. 특히 미국은 태평양을 건너서 중국으로 향하는 바닷길에 관심이 많았어. 태평양을 거치면 영국이나 프랑스 같은 유럽 열강의 간섭을 받지 않

제국주의 열강이 세계를 주름잡다 **043**

→ 태평양 곳곳을 식민지로 삼은 미국

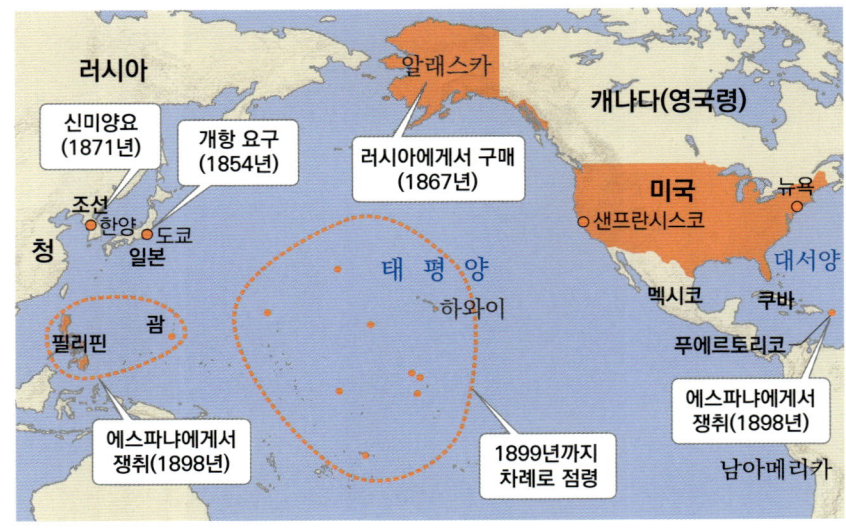

나선애의 세계사 사전
신미양요 1871년 미국 태평양 함대가 강제로 조선을 개항시키기 위해 강화도를 공격한 사건이야. 조선의 격렬한 저항에 부딪쳐 실패하고 말았지.

허영심의 상식 사전
전초 기지 남의 나라를 공격하기에 유리한 최전방 지역에 설치한 군사 기지를 가리켜.

고 중국과 무역을 할 수 있기 때문이야. 그래서 일본과 우리나라에 함대를 보내 개항을 요구하기도 했지."

"아, 그러고 보니 한국사 배울 때에 조선이랑 미국도 싸웠다고 했던 것 같아요. 신미양요가 미국이랑 싸운 거 맞죠?"

"흐흐. 그래. 잘 기억하고 있구나. 미국은 1897년에 태평양 한가운데의 하와이섬을 정복하고 해군 기지를 설치했어. 이로써 태평양 한가운데에 미국의 전초 기지가 마련됐지. 그리고 미국은 1898년에 에스파냐와 전쟁을 시작했단다."

"에스파냐하고는 왜요?"

"카리브해 복판에 있는 쿠바섬 때문이었어. 쿠바섬은 에스파냐의 식민지였거든. 미국은 쿠바에서 에스파냐를 몰아내고 카리브해를 장악하려고 했지. 그런데 태평양 건너 동남아시아의 필리핀과 괌도 에스파냐의 식민지였단다. 그러니까 에스파냐를 공격하면 자연스럽게 동

대서양과 태평양을 이어 준 파나마 운하

↑ 프랑스의 파나마 운하 공사 모습

1800년대 말, 프랑스는 당시 최신 기술인 증기기관을 이용한 대형 기계를 동원해 공사를 했지만 결국 실패했어.

태평양으로 진출한 미국의 고민은 대서양과 태평양을 연결하는 교통로를 마련하는 것이었어. 미국의 대도시와 공업 중심지는 대부분 대서양과 마주한 동부 해안에 몰려 있는데, 동부 해안의 배가 태평양으로 가려면 머나먼 남아메리카를 빙 돌아가야만 했거든. 미국은 이 문제를 해결하기 위해서 남북아메리카를 연결하는 파나마 지협에 운하를 팠어. 이 운하가 바로 파나마 운하란다.

운하 건설 과정은 험난했어. 파나마 지협에는 높은 산이 많고 밀림도 빼곡해서 공사가 쉽지 않았고, 기후가 몹시 덥고 낯선 전염병도 유행해서 공사 중 안전상의 문제가 심각했거든. 실제로 1880년에 프랑스가 이곳에 운하를 건설하려 시도했지만 전염병 탓에 노동자 2만여 명이 죽어 나가자 공사를 중단했단다.

미국은 1900년대 초반 운하 건설을 재개해 1914년에 운하를 완성했어. 이로써 대서양에서 태평양에 이르는 뱃길은 1만 킬로미터 이상 단축되었단다. 오늘날도 전 세계 수많은 선박이 파나마 운하를 통과해 대서양과 태평양 사이를 오가고 있어.

↑ 파나마 운하를 통과하는 선박들

물을 막고 있는 수문이 보이지? 파나마 운하는 이렇게 여러 수문을 계단식으로 설치해 물을 가두고 배가 높은 곳으로 거슬러 올라갈 수 있도록 설계됐어.

→ 파나마 운하 개통 전후 항로 비교

▲ 하와이섬 미국 해군 기지 1899년부터 사용된 이 기지는 오늘날까지도 중요한 역할을 하고 있어.

남아시아에도 거점을 마련할 수 있었던 거야."

"우아, 에스파냐도 여기저기 식민지가 꽤 많았네요."

"다 먼 옛날 영광의 흔적일 뿐 식민지를 지킬 힘은 없었어. 에스파냐는 이미 몰락해서 유럽에서도 삼류 국가 취급을 받았거든. 미국은 에스파냐를 거침없이 깨부수고 필리핀과 괌을 빼앗았단다. 카리브해에서는 쿠바를 독립시키고 푸에르토리코를 빼앗았지. 이로써 미국은 동남아시아까지 영향력을 미치는 제국으로 성장했어."

"영국, 네덜란드, 프랑스, 미국까지…… 다들 식민지를 차지하려고 눈이 벌겠군요."

"그나마 인도와 동남아시아에서는 서로 경쟁이 덜한 편이었지. 유럽에서 제법 거리가 있다 보니 영국이나 프랑스 같은 강국이 아니면 쉽게 식민지를 만들어 관리할 수 없었거든. 하지만 유럽에서 비교적 가까운 아프리카 대륙은 그야말로 완전히 아수라장이 되었단다."

용선생의 핵심 정리

동남아시아에서는 1600년대부터 네덜란드 동인도 회사의 침략이 진행됐고, 도서부는 네덜란드, 대륙부는 영국과 프랑스의 지배 아래에 놓임. 그리고 1800년대 후반에는 미국이 에스파냐를 공격해 필리핀과 괌을 차지함.

유럽 열강이 아프리카를 갈라 먹다

용선생은 지도를 한 장 펼치며 설명을 이어 나갔다.

"유럽 열강의 침략은 유럽과 가까운 북아프리카부터 시작됐어. 프랑스는 1830년대에 바다 건너 가까이에 있는 알제리를 침략해서 식민지로 삼았고, 뒤이어 이집트에도 눈독을 들였지. 이집트는 인도로 가는 길목이라 꽤 중요한 땅이었거든."

"그래서 예전에도 나폴레옹이 이집트를 공격했다고 하셨죠?"

"그래. 1869년, 프랑스는 막대한 돈을 들여서 이집트와 함께 지중해와 홍해를 잇는 수에즈 운하를 건설했단다. 수에즈 운하를 거치면

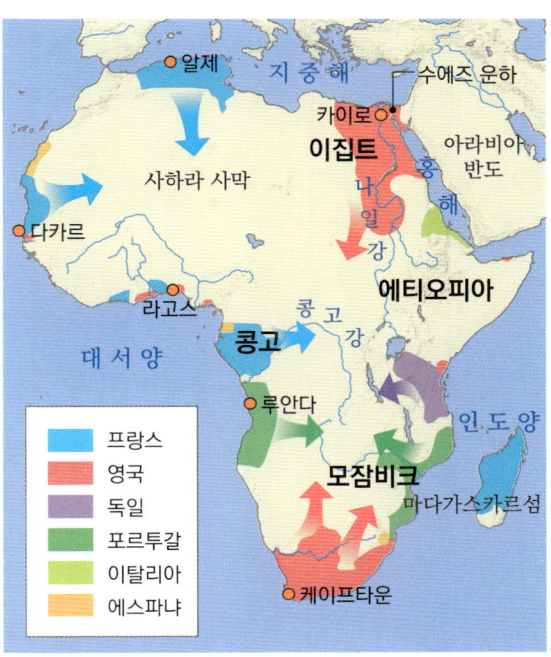

▲ 1880년대까지 아프리카 식민화

◀ 1869년 수에즈 운하 개통식 장면
수에즈 운하를 운항하는 프랑스 함선의 모습이야. 수에즈 운하가 개통되며 지중해에서 홍해를 거쳐 곧바로 인도로 향하는 뱃길이 열렸지.

아프리카를 빙 돌아서 인도로 가는 것보다 8,000킬로미터 이상 거리를 단축할 수 있었어."

"우아! 대단한데요?"

"하지만 이걸 가만히 보고 있을 영국이 아니지. 영국은 프랑스가 독일과의 전쟁으로 힘이 빠진 틈을 타 수에즈 운하 운영권을 가로챘어. 그리고 수에즈 운하를 지킨다는 핑계로 군대를 보내 이집트를 사실상 식민지로 만들어 버렸지. 이때부터 영국은 나일강을 거슬러 아프리카 내륙을 탐험하며 동아프리카로 세력을 넓혀 갔단다. 반면 프랑스는 서아프리카에서 빠른 속도로 식민지를 넓혀 나갔어."

"이번에는 프랑스가 서쪽, 영국이 동쪽이군요."

"하지만 영국의 식민지는 아프리카 남쪽 끝에도 있었어. 아프리카 남단 역시 유럽에서 아시아로 가는 길목이기 때문에 영국에게는 매우 중요했거든. 원래 아프리카 남단에는 네덜란드의 식민지가 있었는데, 영국은 프랑스 혁명 전쟁의 혼란을 틈타 이곳마저 빼앗았단다."

"그럼 결국 아프리카에서도 프랑스랑 영국이 다 해 먹는 건가요?"

"물론 두 나라의 활동이 가장 활발하긴 했지. 하지만 포르투갈과 독일, 이탈리아 등 다른 나라도 뒤이어 아프리카 식민지 건설에 뛰어들었단다. 그래도 1880년대까지 유럽인에게 아프리카 내륙은 대부분 미지의 땅이었어. 아프리카 내륙은 사막과 밀림이 대부분인 데다가 말라리아나 황열병 같은 열대 전염병이 유행해서 접근조차 하기가 어려웠거든."

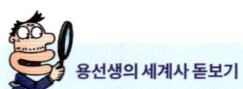

용선생의 세계사 돋보기

1870년에 있었던 프로이센-프랑스 전쟁을 말해. 프로이센이 프랑스에 대승을 거두고 나폴레옹 3세가 포로로 잡히기까지 했지.

↓ 콩고강을 여행하는 증기선 증기선이 강을 따라 내륙 깊숙한 곳까지 올라갈 수 있게 되자 본격적인 아프리카 탐색이 시작됐어.

← 키나 나무의 껍질 남아메리카에서 자생하는 키나 나무의 껍질을 가공하여 말라리아 치료약으로 썼어.

"자연환경이 침략을 막아 준 거네요."

"하지만 곧 상황이 바뀌었어. 일단 말라리아 치료약이 개발되었고, 성능 좋은 증기선이 발명되면서 강을 따라 아프리카 깊숙한 곳까지 거슬러 가는 게 가능해졌기 때문이지. 또 기관총이 발명되면서 원주민들을 손쉽게 제압할 수 있게 되었단다. 기관총의 힘은 무시무시했어. 때로는 수십 명의 탐험가가 몇백, 몇천 명이나 되는 원주민을 몰살시킬 수 있을 정도였지."

아이들은 표정이 어두워지며 한숨을 내쉬었다.

"곧 유럽과 미국에서 온 탐험가와 선교사가 앞장서서 아프리카 내륙을 탐사했단다. 이들은 아프리카 내륙을 돌아다니며 각종 지리 정보를 수집했지. 유럽인들은 탐험가들이 보내오는 정보에 열광했어. 아프리카 내륙에 온갖 광물과 보석, 고무 같은 천연자원이 풍부하다는 걸 알게 됐거든."

"그럼 이제 본격적으로 식민지 건설에 나서겠군요?"

▲ **맥심 기관총** 1884년에 개발된 세계 최초의 완전 자동 기관총이야. 자동으로 총알이 장전되기 때문에 분당 600발의 총알을 발사할 수 있었지.

◀ **아프리카의 노천 광산** 아프리카에는 철과 구리 등 광물 자원은 물론, 금과 다이아몬드를 비롯한 각종 귀금속이 풍부했어.

➜ 《콩고》 책 표지와 삽화 영국 탐험가 헨리 모턴 스탠리가 콩고 지역을 모험한 뒤에 쓴 책이야. 《콩고》는 유럽을 휩쓴 베스트셀러가 되었고, 이 책의 작가인 스탠리 역시 스타가 됐어.

"그래. 특히 앞서간 나라가 벨기에였어. 벨기에의 국왕 레오폴드 2세는 모험가 헨리 모턴 스탠리를 지원해 콩고강 유역의 드넓은 열대 우림을 탐험하게 했지. 그리고 그 정보를 바탕으로 콩고 일대를 식민지로 삼았단다."

"헐, 그냥 식민지로 삼고 싶으면 삼는 거예요?"

"물론 그건 아니야. 벨기에는 콩고 문제를 두고 포르투갈과 영토 다툼을 벌이게 됐단다. 포르투갈은 콩고와 이웃한 해안 지역에 식민지를 가지고 있었거든. 두 나라 사이에 갈등이 커지자, 이 문제를 해결하기 위해 유럽의 여러 나라가 독일 베를린에 모여 회의를 열었어."

"엥? 모두 모여서 회의까지 열었어요? 벨기에랑 포르투갈 문제가 그렇게 중요해요?"

"그보다는 앞으로 유럽의 다른 나라 사이에

← 베를린 회의 1884년, 독일의 비스마르크 주최로 개최된 회의야. 이 회의에 영국과 프랑스, 독일, 이탈리아, 포르투갈 등 유럽의 주요 국가들이 모여 아프리카 식민화 원칙을 정했지.

서도 이와 비슷한 다툼이 발생할 게 뻔했기 때문이야. 특히 통일을 이룬 지 얼마 되지 않았던 독일은 식민지 문제를 잘 조정해서 나름의 이득을 챙기려 했지. 그 결과 베를린 회의에서 앞으로 아프리카에 식민지를 건설할 때 중요하게 여겨야 할 원칙 몇 가지가 만들어졌단다."

"어떤 내용인데요?"

"간단히 정리하자면 이거야. '이미 군대나 탐험가를 파견해서 현지를 지배하고 있는 나라가 임자다. 그 대신 아프리카에서는 자유 무역을 실시하고 노예 제도를 폐지한다.' 더 간단히 말하자면 이렇지. '먼저 깃발 꽂는 나라가 임자다.'"

"무슨 원칙이 그래요?"

영심이가 어이없다는 듯 말했다.

"단순하지만 중요한 원칙이야. 다른 나라가 먼저 차지해 다스리고

> **용선생의 세계사 돋보기**
>
> 독일은 1870년 프로이센-프랑스 전쟁을 거친 이후에야 비로소 통일을 이루고 강대국으로 떠올랐어. 독일은 식민지 분쟁을 지혜롭게 조정하는 중재자 역할을 자처해 열강 사이의 갈등을 최소화하는 한편, 이미 식민지 경쟁에서 앞서가고 있는 영국과 프랑스 등 경쟁국을 따라잡으려 했지.

↑ **파쇼다 사건** 프랑스는 '파쇼다'라고 쓰인 바위에 먼저 프랑스 깃발을 꽂고 앉아 있고, 뒤늦게 도착한 영국군 장교가 협상을 시도하고 있어.

있는 땅은 건드리지 않되, 어떤 나라가 아프리카의 자원을 독차지하지 못하게 자유 무역을 하자는 뜻이거든. 그리고 원주민을 노예로 삼아서 노동력을 독차지하는 것도 금지하는 거지. 즉, 유럽 국가끼리는 아프리카에서 되도록 싸우지 말고, 기업가들은 아프리카에서 자유롭게 자원을 개발하고 무역을 하도록 해 주자는 거야."

"그래도 원주민은 완전히 무시하고 먼저 차지하는 쪽이 임자라니…… 정말 엄청나게 뻔뻔하네요."

"그야 그렇지. 어쨌든 이 원칙에 따라 이미 벨기에가 지배하고 있는 콩고 일대는 벨기에의 식민지로 인정됐어. 그리고 아프리카 대륙의 나머지 지역을 향해서 유럽 국가들의 치열한 땅따먹기가 시작됐단다. 영국과 프랑스뿐 아니라 포르투갈과 에스파냐, 벨기에, 독일, 이탈리아가 앞을 다투어 빈 땅에 깃발을 꽂은 끝에, 고작 20여 년 만에 아프리카의 90퍼센트가 유럽의 식민지로 전락하고 말았어."

"선생님, 그런데 그러다가 두 나라가 동시에 깃발을 꽂으면 어떻게 돼요?"

장하다가 궁금한 듯 묻자 용선생이 씩 웃었다.

"실제로 그런 일이 벌어졌지. 영국은 북쪽의 이집트와 남쪽의 식민지를 하나로 연결해 동아프리카 전체를 차지하려 했고, 프랑스는 사하라 사막을 건너서 동쪽의 홍해로 식민지를 넓혀 나가려고 했거든. 그러다가 파쇼다라는 도시에서 두 나라 군대가 두 달 차이로 만난

왕수재의 지리 사전

파쇼다 현재 이름은 코도크. 오늘날 남수단 북동부 나일강 상류 지방의 도시야.

아프리카에서 독립을 지킨 에티오피아와 라이베리아

↑ **아두와 전투** 이탈리아군은 2만 명, 에티오피아군은 8만 명으로 수적으로 열세였던 이탈리아는 이 전투에서 치욕스러운 패배를 당했지.

↑ **1896년 에티오피아의 승리를 보도한 프랑스 신문**

에티오피아는 자신의 힘으로 독립을 지켜 냈어. 다른 나라보다 한 발 앞서 시작한 유럽식 개혁 정책 덕택이었지. 1889년 즉위한 메넬리크 2세가 에티오피아의 유럽식 개혁 정책을 앞장서서 추진했단다. 메넬리크 2세는 치열한 왕위 계승 전쟁을 거쳐 에티오피아의 왕위에 올랐는데, 이때 이탈리아가 많은 도움을 주었어. 메넬리크 2세는 감사의 표시로 해안의 영토를 내어 주고 이탈리아와 통상 조약을 맺었지. 이탈리아는 이로써 에티오피아를 식민지로 삼았다고 생각했단다. 하지만 메넬리크 2세의 생각은 전혀 달랐어. 결국 두 나라 사이에서 분쟁이 벌어졌고, 1895년에 이탈리아가 에티오피아를 침공했어. 그러나 이탈리아군은 에티오피아의 아두와에서 크게 패배하며 에티오피아 침략의 꿈을 접어야 했지. 이로써 에티오피아는 독립을 지켜 낼 수 있었어.

↑ **라이베리아의 국기**
미국의 도움으로 세워진 라이베리아는 국기도 미국 성조기와 흡사해.

반면 또 다른 독립국 라이베리아의 경우는 좀 독특해. 라이베리아는 아프리카의 원주민이 아니라, 미국의 일부 주에서 자유민이 된 흑인들이 미국 정부의 지원으로 아프리카에 세운 나라였거든. 라이베리아를 지배하는 흑인은 영어를 사용하는 등 이미 미국 문화에 익숙해진 사람들이었고, 미국 출신인 자신들이 아프리카 현지인보다 우월하다고 생각해 현지의 원주민을 차별 대우하며 심지어 노예로 삼았어. 겉으로 보기엔 아프리카의 독립국일지 몰라도 속사정은 유럽 식민지가 된 다른 아프리카 지역과 별 다를 게 없었던 셈이야.

▲ 1914년의 아프리카 분할 모습

거야. 먼저 도착한 건 프랑스의 군대였지만 규모는 나중에 온 영국군이 훨씬 컸어."

"그래서 어떻게 됐어요?"

"힘센 나라가 우선이지, 뭐. 프랑스가 양보하면서 파쇼다 일대는 영국의 식민지가 되었어. 이 사건을 마지막으로 아프리카의 식민지 쟁탈전은 거의 마무리되었단다. 크게 보면 프랑스는 서아프리카, 영국은 동아프리카와 남아프리카를 차지했고, 포르투갈과 에스파냐, 벨기에, 이탈리아, 독일도 저마다 크고 작은 식민지를 차지했지."

"어휴, 자기들끼리 나눠 먹고 국경도 긋고…… 정말 아수라장이네요."

"이렇게 아프리카 쟁탈전까지 마무리된 1900년대 초반에 영국과 프랑스 같은 유럽의 몇몇 강대국은 어느덧 전 세계에 걸쳐 막대한 식민지를 가진 제국으로 성장했단다. 하지만 그중에서도 단연 제일 막강한 나라를 꼽으라면 누가 뭐래도 영국이었지."

어휴, 고작 20여 년 만에 아프리카가 유럽 식민지로 갈가리 찢어졌네!

용선생의 핵심 정리

말라리아 치료제 개발 등 기술 발전에 힘입어 유럽 열강의 본격적인 아프리카 식민지 쟁탈전이 시작되었음. 베를린 회의에서 정한 식민지 건설 원칙에 따라 20여 년 만에 아프리카의 90퍼센트가 식민지로 전락함.

해가 지지 않는 나라 영국,
북방의 거인 러시아와 대립하다

"영국은 1800년대 말부터 1900년대 초까지 인류 역사상 가장 크고 넓은 식민지를 가진 제국을 이룩했어. 이때 영국은 해가 지지 않는 나라라고 불릴 정도였지. 전 세계에 걸쳐 식민지가 퍼져 있었기 때문이야."

용선생이 영국과 영국의 식민지가 표시된 세계 지도를 펼치며 설명을 이어 갔다.

↓ 빅토리아 여왕
(재위 1837년~1901년) 영국이 세계 최강이던 시절 영국의 왕으로 64년간 영국을 다스렸어. 오늘날 영국 왕실의 직접적인 선조이기도 해.

↓ 콜카타에 있는 빅토리아 여왕 기념관 타지마할을 본떠 지은 건물로 콜카타에서 가장 아름다운 대리석 건물로 꼽혀.

제국주의 열강이 세계를 주름잡다　055

▲ 사마르칸트를 점령한 러시아 군대 러시아군은 중앙아시아 일대를 점령하고 인도를 향해 계속 남하했지.

"이 당시 영국의 식민지 면적은 세계 육지 면적의 4분의 1에 이르렀어. 게다가 세계 인구의 5분의 1이 영국과 영국의 식민지에 살고 있었지. 영국의 국력은 특히 빅토리아 여왕이 즉위하던 시절에 가장 강력했기 때문에, 이 시대를 '빅토리아 시대'라고 부르기도 해."

"지금까지 프랑스가 영국 라이벌인 줄 알았는데, 이제 보니 영국이 훨씬 강했네요?"

"흐흐. 물론 제국주의 시대에 두 나라가 대표적인 강대국이긴 했지. 하지만 정작 식민지 경쟁에서는 영국이 훨씬 앞서나갔어. 프랑스가 영국의 식민지 건설을 가로막기에는 영국의 해군이 너무나도 강력했거든. 영국의 심기를 건드린 나라는 따로 있단다."

"그게 어느 나란데요?"

오스트레일리아 식민지의 역사

남태평양에 있는 오스트레일리아 대륙은 광활한 넓이에 비해 거주민의 수가 아주 적었어. 대륙의 동남부 일부를 제외한 나머지 지역은 전부 다 사람이 살기 힘든 사막과 비가 극히 적게 오는 초원이기 때문이지. 이곳에는 '애버리지니'라고 불리는 원주민이 살았어. 이들은 1700년대 말 유럽인이 오기 전까지 부족이나 씨족 단위로 공동체를 구성해 살았지. 하지만 유럽처럼 국민 국가를 세우지는 못했어.

1770년, 영국의 제임스 쿡 선장이 도착한 이후 오스트레일리아에는 영국 이주민들이 건너와 식민지를 건설했어. 이때 남동부와 남서부 해안을 중심으로 오늘날의 시드니, 퍼스와 같은 도시가 만들어졌지. 반면 오스트레일리아의 원주민들은 천연두나 홍역처럼 유럽에서 건너온 병 때문에 많은 사람들이 목숨을 잃었어.

오스트레일리아 식민지의 인구는 오랫동안 별로 크게 늘지 않았어. 오스트레일리아에는 이렇다 할 자원도 없는 데다가 농사를 지을 수 있는 땅도 너무 적고, 영국에서도 멀리 떨어져 있었거든. 당시에는 영국의 죄수들이 유배를 가는 곳으로 많이 이용됐다고 해.

▲ **제임스 쿡 선장** (1728년~1779년) 1770년 유럽인 최초로 오스트레일리아 동남부에 도착한 인물이야. 제임스 쿡 선장의 항해 이후 태평양 일대의 식민화가 진행됐지.

그런데 1850년대 들어 오스트레일리아에서 금광이 발견되면서 사정이 바뀌었어. 미국 서부에서처럼 오스트레일리아에서도 골드 러시가 발생한 거야. 1800년대 후반에는 오스트레일리아 식민지의 인구가 200만 명까지 늘어났고, 경제 활동도 제법 활발히 이루어지는 식민지가 되었지. 오스트레일리아는 1901년 영국으로부터 자치권을 얻었고, 1942년에 독립을 이루어 오늘날에 이르고 있단다.

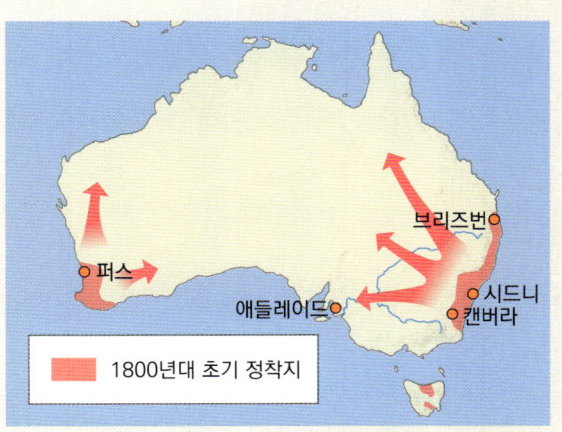

◀ 영국의 오스트레일리아 식민지

↑ 영국과 러시아의 대립

곽두기의 국어 사전

부동항 아니 불(不), 얼 동(凍), 항구 항(港). 일 년 내내 얼지 않는 항구를 말해.

장하다가 궁금한 듯 물었다.

"바로 러시아야. 러시아 영토는 유라시아 대륙 전체에 걸쳐 있기 때문에, 굳이 영국의 해군을 상대하지 않아도 육로를 통해 아시아에 건설된 영국의 식민지를 노릴 수 있거든. 더구나 러시아는 부동항을 얻기 위해 따뜻한 남쪽 바다로 나가는 것이 국가적 목표였기 때문에, 아프리카에서 아시아 전역에 걸쳐 해상 제국을 이룩한 영국과는 날카롭게 대립할 수밖에 없었단다."

"우아, 그렇군요."

곽두기가 지도를 훑어보며 고개를 끄덕였다.

"러시아는 1820년대부터 중앙아시아의 대초원 지대로 영토를 넓

혀 나갔어. 오늘날의 중앙아시아 일대가 러시아의 지배를 받게 됐고, 아프가니스탄의 북부 일부도 러시아의 영향권 아래로 들어왔지. 그러자 영국은 신경을 곤두세웠단다. 러시아가 조금만 더 남쪽으로 내려오면 페르시아, 그 옆에는 인도가 있었거든. 이대로 가다가는 러시아가 페르시아를 손에 넣고 인도까지 세력을 확장할 수도 있었어."

"인도까지요?"

▲ 러시아와 영국 사이에 낀 아프가니스탄
가운데 아프가니스탄이 러시아를 상징하는 곰과 영국을 상징하는 사자 사이에서 곤란해하고 있어.

"영국은 인도를 지키기 위해 먼저 군사 행동에 나섰어. 인도는 영국의 수많은 식민지 중에서도 가장 중요한 곳이었거든. 영국은 인도 북서쪽의 아프가니스탄을 점령하고, 페르시아에는 군대를 파견해서 러시아를 막으려 했단다."

"인도를 지키려고 다른 나라를 공격한단 말예요? 어휴."

"어차피 힘이 제일인 제국주의 시대에 그런 게 안중에나 있었겠니? 영국이 이렇게 적극적으로 대응에 나선 탓에 러시아의 남하 계획은 순조롭게 진행되지 못했어. 하지만 두 나라는 이후 50여 년에 걸쳐서 전 세계에서 치열하게 대립했단다. 심지어 한반도에서도 영국과 러시아의 대립이 있었지."

"우리나라에서도요?"

"그래. 러시아는 중앙아시아에서 영국에게 저지당하자 이번에는 동아시아에서 남쪽으로 세력을 넓혀 나갔어. 청나라가 휘청거리는 틈을 타서 연해주를 손에 넣고, 기세를 몰아서 남쪽에 있는 한반도까

왕수재의 지리 사전

연해주 러시아의 동쪽 끝에 있는 지방이야. 동남쪽은 동해, 서북쪽은 중국, 서남쪽은 북한과 맞닿아 있어. 중심지는 블라디보스토크로 일제 강점기 독립운동의 근거지 중 하나였지.

제국주의 열강이 세계를 주름잡다

지 손을 뻗었지. 때마침 이 당시 조선 역시 청나라 세력을 막기 위해서 러시아와 손을 잡으려고 했단다."

"그럼 영국도 조선으로 쳐들어왔나요?"

아이들의 눈이 휘둥그레졌다.

"그래. 영국은 1885년에 한반도로 함대를 보내서 한반도 남쪽에 자리한 거문도를 점령했어. 그리고 2년 동안 해군을 주둔시켰단다. '러시아가 조선으로 세력을 넓히는 걸 보고만 있지 않겠다.'는 영국의 뜻을 조선에 보여 준 거지. 영국은 러시아가 조선을 식민지로 삼지 않을 것이라는 약속을 받은 후에야 군대를 철수시켰단다."

"영국과 러시아의 싸움이 우리나라에까지 영향을 미쳤다는 걸 전혀 몰랐어요."

↑ **거문도 사건 당시의 사진** 거문도에 머물던 영국 함선(왼쪽)과 영국 해군과 거문도 주민이 함께 찍은 사진(오른쪽)이야.

"여기서 그친 게 아니야. 거문도 사건 이후로도 러시아의 남하는 계속됐어. 그러자 영국은 러시아를 막기 위해 일본을 지원했고, 일본과 동맹을 맺었지."

"왜 하필 일본이에요?"

"이 당시 일본은 산업화에 성공하고 아시아에서 강대국으로 급부상 중이었거든. 나중에 조선이 러시아가 아니라 일본의 식민지가 된 것 역시 영국과 러시아의 대립이라는 국제적 상황이 강하게 영향을 주었다고 할 수 있지."

"다들 힘 있다고 자기 맘대로 이 나라 저 나라 침략하고 다니다니, 정말 나빠요!"

영심이가 씩씩대며 말하자 다른 아이들도 고개를 끄덕였다.

"그래. 유럽의 제국주의 국가들이 이렇게 마구잡이로 세력을 넓혀 나간 탓에 세계사에는 크나큰 변화의 물결이 일어난단다. 서아시아, 인도, 동아시아 등등 세계 모든 나라가 제국주의 국가들의 침략에서 살아남기 위해 발버둥 치기 시작했거든. 다음 시간부터는 그런 움직임을 하나하나 배울 거야. 오늘은 여기까지만 하자. 다들 고생 많았어!"

용선생의 핵심 정리

여러 제국주의 열강 중에서도 가장 강한 나라는 '해가 지지 않는 나라' 영국. 영국은 유라시아 대륙 북부에서 남하하려는 러시아와 중앙아시아를 비롯해 세계 곳곳에서 날카롭게 대립함.

나선애의 정리노트

1. 제국주의의 등장
- 1800년대 후반 산업화에 성공한 유럽 강국이 세계 곳곳에 식민지를 건설함.
  → 제국주의 시대가 시작됨.
- 원료와 판매 시장 확보, 민족주의, 백인 우월주의 등의 이유로 식민지 경쟁이 치열해짐.

2. 아시아를 집어삼킨 열강
- 영국은 인도, 말레이반도 일대와 보르네오섬 북부, 미얀마를 차지함.
- 네덜란드는 인도네시아 등 도서부 동남아시아 전역을 지배함.
- 프랑스는 베트남, 캄보디아, 라오스를 차지함.
- 미국은 하와이, 괌 등 태평양의 섬과 에스파냐의 식민지였던 필리핀을 차지함.

3. 아프리카를 집어삼킨 열강
- 말라리아 치료제와 증기선, 기관총의 발명으로 아프리카 침략이 본격화
- 베를린 회의 : 아프리카 식민화 원칙을 정하기 위한 회의
  → 약 20년 만에 아프리카 대륙 대부분이 식민지로 전락

4. 영국과 러시아의 대립
- 영국은 전 세계에 걸쳐 식민지를 건설하고 세계 최강 자리에 오름.
- 러시아는 남쪽으로 영토를 넓히며 세계 곳곳에서 영국과 대립

세계사 퀴즈 달인을 찾아라!

1 다음 중 지배국과 식민지의 연결이 옳지 <u>않은</u> 것은? ( )

① 영국 - 타이
② 미국 - 필리핀
③ 프랑스 - 베트남
④ 네덜란드 - 인도네시아

2 다음 설명이 나타내는 나라의 이름으로 옳은 것은? ( )

- 청나라와의 아편전쟁에서 크게 승리함.
- 프랑스와의 플라시 전투에서 승리하며 인도 무역의 주도권을 잡음.
- 이집트 수에즈 운하 운영권을 가로챘음.

① 독일　　　② 미국
③ 영국　　　④ 벨기에

3 1800년대 중반 유럽 사회에 대한 설명으로 알맞은 것에 ○표, 알맞지 <u>않은</u> 것에 X표 해 보자. ( )

○ 유럽인은 백인이 흑인과 황인보다 우월하다고 생각했다. ( )

○ 유럽에 부족한 자원과 넓은 시장을 얻기 위해 식민지를 만들었다 ( )

○ 영국에서는 기업가들이 식민지를 경영했으며 정부는 이에 참여하지 않았다. ( )

4 다음 지도를 보고 빈칸에 알맞은 나라 이름을 써보자.

 : (Ⓐ)는 아프리카 식민지 개척 과정에서 영국과 프랑스 군대가 충돌한 곳이야.

 : (Ⓑ)는 이탈리아의 침략을 막아내고 독립을 지켜낸 아프리카의 나라야.

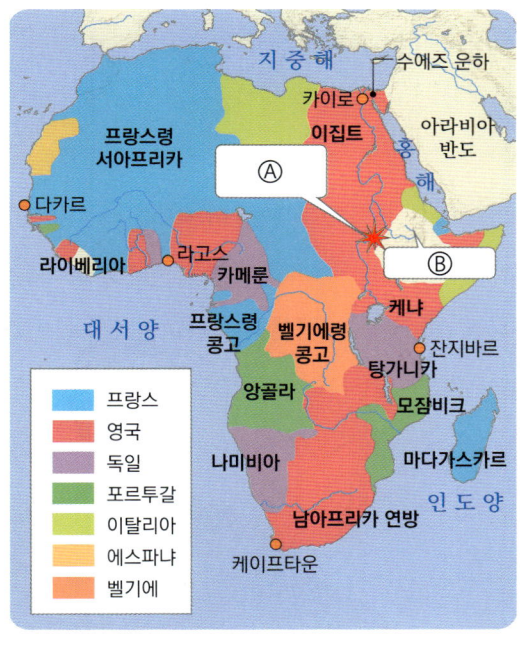

(Ⓐ   , Ⓑ   )

5 다음 지도를 보고 분석한 내용으로 옳은 것은?　　　(　　)

① 영국과 러시아의 대립은 조선에서도 전개되었어.
② 러시아는 전 세계에 걸쳐 가장 넓은 식민지를 개척했어.
③ 영국은 북쪽으로 영토를 확장하려는 러시아를 경계했을 거야.
④ 영국과 러시아는 특히 남아메리카 지역에서 날카롭게 대립했을 거야.

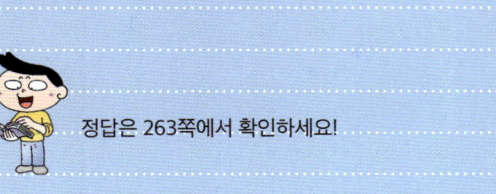 정답은 263쪽에서 확인하세요!

065

용선생 세계사 카페

아프리카를 고향으로 여긴 탐험가 리빙스턴

1800년대 들어 유럽의 탐험가들은 경쟁적으로 아프리카 대륙의 내륙을 탐험했어. 아프리카의 지리 정보를 수집하고 나아가 지도를 완성하는 게 탐험의 목적이었지. 그런데 탐험가들은 강과 산의 모습에는 민감했지만 정작 아프리카 원주민의 삶에 대해서는 거의 아무것도 이해하지 못했어.

직접 아프리카 원주민을 상대하는 선교사도 사정은 크게 다르지 않았어. 이들은 아프리카에서 크리스트교를 퍼뜨릴 뿐 아니라, 곤경에 빠진 아프리카 사람들을 적극적으로 도왔지. 아프리카에는 유럽인의 침략으로 삶의 터전을 빼앗기고 노예로 잡혀가는 이들이 너무나도 많았거든. 하지만 선교사들도 아프리카 사람들을 그저 도움이 필요한 어린이처럼 여겼고, 아프리카 문화와 종교를 이해하려고 하질 않았지. 선한 마음으로 접근했을지 몰라도, 여전히 유럽 문화가 가장 우월하다는 잘못된 생각에 젖어 아프리카인을 가르치려고만 했던 거야.

하지만 그렇지 않은 선교사가 있었어. 바로 데이비드 리빙스턴이야.

➔ **데이비드 리빙스턴** (1813년~1873년) 30년 동안 온갖 위험을 무릅쓰고 아프리카 동부와 남부를 돌아다니며 아프리카 사람들과 마음을 나눈 인물이야.

최고의 아프리카 탐험가 리빙스턴

리빙스턴은 1813년 스코틀랜드 글래스고 근처에서 태어났어. 어려운 형편 때문에 열 살 때부터 방직 공장에서 일해야 했지만 공부를 포기하지 않았대. 리빙스턴은 독학으로 대학에 진학해 의학과 신학을 공부했고 중국으로 선교를 떠날 준비를 했어. 하지만 갑작스러운 전쟁 때문에 길이 막히자 1840년 겨울, 아프리카로 선교를 떠났단다.

선교는 성공적이지 못했어. 그 대신 리빙스턴은 주변 지역을 탐험하며 얻은 정보와 아프리카 사람에 대한 이야기를 써서 짬짬이 영국으로 보냈지. 리빙스턴은 아프리카 사람들을 편견 없이 바라보며 그들의 삶을 이해하려고 했어. 또 여전히 활발히 이뤄지던 노예 밀무역 소식을 전하며 이를 단호하게 반대했어.

아프리카에 머무는 동안 리빙스턴은 말라리아에 걸리기도 하고, 사자의 공격을 받아 부상을 입기도 했어. 하지만 끝내 탐험을 포기하지 않았지. 되도록 더 많은 아프리카 사람을 만나고 아프리카에 대해 더 많은 것을 알아내는 것이 리빙스턴의 목적이었거든. 리빙스턴은 늘 스무 명 남짓한 아프리카 사람들과 함께 탐험을 떠났는데, 동행한 흑인을 하인처럼 대하는 다른 탐험가와 달리 이들과 늘 친한 친구처럼 지냈대.

▲ 마차에서 설교하는 리빙스턴
리빙스턴은 이따금 카누, 마차를 이용했고 소를 타고 다니기도 했어. 하지만 대부분은 걸어 다니며 설교했대.

▲ 리빙스턴의 탐험 경로

➡ 빅토리아 폭포
리빙스턴은 잠베지강의 이 폭포에 영국 여왕의 이름을 따 빅토리아 폭포라는 이름을 붙였어. 너비 1.7킬로미터, 높이 108미터의 어마어마한 크기의 폭포지. 원주민들은 이 폭포를 '천둥의 안개', '안개처럼 일어나는 물' 등으로 불렀단다.

리빙스턴은 남아프리카 탐험을 통해 유명 인사가 되었어. 특히 아프리카 중부의 잠베지강을 따라 총 7,000킬로미터에 이르는 거리를 오가며 숱한 지리 정보를 수집했고, 아름답기로 소문난 빅토리아 폭포를 유럽인 최초로 목격하기도 했지. 그러던 1866년, 나일강의 근원을 찾기 위해 모험을 떠났다가 그만 소식이 끊기고 말았단다.

리빙스턴을 찾아 나선 탐험가 스탠리

1869년 10월, 리빙스턴을 찾기 위해 또 다른 탐험가가 나섰어. 바로 헨리 모턴 스탠리였지. 스탠리는 1년이 넘는 탐험 끝에 한 원주민 마을에서 아주 비쩍 마른 사람을 만났단다. "혹시 리빙스턴 박사십니까?" 스탠리의 질문에 리빙스턴은 미소를 지으며 그렇다고 했대. 사실 리빙스턴은 말라리아에 걸려서 치료차 원주민 마을에 머물고 있었던 거야. 이 극적인 만남은 당시 많은 유럽인을 놀라게 했지.
하지만 이미 병세가 악화된 리빙스턴은 영국으로 돌아오지 못한 채 1873년 5월 1일 아프리카에서 세상을 떠났어. 아프리카를 사랑했던 탐험가다운 최후였지.

⬆ 리빙스턴과 스탠리의 만남
스탠리는 탕가니카 호숫가 원주민 마을에서 리빙스턴을 찾아냈어.

리빙스턴과 스탠리의 탐험이 남긴 것

스탠리는 훗날 벨기에 국왕 레오폴드 2세의 지원을 받아 콩고강 유역 탐험에 나섰어. 그 결과 벨기에는 콩고 일대를 식민지로 삼았고, 뒤이어 유럽 열강이 앞을 다투어 아프리카에 뛰어들어 아프리카 전역이 유럽인의 식민지로 전락하기에 이르렀어.

유럽 열강의 침입에는 탐험가와 선교사들이 공들여 수집한 지리 정보가 매우 유용하게 쓰였단다. 그중에서도 단연 아프리카 최고의 탐험가 리빙스턴과 그 뒤를 이은 스탠리의 공이 으뜸이었지. 아이러니하게도 누구보다 아프리카를 사랑했고 아프리카 사람들의 삶을 이해하려 했던 리빙스턴의 행동은 아프리카의 식민화를 앞당긴 셈이었던 거야.

▲ **헨리 모턴 스탠리** 콩고 탐험에 나섰을 때의 모습을 헨리 스탠리가 직접 재연한 모습이야. 옆에 있는 흑인은 카루루라는 인물로, 스탠리의 양자였대.

▲ **말라위호** 리빙스턴이 두 번째 탐사에서 발견한 호수로 니아사 호수라고도 해. 말라위, 모잠비크, 탄자니아에 걸쳐 있으며 아프리카에서 세 번째로 큰 호수야.

> 용선생 세계사 카페

레오폴드 2세가 만든 생지옥 콩고

유럽 제국주의 국가들은 전 세계를 누비며 힘을 내세워 많은 사람을 괴롭혔어. 수많은 사람이 목숨을 잃거나 굶주림과 가난에 시달렸고, 백인에게 차별 대우를 받으며 울분을 쌓아 갔지. 그중에서도 단연 최악의 사례는 벨기에의 식민지였던 콩고에서 펼쳐졌어.

벨기에는 나폴레옹 전쟁 이후 빈 체제를 통해 네덜란드와 한 나라가 되었다가, 오랜 투쟁을 거쳐 1831년에야 겨우 독립을 이뤘어. 이 무렵 유럽의 강국들은 세계 곳곳으로 진출해 식민지를 건설했단다. 신생 국가인 벨기에 역시 국력을 키우기 위해 식민지를 물색했지. 하지만 쓸 만한 땅은 이미 영국과 프랑스 등 강대국이 먼저 차지한 뒤라 마땅한 식민지를 찾기가 어려웠어. 그렇다고 쟁쟁한 강대국을 힘으로 몰아내고 식민지를 차지하기엔 벨기에의 국력이 너무나도 약했지.

그래서 벨기에 국왕 레오폴드 2세는 '아프리카의 지리를 탐구하고 고통받는 흑인들을 돕는다.'는 구실을 내세워 '국제 아프리카 협회'를 만들고 스스로 회장이 되었어. 그리고 유명한 탐험가 헨리 스탠리를 고용해 아프리카의 콩고를 탐사하게 했지. 당시 콩고 분지는 유럽인에게 미지의 땅으로 남아 있었거든. 헨리 스탠리가 무사히 콩고 분지 탐사를 마치고 돌아오자, 레오폴드 2세는 콩고에 흑인을 위한 나라를 세우겠다는 명분으로 영국과 프랑스 등 주요 강대국을 설득했단다. 결국 레오폴드 2세는

➔ **레오폴드 2세** (1835년~1909년) 벨기에의 제2대 국왕. 콩고를 사유지로 삼고 악랄하게 착취해서 많은 사람의 비난을 샀어.

070

◀ 탕가니카호
중앙아프리카의 중심에 위치한 호수야. 국제 아프리카 협회는 콩고 분지를 차지하기 위해 이곳에 벨기에의 전초 기지를 세우려 했어.

◀ 국제 아프리카 협회기

독일의 비스마르크가 주최한 1884년 베를린 회의에서 영국과 프랑스, 독일 등 주요 강대국의 지지를 얻어 콩고를 국왕 자신의 사유지로 삼아 사실상 벨기에 식민지로 만들었어. 콩고의 면적은 벨기에 본토보다 무려 75배나 넓고, 거의 서유럽 전역과 맞먹었지.

레오폴드 2세는 콩고 사정에 밝은 스탠리를 내세워 콩고의 주요 부족에게 구슬이나 옷감 등을 선물하고 서명을 받았단다. 원주민들이 서명한 문서에는 이렇게 쓰여 있었지.

▲ 콩고의 면적

모든 영토와 재산권을 국제 아프리카 협회에 넘긴다.
아프리카 협회가 지정하는 작업에는 조건 없이 노동력을 지원한다.
콩고에 건설되는 도로와 운하의 통행료 징수권, 광산과 삼림 개발권을 모두 아프리카 협회에 넘긴다.

이 당시 대부분의 아프리카인은 이게 무슨 말인지 알지 못했어. 그저 값진 선물을 받은 것에 대한 대가로 종이에 부족의 징표를 그리거나 간단한 표시를 해 준 것에 불과했지. 그러나 레오폴드 2세는 이 문서를 근거 삼아 콩고가 합법적인 식민지라고 주장했어.

레오폴드 2세는 먼저 돈이 될 만한 상품을 찾았어. 그래서 고무를 대량으로 생산하기 시작했지. 콩고에는 고무나무가 많았는데, 이때 공기를 주입하는 고무타이어가 개발되며 타이어의 원료인 고무 수요가 폭발적으로 증가했거든. 곧 콩고의 모든 원주민이 강제로 고무 생산에 동원됐어. 원주민 개개인마다 매일 채취해야 할 할당량이 정해졌고, 할당량을 채우지 못한 원주민은 모진 고문을 받았지. 얼마나 철저하게 콩고를 쥐어짰는지, 1890년 100톤이던 고무 수출량이 불과 10년 뒤에는 6,000톤으로 크게 늘었어.

이때 콩고 사람들이 받은 고문 방법은 상상을 초월할 정도로 악랄했어. 할당량을 채우지 못하면 먼저 손을 자르고, 두 번째로 못 채우면 팔을, 그다음에도 못 채우면 목을 잘라서 죽였지. 이렇게 죽은 원주민의 할당량은 다른 사람에게 그대로 넘어갔고 남의 할당량을 넘겨받은 사람도 자기 몫을 채우지 못하면 손, 팔, 목이 잘렸지. 그러다가 마을 하나가 통째로 학살당한 일도 있었어. 레오폴드 2세는 무려 25년이나 콩고를 다스렸는데, 그동안 최소 1천만 명, 많게는 2천만 명이 넘는 콩고 원주민이 목숨을 잃었다는구나.

← 착취당하는 콩고 원주민
왕관을 쓴 뱀이 원주민을 휘감고 있어. 레오폴드 2세가 콩고인들을 착취하는 상황을 풍자한 그림이란다.

인류 역사상 이런 규모의 대량 학살은 손에 꼽을 정도야. 생지옥이 된 콩고의 상황은 오랫동안 세상에 알려지지 못했어. 레오폴드 2세는 사유지인 콩고에서 나온 이익을 몽땅 자기 주머니에 챙기기 위해 벨기에 정부의 간섭을 막았고, 외지인들이 콩고에 접근하는 걸 철저히 방해했거든. 하지만 콩고에서 활동하던 선교사들의 증언과 콩고를 오가며 화물을 운반하던 회사 직원의 증언이 새어 나오며 머지않아 진실이 드러났지. 그러자 세계 곳곳에서 레오폴드 2세를 향한 비난이 빗발쳤어.

결국 미국과 영국 등 강대국들의 태도가 변하자 1908년, 레오폴드 2세는 콩고의 소유권을 벨기에 정부에 넘겼어. 이로써 콩고에서 벌어졌던 지옥 같은 일이 멈추었지. 하지만 레오폴드 2세의 끔찍했던 통치는 아직까지도 콩고 사람들의 기억에 남아 있단다.

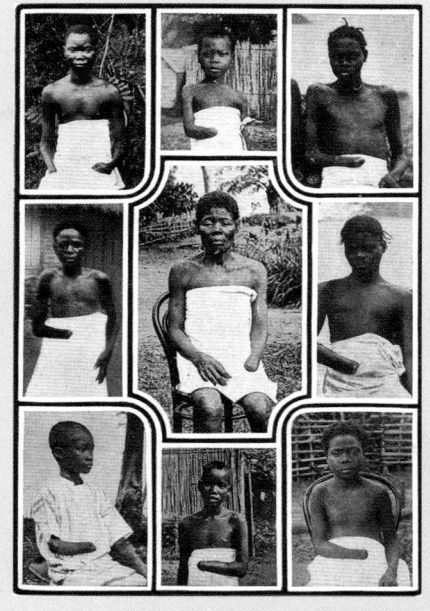

↑ **강제 노동으로 손을 잃은 콩고 원주민들의 모습** 사진 속 원주민 중에는 심지어 채 열 살이 안 된 어린아이도 있어.

↑ **앨리스 셀리 해리슨** (1870년~1970년) 영국 출신의 선교사야. 콩고에서 찍은 사진을 공개해 콩고의 실상을 세상에 알리는 데 큰 역할을 했지.

↑ **콩고 원주민과 앨리스 부부** 남편이자 목사인 존 해리스와 앨리스는 콩고 원주민들을 만나 실상을 알게 된 뒤, 식민지 제도에 반대하는 사회 운동가가 되었대.

2교시

이슬람 세계의 위기와 개혁 운동

유럽 열강이 세계 곳곳에서 식민지를 넓히며 세력을 키우는 동안,
이슬람 세계는 위기를 맞이했어.
한때 유럽을 벌벌 떨게 만들며 지중해를 지배한 오스만 제국마저
유럽 열강 때문에 위기에 처했지.
이번에는 이슬람 세계가 왜 위기에 놓였는지,
그리고 어떤 개혁을 펼쳤는지 살펴보자.

1699년	1821년~1829년	1839년~1876년	1869년	1906년	1908년
카를로비츠 조약	그리스 독립 전쟁	탄지마트	수에즈 운하 개통	페르시아, 입헌 혁명 발생	청년 튀르크당의 혁명

오스트리아-헝가리

이스탄불
오스만 제국은 비틀거리는 나라를 다시 일으켜 세우기 위해 개혁을 시도했어.

루마니아

세르비아

불가리아

크림반도

세바스토폴

캅

흑 해

이스탄불

그리스
아테네

필로스

오스만 제국

필로스
그리스 독립 전쟁의 주요 격전지 중 하나. 영국, 프랑스, 러시아 연합군이 오스만-이집트 연합군을 격퇴한 나바리노 해전이 벌어졌어.

크레타섬

지 중 해

바

카이로 수에즈

이집트

카이로
오늘날 이집트의 수도. 이집트는 개혁에 성공하며 오스만 제국에서 독립을 시도했지만, 곧 영국의 보호국이 되었어.

수에즈
지중해와 홍해를 연결하는 운하가 있는 곳이야.

메디나

메카

홍 해

역사의 현장 지금은?

중앙아시아의 눈물, 아프가니스탄

아프가니스탄은 인도 아대륙과 중앙아시아, 이란 사이에 있어. 수니파가 다수인 이슬람 국가로 면적은 한반도의 3배지만 인구는 약 3,500만 명으로 인구 밀도는 낮은 편이지. 고대부터 여러 민족이 오가는 교통의 중심지였던 아프가니스탄은 오늘날도 여러 민족이 어울려 사는 다민족 국가야. 인구의 42퍼센트를 차지하는 파슈툰인(아프간인) 외에 10여 개 민족이 살고 있단다. 제국주의 시대에 영국의 식민지였던 아프가니스탄은 1919년 독립 후부터 1970년대까지는 중앙아시아에서 꽤 부유한 나라였어. 하지만 그 후 소련, 미국과의 전쟁, 계속되는 내전을 겪으며 현재는 전 세계에서 가난한 나라 중 하나로 손꼽혀.

➡ 힌두쿠시 산자락에 자리한 카불
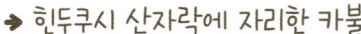
카불은 해발 고도 약 1,800미터의 고산 도시야. 여름에도 그늘 밑은 선선한 데다 힌두쿠시산맥의 만년설이 아름다워 1800년대까지만 해도 귀족들이 즐겨 찾는 휴양지였어.

⬆ **카불 북부의 신도시 카르카나**
카불이 전쟁으로 파괴되며 건설된 신도시야. 쇼핑몰과 고층 아파트 등이 들어섰지.

수천 년 전처럼 오늘날에도 카불 강가를 따라 시장이 형성돼 있어.

교통의 요충지 카불

아프가니스탄은 국토 대부분이 건조하고 험한 산악 지대야. 하지만 수도 카불은 남쪽으로는 인도, 북쪽으로는 중앙아시아, 서쪽으로는 이란고원과 이어지는 교통의 요지라 무역이 활발했어. 또한 비단길의 중심지로 일찍부터 많은 외국인이 방문한 국제도시이기도 했지. 하지만 잇따른 전쟁으로 외부인의 발걸음이 뜸해지며 카불은 활기를 잃었어. 최근 아프가니스탄 정부는 주변 나라와의 경제 협력을 통해 카불 재건에 힘쓰고 있지.

◀ 인도, 이란과 경제 협약을 맺은 아프가니스탄

한때 관계가 좋지 않았던 세 나라는 경제 발전을 위해 힘을 합치고 있어.

세계가 주목하는 자원 부국

아프가니스탄에는 철, 구리, 석유, 희토류 등 다양한 자원이 매장되어 있어. 특히 값비싼 리튬은 '리튬의 사우디아라비아'로 불릴 정도로 풍부해. 하지만 자원 개발에 필요한 기술과 자본이 매우 부족한 데다, 여러 전쟁 때문에 선뜻 투자에 나서는 외국 기업이 없어서 개발이 이루어지지 못했지. 정치적 혼란이 계속되고 있어서 앞으로의 발전 가능성도 쉽게 전망하기는 어려워.

↑ **전기 차와 휴대폰의 리튬 전지** '하얀 석유'라고도 불리는 리튬은 전기 차, 휴대폰 등에 들어가는 전지의 핵심 원료야.

↓ **희토류** 열을 잘 전도하고 자성을 띠는 등 성질이 비슷한 여러 광물을 묶어 부르는 말이야. 전기 차와 다양한 전자 제품에 들어가는 영구 자석에 꼭 필요한 물질이지.

↑ **아이나크 구리 광산** 세계에서 두 번째로 매장량이 많은 구리 광산이야. 최근 중국이 인수했어.

온갖 유물이 가득한 미래의 관광 천국

아프가니스탄은 유럽과 중국, 인도를 잇는 곳에 자리 잡은 만큼 다양한 유물이 전역에 퍼져 있어. 안타깝게도 전쟁으로 많은 것이 파괴됐지만 남아 있는 유산만으로도 충분히 가 볼 만한 곳이야. 또 사람의 손을 타지 않은 아름다운 자연도 일품이지. 지금보다 사회가 안정되면 아프가니스탄은 유망한 관광 대국이 될 거야.

↓ **시아파의 성지 마자르 이 모스크** 중앙아시아에서 가장 아름다운 모스크로 손꼽혀. 몽골의 침략으로 파괴됐다가 1481년에 재건됐어. 아름다운 푸른색 때문에 블루 모스크라고 부르기도 해.

➡ **탈레반이 파괴한 바미얀 석불**
2000년 역사를 간직한 세계 문화유산이야. 신라 혜초 스님도 순례 길에 들렀던 중요한 불교 유적이지. 하지만 우상 숭배라는 이유로 2001년에 탈레반 정권이 파괴했어.

➡ **세계 문화유산 얌의 미나렛**
1190년 즈음에 세워진 미나렛으로 높이 65미터의 우아하고 화려한 이슬람교 건축물이야.

⬇ **아프가니스탄 국립 박물관**
아프가니스탄의 과거를 엿볼 수 있는 공간이야. 하지만 잦은 전쟁으로 유물 중 70퍼센트가 사라졌어.

⬅ **로마의 영향을 받은 유리 공예품** 아프가니스탄이 비단길을 통해 외국과 활발히 교역했단 증거야.

⬇ **아프간 최초의 국립 공원인 '반드 에 아미르'**
힌두쿠시산맥 기슭, 해발 고도 3,000미터에 자리한 호수야. 계곡을 따라 띠처럼 이어진 이 호수의 길이는 11킬로미터에 달해.

옛 방식 그대로 살아가는 아프가니스탄 사람들

아프가니스탄 사람들은 오늘날도 전통 풍습과 이슬람교 율법에 따른 각종 의례를 충실히 지키며 살아가. 또 전국 어디서나 인도, 페르시아의 영향을 많이 받은 전통 식문화를 찾아볼 수 있어. 여기에 아프가니스탄은 석류, 포도, 살구, 멜론 등 건조 기후에서 잘 자라는 과일이 맛있기로 유명해 각종 과일 요리도 발달했지.

↑ 축제 기간에 먹는 튀긴 간식 잘레비

← 이드 알피트르 축제를 맞이하는 사람들
이드 알피트르 축제는 이슬람 금식 기간인 라마단이 끝난 이후 맞이하는 축제 기간이야.

↑ 이란식 요구르트 두그 허브를 얹어 향을 낸 요구르트야. 서아시아에서 인기 있는 음식이지.

↑ 전통 스포츠 부즈카시 말을 탄 참가자들이 죽은 염소를 서로 빼앗아 경기장 내 특정 지역에 갖다 놓는 경기야. 아직도 많은 사람들이 즐겨.

← 하프트 메와 새해에 먹는 과일 디저트야. 견과류와 말린 과일 수를 7개로 맞춘 후, 물을 붓고 하루 숙성시켜서 먹어.

↑ 난 위에 올린 케밥 인도의 영향을 받은 요리야. 밀가루를 둥글고 평평하게 반죽해 화덕에 구운 '난' 위에 작게 썰어 구운 고기 '케밥'을 얹어 먹어.

탈레반으로 몸살 앓는 아프가니스탄

탈레반은 아프가니스탄을 주무대로 활동 중인 이슬람 원리주의 무장 단체야. 원래는 아프간을 침공한 소련에 맞서 싸웠던 무장 조직으로, 처음에는 국민의 지지를 받았어. 그런데 1997년 정권을 장악한 뒤에는 종교 교리를 내세워 여성을 억압하고 다른 종교를 믿는 소수 민족을 학살해 국제 사회의 비난을 받았지. 미국은 탈레반이 9.11 테러의 주범인 빈 라덴을 보호한다는 이유로 2001년 아프가니스탄을 공격했고, 이 공격으로 탈레반은 권력을 잃었어. 하지만 미국이 아프가니스탄에서 철수한 이후 다시 권력을 잡고 독재정치를 펼치고 있단다.

← 무장한 탈레반
최근에는 또 다른 이슬람 근본주의 무장단체 IS(이슬람 국가)와 연합해 활동하고 있어.

↓ 폭탄 테러로 무너진 카불 독일 대사관
2017년 5월 발생한 테러로 150명 이상이 죽고, 400여 명이 다쳤어. 희생자는 대부분 평범한 시민이었지.

← 탈레반에게 숨진 희생자를 추모하는 하자라인
시아파 몽골계 소수 민족인 하자라인은 탈레반의 주요 공격 대상으로 많은 희생을 당했어.

↑ 아프가니스탄 곳곳에 퍼져 있는 양귀비밭
양귀비는 마약인 아편의 재료로, 아프가니스탄은 전 세계 아편의 90퍼센트를 생산해. 탈레반은 활동 자금을 마련하기 위해 아편을 수출하며 아프가니스탄 사람들에게 양귀비 재배를 부추기고 있단다.

↑ 온몸을 가리는 부르카를 입고 장을 보는 여인
탈레반은 여성의 부르카 착용을 강제 의무화하고 여성의 학교 교육을 금지했어.

조금씩 흔들리는 오스만 제국

"막강한 오스만 제국이 있는데 이슬람 세계가 흔들려요?"

"사실 오스만 제국은 활력을 조금씩 잃어 갔단다. 활발했던 영토 확장 속도가 많이 줄어들었고, 술레이만 대제 이후로는 이렇다 할 업적을 세운 술탄도 한동안 등장하지 않았거든."

"흠, 그랬었군요."

왕수재가 고개를 끄덕였다.

"반면 오스만 제국의 위세에 벌벌 떨었던 유럽의 여러 나라들은 꾸준히 발전을 거듭했지. 1571년 레판토 해전에서의 패배로 기세가 한풀 꺾인 오스만 제국은 1644년부터 지중해의 크레타섬을 두고 베네치아와 무려 24년 동안이나 전쟁을 벌였어."

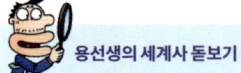

베네치아 해군은 바다에서 오스만 제국의 해군을 기습 공격해 보급을 방해했어. 또 육지에서도 도시와 성벽에 지뢰까지 설치하며 강하게 저항했단다.

◆ 크레타섬을 공격하는 오스만 제국 해군

베네치아군의 거센 저항에 막혀 크레타섬의 중심 도시 칸디아를 빼앗는 데 무려 24년이 걸렸어. 역사상 가장 오랜 시간이 걸린 도시 점령이었지.

"헐, 섬 하나를 점령하는 데 20년 넘게 걸렸어요?"

장하다가 입을 떡 벌렸다.

"오스만 제국이 예전 같지 않다는 걸 보여 준 사건이었지. 이렇게 오스만 제국이 활력을 잃은 데에는 여러 가지 이유가 있었어. 일단 막강한 권력을 자랑하던 술탄이 차츰 실권을 잃고 제국의 힘이 여러 세력에게로 분산됐기 때문이야. 제국의 힘이 술탄 한 사람에게 모이지 않으니, 그만큼 큰 군대를 모으고 정복 전쟁을 펼치기도 어려워진 거지."

"왜 술탄이 힘을 잃었는데요?"

"제국이 사방팔방으로 너무 커졌기 때문이지. 술탄이 있는 중앙 정부에서 모든 일을 맡아볼 수 없으니, 각 지방을 다스리는 총독이나 각 지방의 실력자들에게 자연스럽게 권력이 분산되었단다. 그리고 오스만 제국의 술탄 계승 방법에도 원인이 있어."

"술탄 계승 방법이 문제였다고요?"

"오스만 제국은 우리에게 익숙한 것처럼 큰아들에게 술탄 자리를 물려주지 않았어. 술탄의 자식들은 제국의 각 지방을 다스리며 경험

이슬람 세계의 위기와 개혁 운동 **085**

을 쌓다가, 큰아들이건 작은아들이건 경쟁을 통해 실력을 증명한 사람이 술탄 자리에 올랐지. 대초원의 몽골인 같은 유목민이 후계자를 정하던 전통의 영향을 받은 거야."

"능력 있는 사람이 술탄이 되는 거면 좋은 거잖아요."

"근데 말이지, 이 계승 원칙 때문에 오스만 제국은 건국 초기에 내전을 겪으며 혼란에 빠지기도 했고, 새로운 술탄이 권력 경쟁에서 진 형제를 모조리 죽이는 비극도 겪었단다. 그뿐만 아니라 평상시에도 형제끼리 술탄 계승을 두고 유리한 위치를 차지하기 위해 늘 치열한 암투가 벌어졌어. 이 과정에서 유능한 왕자가 죽음을 맞거나, 무능한 왕자가 어부지리로 술탄이 되는 일이 벌어지기도 했지."

"형제를 모조리 죽인다니 너무해요."

영심이가 이맛살을 찌푸렸지만, 용선생은 어깨를 으쓱했다.

"하지만 어쩔 수 없었어. 술탄의 형제를 살려 뒀다가는 언제 내전이 터질지 알 수 없었거든. 누구든 능력 있는 왕자가 술탄이 된다는 건 좋지만, 그만큼 계승 방법이 뚜렷하지 않다 보니 생긴 문제였지. 그래서 비잔티움 제국을 멸망시켰던 메흐메트 2세는 아예 '내 자식 중 누군가 다음 술탄이 된다면, 세상의 질서를 위해 남은 형제를 모두 죽여도 된다.'라는 법을 만들었단다. 이렇게 법까지 만들어지자 술탄의 형제를 죽이는 일은 하나의 관행처럼 되어 버렸어."

"어휴, 그렇게 형제를 모두 죽이다가는 남는 왕족이 없겠어요."

"맞아. 실제로 왕족의 수는 점차 줄어들었어. 그래서 1603년에 메흐메트 3세가 죽었을 때, 남은 왕족이라고는 14세의 나이로 새 술탄이 된 아흐메트 1세와 동생, 단 두 명뿐이었어. 이러다간 왕족이 사라

곽두기의 국어 사전

암투 어두울 암(暗) 싸울 투(鬪). 드러나지 않게 은밀히 싸운다는 뜻이야.

어부지리 고기 잡을 어(漁) 사내 부(夫) 어조사 지(之) 이로울 리(利). 어부의 이익이란 뜻으로, 둘이 다투는 틈을 타서 엉뚱한 사람이 이익을 가로채는 상황을 가리키는 말이야.

↑ **메흐메트 3세**
(1566년~1603년) 메흐메트 3세는 술탄이 되자마자 19명의 왕족을 살해했어.

086

지겠다고 생각했는지 아흐메트 1세는 형제 살해를 관뒀단다."

"늦게나마 형제 간에 죽이는 일이 없어졌으니 다행이네요!"

"그런데 이때부터 술탄 이외의 모든 남자 왕족은 하렘 깊숙한 곳에 살면서 철저한 감시를 받았어. 그러다가 술탄이 죽으면 나이가 많은 순서대로 술탄 자리를 물려받도록 했지. 보통 15년 이상을 바깥 세상과 격리되어 살다가 술탄이 되었는데, 심지어 어떤 왕자는 무려 46년이나 하렘의 작은 궁에서 지내다 술탄이 되기도 했단다."

"그럼 바깥세상 일은 전혀 모르고 살다가 술탄이 되는 거네요."

"응. 이렇게 술탄 자리에 오른 왕자들은 보통 세상 물정에 어둡고 나라를 다스리는 사람으로서 필요한 지식이나 경험도 별로 없었어. 너무 오랫동안 하렘에서만 지낸 탓에 정신이 온전치 않은 술탄도 있었지. 그러니 어디 나라를 제대로 다스릴 수 있었겠니? 결국 술탄은 정치에 흥미를 잃고 재상이나 황후에게 나랏일을 맡긴 채 자신은 사치와 향락에 빠지기도 했어. 그만큼 술탄의 권력은 약해질 수밖에 없었지."

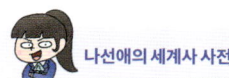

나선애의 세계사 사전

하렘 이슬람 사회에서 여자들이 살던 별도의 공간을 의미해. 이슬람 율법에 따라 남녀를 엄격하게 격리했기 때문에, 왕궁의 하렘은 술탄 외에 다른 남성은 함부로 드나들 수 없었지.

↑ 왕자궁의 실내 모습

← 이스탄불 톱 카프궁의 왕자궁 하렘에서 왕자들이 거주하던 곳이야. 하렘에서 가장 외지고 깊숙한 곳에 있었어. 마치 새를 가둬 놓은 공간 같다고 해서 튀르크어로 '새장'이란 뜻의 '카페스'라고도 불렀어.

이슬람 세계의 위기와 개혁 운동 **087**

"계승 방법에 그런 문제가 있었군요."

나선애가 한숨을 내쉬었다.

"한심한 건 무능력한 술탄만이 아녔어. 오스만 제국의 자랑이었던 예니체리도 마찬가지였지. 총과 대포를 들고 용감하게 전장을 누비던 예니체리는 어느새 이권 싸움에 찌들 대로 찌들어서 부패한 집단으로 변해 버렸단다."

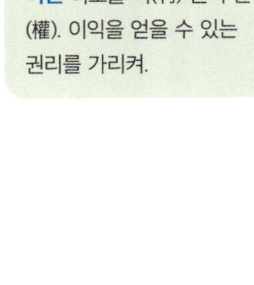

곽두기의 국어 사전

이권 이로울 리(利) 권리 권(權). 이익을 얻을 수 있는 권리를 가리켜.

"아니, 어쩌다 예니체리가 그렇게 된 거죠?"

"너희도 알다시피 예니체리는 원래 데브시르메 제도를 통해 엄격하게 선발된 병사들이었어. 이들은 술탄에게 충성을 바치는 대가로 강력한 힘을 가지게 되었지. 하지만 술탄의 군인으로 일하는 동안에는 부정부패를 막기 위해 결혼을 할 수 없었고, 당연히 자식에게 재산을 물려줄 수도 없었어. 그런데 1500년대 말부터 이런 규정이 조금씩 지켜지지 않게 되었어. 결혼이 허용됐고, 자식에게 재산과 직위도 물려줄 수 있게 됐지."

"정말요? 그럼 문제가 생겼겠군요."

"응. 예니체리는 자식에게 부와 권력을 물려주려고 부정부패를 저질렀어. 그리고 예니체리의 자식은 능력과 상관없이 아버지를 따라 예니체리가 되었지."

"그럼 그냥 귀족과 다를 게 없네요."

곽두기의 말에 용선생이 고개를 끄덕였다.

"세습이 가능해지면서 예니체리의 수도 엄청나게 늘어났어. 1500년대에 1만 5천 명이었던 게 1600년대 후반에는 12만 명으로 늘어났지. 이러다 보니 이들에게 주는 봉급만으로도 국고가 텅텅 빌 정도였단다.

게다가 능력 없이 아버지 덕분에 예니체리가 된 사람들이 즐비한 데다 군사 훈련도 게을리했기 때문에 예니체리는 제대로 싸울 줄도 모르는 군대가 되고 말았어. 예니체리의 부패와 무능은 오스만 제국의 힘, 특히 군사력 약화의 큰 이유가 됐지."

"그런 문제를 바로잡으려는 노력은 없었어요?"

"물론 있었지. 예를 들어 오스만 2세는 부패하고 무력한 예니체리 대신 충성스럽고 훈련이 잘된 병사를 따로 뽑으려 했어. 하지만 예니체리의 반발에 부딪쳐 폐위된 후 그만 처형당하고 말았지."

"예니체리가 술탄을 죽였다고요?"

"그래. 이제 예니체리는 거리낄 게 아무것도 없었단다. 나랏일에 사사건건 참견하는 건 물론, 술탄이 맘에 들지 않으면 언제든지 갈아 치웠어. 그래서 술탄은 뭘 하려고 해도 예니체리의 눈치를 봐야 했단다."

"어휴, 예니체리가 한때 오스만 제국의 자랑이었는데, 이제는 완전 적폐가 됐네요."

나선애가 고개를 절레절레 흔들었다.

"1600년대 오스만 제국 바깥에서 일어난 변화 때문에 오스만 제국의 사정은 더욱 나빠졌어. 에스파냐와 포르투갈의 신항로 개척으로 인도와 아메리카 대륙으로 가는 바닷길이 열렸고, 아메리카에서 막대한 양의 은이 들어왔지. 은이 넘치면서 화폐 가치가 떨어지자 지중해 일대에서는 물건값이 오르는 인플레이션이 일어났단다."

"그거랑 오스만 제국이 어려운 거랑 무슨 상관이 있어요?"

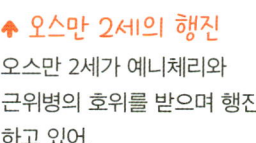

↑ 오스만 2세의 행진
오스만 2세가 예니체리와 근위병의 호위를 받으며 행진하고 있어.

← 오스만 2세
(1604년~1622년) 아흐메트 1세의 아들로, 14세의 어린 나이에 술탄이 되었어. 유능한 술탄이었지만, 예니체리 제도를 폐지하려다 그만 반란으로 처형당했어.

곽두기의 국어 사전

적폐 쌓을 적(積) 해질 폐(弊). 오랫동안 쌓이고 쌓인 옳지 못한 일이나 사회에 해로운 일을 가리켜.

"예니체리가 아무리 귀족처럼 높은 신분이라고 해도 결국 나라에서 봉급을 받아 생활하는 군인이었어. 물가는 하늘 높이 치솟는데 봉급은 그만큼 오르지 않으니, 예니체리는 불법으로 장사를 하거나 뇌물을 받아 배를 채웠지. 그러니까 군인이라는 본업에 전혀 충실하지 않았던 거야. 심지어 봉급이 적다고 반란을 일으키기도 했어."

용선생의 말에 아이들이 눈썹을 찌푸렸다.

"평민은 인플레이션 때문에 생활이 더욱 고달파졌어. 생필품 가격이 크게 올라 먹고사는 것조차 막막해졌거든. 사람들은 정든 고향을 떠나 이리저리 떠돌았고, 그러다 보니 세금을 낼 사람이 점점 줄어들었어. 세금 수입이 줄어드니 국고는 텅 비었고, 자연히 전쟁 비용도 부족해졌지. 오스만 제국이 점차 활력을 잃고 내리막길을 걷게 된 건

이런 여러 가지 이유 때문이었단다."

용선생의 핵심 정리

오스만 제국의 술탄 계승 방식이 바뀌면서 무능력한 황제가 즉위함. 예니체리는 권력을 세습하고 부정부패를 저지름. 인플레이션으로 경제까지 쇠퇴하며 오스만 제국은 점차 내리막길을 걸음.

화려했던 오스만 제국의 튤립 시대

"나라가 그렇게 어려워지는데 다들 구경만 하고 있었어요?"

"그야 1600년대 말까지만 해도 특별히 큰 문제가 생기지는 않았으니까. 겉보기에 오스만 제국은 여전히 강력했어. 하지만 1683년, 오스만 제국은 전쟁에서 충격적인 패배를 당했단다."

"누구한테 졌는데요?"

"오스트리아야. 오스만 제국의 재상 카라 무스타파 파샤는 오스트리아의 공격을 받는 헝가리를 돕겠다며 15만 대군을 앞세워 오스트리아의 수도 빈을 공격했어. 오스만 제국은 이번 공격을 통해 오스만 제국이 여전히 강력하다는 걸 세계에 널리 알릴 속셈이었지. 하지만 오스트리아를 도우러 온 폴란드 기병대의 활약에 밀려 오스만 제국이 자랑하던 예니체리가 대패하며 빈 포위는 실패로 돌아가고 말았단다."

장하다의 인물 사전

카라 무스타파 파샤
(1634년~1683년) 오스만 제국의 재상으로 당시 제국의 실권자였어. 1683년 빈 공격 실패의 책임을 지고 처형됐지.

↑ **오스만 제국군과 맞서는 폴란드 기병대**
구원병으로 달려온 폴란드 기병대의 활약으로 오스만 제국군은 퇴각할 수밖에 없었어.

→ 1700년대 초 오스만 제국의 영토

↑ 아흐메트 3세
(재위 1703년~1730년) 유럽 사회와 문물 교류를 확대해 오스만 제국의 문화 번성을 이끌어 낸 술탄이야.

"어, 전에 말씀하셨어요. 폴란드의 기사들이 오스트리아를 도와 오스만 제국의 대군을 무찔렀다고요."

전쟁 이야기라면 다 기억한다며 장하다가 씨익 미소를 지었다.

"맞아. 오스만 제국은 빈 포위 실패 이후 10년 넘게 패배를 거듭했어. 결국 1699년에 카를로비츠에서 오스트리아, 러시아 등과 굴욕적인 조약을 맺고 헝가리 전체와 트란실바니아 일대의 영토를 떼어 줘야 했지. 이 일로 오스만 제국은 큰 위기감을 느끼고 개혁에 나서게 된단다."

"휴, 늦었지만 다행이네요. 어떻게 개혁하려고 했는데요?"

"가장 시급한 건 군사 기술이었어. 1703년 새 술탄이 된 아흐메트 3세는 서유럽의 발전된 군사 기술을 오스만 제국에 들여오려 했지. 때마침 이 무렵 러시아의 표트르 대제도 서유럽을 본 떠 러시아를 개혁하고 있었단다."

"러시아도 그렇고, 오스만 제국도 그렇고 전부 서유럽 배우기에 나섰네요."

"아흐메트 3세는 유럽의 강국인 프랑스에 사절단을 보냈어. 이 무렵 프랑스는 루이 14세 등장 이후 한창 전성기를 누리고 있었지. 사절단은 프랑스의 발전된 모습을 꼼꼼히 조사한 뒤 제국으로 돌아왔어. 이때 서유럽의 발전된 군사 기술은 물론이고, 휘황찬란한 베르사유 궁전의 위용과 귀족들의 호화로운 궁중 문화 역시 오스만 제국에 상세히 알려졌단다."

▲ 프랑스 대사와 만나는 아흐메트 3세
아흐메트 3세는 프랑스와의 교류를 확대해 개혁을 진행하려고 했어.

"프랑스가 가장 화려했을 때 사절단을 보냈군요."

곽두기가 고개를 끄덕였다.

"사절단이 돌아오자 아흐메트 3세는 개혁에 나섰어. 유럽과의 교류를 강화하고 우수한 군사 기술을 들여와서 나라를 튼튼하게 만들려고 한 거야. 그 덕택에 빈 포위 실패 이후 깊은 침체에 빠졌던 오스만 제국은 차츰 안정을 되찾았고, 새로운 발전의 계기를 마련할 수 있게

◀ 아흐메트 3세의 왕립 도서관
이 도서관은 1718년 톱카프 궁전 안에 지었어. 지금은 왕실 예복과 제복 등이 전시되어 있대.

◀ 《나침반의 이점》
아흐메트 3세 시기 최초로 아랍 문자 활자 인쇄기를 이용해 찍은 책 중 하나야.

이슬람 세계의 위기와 개혁 운동

용선생의 세계사 돋보기

대북방 전쟁에서 러시아는 스웨덴과 싸워 발트해의 주도권을 차지했지만, 흑해 북부에서 벌어진 싸움에서는 오스만 제국군에 대패했어.

되었단다. 이런 개혁 과정에서 1711년에는 러시아와의 싸움에서 큰 승리를 거둬 흑해 북부 지역을 되찾았지. 또 전국에 도서관을 지어서 새로운 학문 보급에도 앞장섰고, 지금까지 금지되어 있던 아랍 문자 활자 인쇄도 허락해 많은 책을 찍어 냈어. 덩달아 미술도 크게 발전했단다."

"역시 오스만 제국의 역량이 어디 가진 않았군요."

"하지만 이 개혁에는 문제가 있었어. 유럽풍의 사치 풍조가 제국에 널리 퍼져 나간 거야."

"그게 무슨 말씀이시죠?"

"오스만 제국과 프랑스 사이에 교류가 활발해지면서 유럽풍 취미가 오스만 왕실과 상류층에서 유행하기 시작했어. 아흐메트 3세와 귀족들은 네덜란드에서 값비싼 튤립을 들여와 정원을 꾸미고 화려한 연회를 열며 호사스러운 생활에 빠져들었지. 그러자 귀족들은 너도나도 이를 흉내 내며 경쟁적으로 비싼 튤립을 구입해 정원을 꾸몄어. 그래서 이 시기를 '튤립 시대'라고 부른단다."

"벌써 기분 낼 때는 아닌 것 같은데요."

영심이가 못마땅한 표정을 짓자 용선생이 고개를 끄덕였다.

"튤립 시대의 부흥은 오래가지 못했어. 아까 말한 것처럼 몇 가지 개혁은 이뤄졌지만, 술탄과 귀족들의 사치가 심해져 나라 살림이 더욱 어려워졌거든. 게다가 오스만 제국군이 페르시아와의 전쟁에서도 크게 패하자 더 이상 참을 수 없었던 예니체리가 반란을 일으켜 술탄을 내쫓았단다."

"어휴, 그럴 줄 알았어요."

"예니체리들은 새 술탄을 앉히고 튤립 시대에 지은 건물과 정원을 마구 파괴했어. 튤립 시대는 이렇게 끝나 버렸고 개혁은 중단되었단다."

"결국 모두 도루묵이 됐네요."

◀ **튤립을 주제로 한 세밀화** 아흐메트 3세 시기 튤립을 주제로 한 세밀화가 크게 발달했어. 튤립은 오스만 제국에서 굉장히 인기가 많아서 술탄이 입는 옷은 물론, 모자나 방패에도 튤립 문양이 빠지지 않았어.

▲ **튤립 시대에 유행한 튤립** 튤립 시대 때 큰 인기를 끈 튤립은 프랑스와 네덜란드에서 재배한 끝이 뾰족한 튤립이었어.

▲ **파트로나 할릴의 반란** 예니체리 출신인 파트로나 할릴은 아흐메트 3세를 내쫓고 새로운 술탄을 자리에 앉혔어.

용선생의 핵심 정리

카를로비츠 조약 이후 아흐메트 3세가 프랑스를 모델로 삼아 개혁에 나섬. 하지만 술탄 및 귀족들의 사치와 잇따른 전쟁 패배에 화가 난 예니체리가 반란을 일으켰고, 개혁도 중단됨.

이슬람 세계의 위기와 개혁 운동

유럽 열강이 오스만 제국을 본격적으로 침략하다

왕수재의 지리 사전
아조프 흑해 북부에 있는 러시아의 도시야. 러시아가 흑해로 진출하는 교두보가 된 항구 도시지.

나선애의 세계사 사전
크림 칸국 중앙아시아의 몽골계 유목민이 1441년에 크림반도 일대에 세운 나라야. 1475년에 오스만 제국의 속국이 되었어.

"이렇게 튤립 시대의 개혁이 실패로 돌아간 뒤 오스만 제국은 본격적으로 주변 나라의 침략에 시달리기 시작했어. 가장 큰 적은 부동항을 찾아 계속 남하하는 러시아였단다. 오스만 제국은 러시아의 반격에 밀려 1736년 흑해 북부의 아조프를 다시 빼앗겼고, 1774년에는 크림반도의 크림 칸국을 독립시켜 줘야 했지. 여기에 지중해로 나가는 흑해 통행권까지 내주고 말았어."

"에휴, 그럼 러시아는 마음대로 지중해를 오갈 수 있게 된 건가요?"

"그렇진 않아. 영국과 프랑스가 오스만 제국 편에 서서 러시아가 지중해로 나오는 걸 막았거든. 하지만 이 이야기는 이제 영국과 프랑스마저 오스만 제국을 제집 안방 드나들듯 하면서 내정에 간섭하고 자기들끼리 세력 다툼을 벌이게 됐다는 뜻이야. 예컨대 1798년에 나폴레옹이 인도로 가는 길을 노리고 이집트에 쳐들어가자, 영국도 이집트에 군대를 보내 서로 싸움을 벌였어. 이집트는 공식적으로 오스만 제국의 영토였는데도 오스만 제국 정부는 두 나라의 눈치부터 살펴야 했지."

↑ **러시아에 항복하는 아조프** 러시아는 1736년에 흑해 연안의 아조프를 빼앗으며 남하를 시도했어.

"잘나가던 오스만 제국이 언제부터 유럽의 눈치를 보는 신세가 됐는지, 원."

장하다가 고개를 절레절레 저었다.

"1800년대 초로 접어들며 오스만 제국의 사정은 더욱 나빠졌어. 나폴레옹 전쟁의 영

▲ 오늘날의 필로스만(왼쪽)과 나바리노 해전(오른쪽) 필로스만은 그리스 남부 펠로폰네소스반도에 위치한 곳이야. 오스만 제국을 상대로 그리스 독립을 위해 모인 연합군 함대가 대승을 거둔 나바리노 해전이 이곳에서 벌어졌단다.

향으로 자유주의와 민족주의가 퍼지면서 유럽의 많은 민족이 독립을 위해 싸우기 시작했거든. 오스만 제국의 지배를 받던 여러 민족도 예외는 아니었지. 그 영향으로 일어난 대표적인 사건이 바로 1821년에 시작된 그리스 독립 전쟁이야. 예전에 그리스 독립 전쟁이 어떤 사건이었는지 배웠지?"

"넵! 그리스가 유럽 국가들의 도움으로 오스만 제국에게서 독립했다고 하셨습니다!"

"호호. 아주 잘 기억하고 있구나. 그런데 처음 그리스에서 독립 전쟁이 일어났을 때에는 다른 유럽 국가들이 끼어들지 않았어. 그리스가 독립하면 발칸반도의 민족 운동이 더욱 복잡해질 것이 불 보듯 뻔했거든. 그래서 다들 현재 상황을 유지하려 했던 거야. 또 오스트리아는 행여나 그리스에서 시작된 혁명의 불길이 유럽에도 번져 빈 체제가 무너지진 않을까 크게 걱정했지."

"그럼 처음에는 그리스 혼자 싸웠던 거예요?"

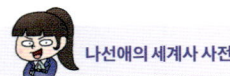

나선애의 세계사 사전

빈 체제 나폴레옹 전쟁 이후 오스트리아의 주도 아래 유럽에 자리 잡은 국제 질서를 말해.

"맞아. 하지만 오스만 제국은 그리스 독립군의 거센 저항 때문에 애를 먹었어. 그래서 이집트 총독에게 지원군을 요청했지. 이집트 총독의 지원군이 그리스에 도착하면서 간신히 승기를 잡나 했는데…… 여기서 뜻밖의 일이 벌어졌어. 영국과 프랑스 그리고 러시아까지 그리스 독립을 지지하고 나선 거야."

"왜 유럽 국가들이 갑자기 돌아섰어요?"

왕수재가 안경을 만지며 용선생에게 질문을 던졌다.

"오스만 제국이 그리스 독립군을 진압할 기미가 보이자 다들 속셈이 복잡해진 거지. 일단 오스만 제국의 라이벌인 러시아는 그리스가 독립하면 오스만 제국을 그만큼 약화시킬 수 있으니 그리스가 독립하는 게 낫다고 생각했어. 게다가 이 기회에 발칸반도와 지중해로 세력을 넓힐 수도 있고. 그래서 혼자서라도 그리스를 지원하려 했지. 반면 영국과 프랑스는 러시아를 견제하려고 그리스를 지원했어. 러

시아가 남쪽으로 세력을 넓히는 것을 그냥 내버려 둘 수는 없었거든. 이렇게 유럽의 쟁쟁한 강국들이 차례로 그리스를 지원하자 오스만 제국은 무릎을 꿇었고, 결국 1829년에 그리스는 독립을 이루었단다."

"결국 유럽 강국들의 이익 때문에 그리스가 독립하게 된 거군요."

▲ 새 국왕을 반기는 그리스 사람들 아테네 파르테논 신전 앞에서 사람들이 모여 새 국왕을 환영하고 있어.

"그리스의 독립 소식을 듣고 발칸반도의 다른 국가들도 독립하겠다고 나섰어. 이집트도 사실상 독립 국가나 다름없는 상태였지. 이 와중에 유럽 열강의 본격적인 침략이 시작됐어. 프랑스는 북아프리카의 알제리와 튀니지를 점령했고, 러시아는 남쪽으로 세력을 넓히며 오스만 제국을 위협했단다. 1900년대 초반에는 이탈리아가 리비

▲ 1914년의 오스만 제국 영토

어휴, 발칸반도와 북아프리카 땅을 거의 다 잃었네!

아를 빼앗았어. 영국은 키프로스를 빼앗아 동지중해의 거점으로 삼았지. 이렇게 오스만 제국은 약 100여 년간 이리저리 치이며 전성기 때의 절반 가까운 영토를 뺏겼어."

"어휴, 오스만 제국의 체면이 말이 아니군요."

"그러게 말이다. 이제 오스만 제국은 '유럽의 환자'라고 불리며 조롱을 받는 처지가 됐단다."

"그럼 오스만 제국은 그렇게 영영 회복하지 못하고 끝나게 되는 건가요?"

"그럴 리가. 병든 제국을 대수술하겠다고 나선 용감한 술탄이 있었단다. 바로 마흐무트 2세였어."

곽두기의 국어사전

조롱 비웃을 조(嘲) 희롱할 롱(弄). 어떤 사람을 우습거나 형편없는 존재로 여겨 비웃고 놀리는 걸 뜻해.

용선생의 핵심 정리

튤립 시대 이후 개혁 중단과 계속된 전쟁으로 오스만 제국의 세력은 약해짐. 민족주의의 영향으로 그리스가 오스만 제국으로부터 독립했고, 뒤이어 유럽 열강에게 계속 영토를 빼앗김.

벼랑 끝에 선 제국, 예니체리를 몰아내고 개혁에 나서다

"마흐무트 2세는 오스만 제국의 가장 큰 걸림돌이 예니체리라고 생각했어. 그간 여러 술탄이 개혁을 시도했지만, 매번 예니체리의 반발에 부딪혀 실패하고 말았거든. 심지어 마흐무트 2세 이전 술탄들 중에 예니체리의 반란으로 술탄 자리에서 쫓겨난 이들이 있을 정도였으

니까. 그래서 마흐무트 2세는 일단 예니체리를 어떻게든 없애겠다고 다짐했단다."

"그게 맘먹은 만큼 쉬운가요? 예니체리는 술탄까지 맘대로 갈아 치우는데요."

"물론 철저한 준비가 필요했어. 잘못했다가는 이전의 술탄들처럼 자신도 당할지도 모르니까. 그래서 마흐무트 2세는 유럽식 신식 군대를 은밀히 키우며 때를 노렸어."

용선생의 설명이 끝나자 아이들이 조마조마한 표정을 지었다.

"1826년, 준비를 마친 술탄은 예니체리를 해체하고 신식 군대를 창설한다고 발표했어. 그러자 예니체리는 곧바로 반란을 일으켜 무기를 들고 마흐무트 2세가 있는 궁전으로 향했지. 하지만 마흐무트 2세는 직접 신식 군대를 이끌고 반격에 나섰어. 그리고 반란을 순식간에 진압했지."

▲ 마흐무트 2세
(재위 1808년~1839년) 무너져 가는 오스만 제국을 일으켜 세우기 위해 예니체리를 없애고 새로운 군대를 만든 술탄이야.

◀ 테살로니키의 '하얀 탑'
마흐무트 2세에 반기를 들었던 예니체리 잔당이 처형된 곳이야. 많은 사람이 처형되었기에 한때 '붉은 탑'이란 별명이 붙었지.

이슬람 세계의 위기와 개혁 운동

▲ 오스만 제국의 신식 군대 탄지마트 이후 오스만 제국에서 새롭게 꾸려진 군대의 병사들이야. 이들은 거추장스러운 터번과 치렁치렁한 옷을 버리고 간소한 군복을 입었지.

➡ 페즈 거추장스러운 터번 대신 쓰기 시작한 검은 술이 달린 붉은 모자야. 오스만 제국 개혁의 상징이지.

◀ 옛 오스만 제국의 병사 탄지마트 이전의 오스만 제국의 군인은 신분을 과시하기 위해 몇 미터나 되는 값비싼 천으로 터번을 두르기도 했어.

"예니체리의 코를 납작하게 만들었군요!"

"이후 마흐무트 2세는 도망간 예니체리들도 철저하게 추적해서 모조리 잡아들였어. 이로써 500여 년 가까이 오스만 제국을 이끌었던 예니체리는 영원히 사라졌단다. 예니체리가 맡았던 역할은 신식 군대가 대신하게 되었어."

"이제 걸림돌이 사라졌으니, 남은 건 개혁뿐이군요."

장하다가 주먹을 불끈 쥐었다.

"그래. 마흐무트 2세는 프로이센에서 군사 교관을 데려와 병사들에게 유럽식 훈련을 시키고 새 무기로 무장시켰어. 영국의 지원을 받아 군함도 새로 만들고 함대도 다시 편성했지. 또 거추장스럽고 사치스러웠던 군복을 몸에 꼭 맞고 간소한 복장으로 바꾸었단다."

"그렇지만 군대만 개혁한다고 해서 제국이 강해지진 않을 텐데."

왕수재가 팔짱을 낀 채 비죽거렸다.

"옳은 말이야. 마흐무트 2세의 뒤를 이어 술탄 자리에 오른 압둘메지트 1세는 제국의 부활을 위해서는 더 많은 개혁이 필요하다고 생각했어. 그리하여 1839년부터 1876년까지 대대적인 개혁을 시도했는데, 이걸 탄지마트라고 한단다. 탄지마트는 우리말로 '개조, 재구성'이란 뜻이야. 오스만 제국의 모든 제도를 '다시 구성하는' 개혁이란 뜻이지."

◀ 귈하네 칙령
탄지마트 개혁의 시작을 선포한 칙령이야.

▼ 압둘메지트 1세
(재위 1839년~1861년) 탄지마트를 실시해 오스만 제국의 개혁을 시도한 인물이야.

"뭘 어떻게 바꿨는데요?"

"가장 큰 변화는 의회 제도 같은 유럽식 제도를 가져온 거야. 이제 오스만 제국도 의회에서 법을 만들고, 법으로 국민의 생명과 재산을 보호하는 국가가 된 거지. 또 모든 재판을 공개적으로 진행해 억울하게 처벌받는 사람이 없도록 했고, 세금도 법에 따라 공정하게 걷도록 했어. 그래서 소수 민족의 자치권을 보장하던 밀레트 제도도 사라졌단다. 원래 오스만 제국 내의 소수 민족은 밀레트 제도를 통해 자기들끼리 재판도 하고 세금도 걷으며 자치를 누려 왔어. 하지만 이제 민족과 종교에 관계없이 제국 내의 모든 사람이 같은 법에 의해 보호받으며 같은 의무를 부담하게 됐지."

 용선생의 세계사 돋보기
탄지마트는 술탄의 명령에 따라 은혜롭게 진행된 개혁이라고 해서 '은혜 개혁'이라고도 부른단다.

"무슨 의무요?"

"그야 세금을 내고 군대에 가는 거지. 이제 징병제가 실시되어 오스만 제국의 모든 국민은 술탄에게 직접 세금을 내야 했고, 모든 성인 남성은 반드시 군대에 가야 했단다. 하지만 예전과 달리 군대에서

 허영심의 상식 사전
징병제 국가가 모든 국민에게 병역의 의무를 부여하는 제도를 말해. 우리나라도 징병제를 실시하고 있지.

이슬람 세계의 위기와 개혁 운동

5년만 복무하면 원래 자기 생활로 돌아갈 수 있었어. 예전에는 군 복무 기간이 일정하지 않아서 생업을 잇기가 난감했거든."

"모든 성인 남성이 군대에 갔다면, 그만큼 술탄의 힘이 강력해졌겠네요?"

"그래. 이 밖에도 많은 개혁이 이뤄졌어. 일단 제국 각지에 공립 학교, 기술 학교, 군사 학교 등 다양한 학교가 세워졌어. 이전까지 교육은 이슬람 종교 학교의 몫이었지. 하지만 이제 어린이들은 의무적으로 학교에 다니며 유럽식 교육도 받게 됐단다. 또 제국 전역에 도로와 철도가 놓이고 도시에는 하수도가 설치됐어. 경찰서와 소방서, 우체국도 생겼지. 마지막으로 이스탄불에 프랑스의 베르사유 궁전을 모델로 삼은 으리으리한 왕궁인 돌마바흐체 궁전을 건설하기도 했단다. 오스만 제국의 부활을 보여 주려는 의도였지."

"흠, 정말 부활에 성공했나요?"

➡ **오스만 제국의 다릴퓌눈(학예원)**
1846년 설립된 이 학교는 오스만 제국에서 종교 위주의 교육에서 벗어나 다른 학문 분야를 중점적으로 가르친 첫 대학이야. 1933년 지금의 이스탄불 대학교가 되었지.

"아쉽지만 그러지는 못했어. 오스만 제국이 탄지마트를 통해 어느 정도 개혁을 이룬 건 사실이지만, 결국 절반의 성공에 그치고 말았거든."

"네? 왜요?"

곽두기의 눈이 휘둥그레졌다.

"원인은 크게 두 가지야. 첫 번째, 이슬람 율법학자를 비롯한 보수 세력이 개혁에 완강히 저항했어. 탄지마트를 통해 마구잡이로 들여온 유럽식 문물이 이슬람교의 정신과 기본 질서를 파괴한다며 못마땅하게 여겼지."

"쯧쯧, 살아남기 위한 개혁인데, 그런 이유로 반대하다니……."

"두 번째 원인은 유럽 열강의 간섭이야. 탄지마트 개혁을 통해 학

이슬람 세계의 위기와 개혁 운동

▲ 오스만 제국 헌법
미드하트 파샤가 주도해서 '미드하트 헌법'이라고도 불러. 오스만 제국은 미드하트 헌법 제정을 통해 아시아에서 최초로 헌법과 의회를 가진 나라가 되었단다.

▲ 미드하트 파샤
(1822년~1883년) 오스만 제국의 정치인. 오스만 제국 최초의 헌법을 만들었어.

교나 철도를 짓는 과정에서 오스만 제국은 유럽 각국에 막대한 빚을 졌어. 게다가 서유럽의 산업화가 본격화되며 유럽에서 값싼 공산품이 밀려들어 오자 오스만 제국의 경제는 더욱 어려워졌지. 결국 개혁을 할수록 제국은 빚더미에 올랐고, 오스만 제국은 사실상 경제적으로 유럽의 식민지나 다름없는 신세가 됐어."

"개혁에 걸림돌이 많았군요."

나선애가 입술을 살짝 깨물었다.

"하지만 그럴수록 유럽 유학 경험이 있거나, 유럽을 잘 아는 오스만 제국의 지식인들은 더더욱 개혁이 절실하다고 느꼈어. 대표적인 사람이 오스만 제국의 재상인 미드하트 파샤였지. 1876년, 미드하트 파샤는 오스만 제국에 새로운 헌법을 만들어 입헌 군주제를 도입하려 했어. 영국처럼 왕이 아니라 의회가 나라를 이끌도록 해야 강국으로 거듭날 수 있다고 믿었거든. 하지만 압둘하미트 2세는 의회의 권력이 강해지는 데 불만을 품었어. 그래서 일단 새 헌법을 인정했다가 러시아와의 전쟁에서 오스만 제국이 크게 패하자, 이걸 구실 삼아 헌법을 폐지하고 의회도 해산했단다."

"어휴, 갈수록 태산이군요."

"그럼에도, 입헌 군주제를 요구하는 젊은 지식인들은 포기하지 않고 활동을 이어 나갔어. 그 결과 '청년 튀르크당'이 만들어졌지. 청년 튀르크당은 1908년에 헌법 부활과 술탄의 전제 정치 폐지를 주장하며 혁명을 일으켰어. 그리고 다음 해에는 압둘하미트 2세를 몰아내고 새로운 술탄을 세웠단다. 이로써 오스만 제국은 헌법에 의해 술탄의 권력을 제한하는 입헌 군주제 국가로 되돌아왔어."

탄지마트 중간 평가, 크림 전쟁

▲ **세바스토폴의 승리** 1855년 연합군은 크림반도의 중심지 세바스토폴을 차지하면서 러시아를 궁지에 몰아넣었어.

오스만 제국과 러시아는 100년이 넘게 흑해를 둘러싸고 전쟁을 벌인 앙숙이야. 특히 1700년대 이후 흑해 북부를 확보한 러시아는 남하를 계속해 지중해로 나가는 길을 확보할 생각이었어.

1800년대 들어 민족주의가 전 유럽을 뒤흔들자, 러시아는 오스만 제국 영토였던 발칸반도의 슬라브 민족주의를 자극해 독립을 부추겼지. 한편으로 오스만 제국에는 제국 내부의 동방 정교회 신자들을 탄압하지 말라고 간섭하고, 이들을 러시아가 보호하겠다고 나섰어.

러시아의 간섭을 더 이상 참을 수 없었던 오스만 제국은 전쟁을 준비했지. 1853년에 전쟁이 시작됐어. 하지만 오스만 제국군은 러시아에 줄줄이 패하고 말았지. 이때 오스만 제국에 슬쩍 다가와 러시아와의 전쟁을 도와준 나라가 있었으니, 바로 영국과 프랑스야. 영국은 나폴레옹 몰락 이후 유럽의 강국으로 부상한 러시아를 견제하기 위해서였고, 프랑스는 당시 황제였던 나폴레옹 3세가 대외 전쟁을 통한 인기 상승을 노리며 오스만 제국을 지원하겠다고 나선 거였어. 여기에 이탈리아 통일을 위해 열강의 지원을 원하던 사르데냐 왕국도 영국과 프랑스를 도와 지원병을 보냈어. 영국-프랑스 연합군은 러시아의 흑해 함대 기지가 있는 크림반도를 공격해 러시아를 궁지에 몰아넣었어. 오랜 전쟁 끝에 러시아는 항복했지. 유럽 연합군 덕분에 오스만 제국이 러시아에 승리를 거둔 거야.

크림 전쟁은 오스만 제국의 쇠퇴를 다시 한번 드러낸 사건이었어. 그동안 진행된 탄지마트의 효과가 크지 않을뿐더러 유럽의 지원이 없으면 아무것도 할 수 없다는 것만 세상에 알린 셈이었거든. 결국 오스만 제국은 전쟁에서 승리를 거뒀지만, 오히려 몰락에는 가속도가 붙었단다.

▲ **파리 조약** (1856년) 크림 전쟁이 끝나고 오스만 제국, 러시아, 프랑스, 영국, 사르데냐 왕국이 체결한 조약이야. 이 조약에서 영국과 프랑스는 오스만 제국의 편을 든 자신들에게 매우 유리한 통상 조건을 보장받았어.

◀ 청년 튀르크당의 혁명을 기념하는 그림
오스만 제국이 혁명을 통해 전제 정치라는 쇠사슬을 끊고 헌법에 의한 입헌 군주정이라는 새로운 정치를 시작하게 됐다는 걸 의미해.

◀ 〈테르주마니 아흐왈〉
1860년 창간된 신문으로, 술탄의 전제 정치와 탄지마트를 비판했어.

"오, 그럼 개혁을 계속해 나갈 수 있겠군요?"

"응. 그런데 청년 튀르크당이 정권을 잡으며 오스만 제국에서는 새로운 변화가 시작됐어. 청년 튀르크당은 제국을 강하게 만들기 위해 중앙 집권을 강화하고 강력한 튀르크 민족주의 정책을 펼쳤지. 그래서 청년 튀르크당이 나라를 다스리는 동안 오스만 제국 내부에서는 튀르크인을 제외한 다른 민족의 불만이 점점 커져 갔단다."

"또 다른 문제가 생긴 거네요."

"그래도 오스만 제국의 사정은 나은 편이었지. 혼란의 와중에 오스만 제국에게서 독립한 이집트는 이 무렵 유럽 열강의 식민지가 되는 길을 걸었거든."

용선생의 핵심 정리

마흐무트 2세는 예니체리를 해체하며 개혁에 나섬. 1839년부터 탄지마트를 시작했으나 내부 반발과 경제적 이유로 실패함. 청년 튀르크당의 혁명으로 입헌 군주제가 다시 수립되었지만, 오스만 제국은 점점 더 약해짐.

이집트가 영국의 보호국이 되다

"어, 이집트가 언제 독립했더라?"

장하다가 머리를 긁적이자, 용선생이 웃으며 대답했다.

"아까 그리스 독립 전쟁 직후 오스만 제국 내부의 온갖 민족이 독립 운동을 벌였다고 했지? 이때 이집트도 프랑스의 지원을 받아 오스만 제국에서 사실상 떨어져 나왔단다."

"맞아요. 기억나요."

나선애가 노트 앞면을 슥 훑어보았다.

"잠깐 당시 이집트가 독립하기까지의 상황을 짚고 넘어가자. 1517년에 오스만 제국에 정복당한 이후로 이집트는 공식적으로는 오스만 제국 땅이었지만, 실제로는 노예 군인인 맘루크가 자치권을 가지고 다스렸던 나라였어. 사실 오스만 제국이 약해지던 시기에는 그냥 다른 나라라고 봐도 무리가 아니었지."

"그럼 이미 독립한 거나 다름없었다는 거군요?"

"응. 그런데 1798년, 나폴레옹이 이집트를 공격했었지? 이때 이집트 사람들은 큰 충격을 받았단다. 얼마 안 되는 프랑스군을 상대로 맘루크가 제대로 힘도 못 써 보고 무너졌기 때문이야. 그래서 프랑스가 물러가자 이집트는 개혁에 시동을 걸었어."

"누가 개혁을 주도했어요?"

"새 이집트 총독인 무함마드 알리야. 총독으로 취임한 무함마드 알리는 맨 먼저 이집트에서 권력을 잡고 있던 맘루크를 쫓아냈어. 그런 뒤 이집트 군대를 유럽식으로 훈련시키고 유럽식 무기로 무장시켰

↑ 무함마드 알리
(1769년~1849년) 오스만 제국이 임명한 이집트 총독이야. 이집트를 성공적으로 개혁하는 한편, 오스만 제국으로부터 사실상의 독립을 얻어 냈지.

이슬람 세계의 위기와 개혁 운동 **109**

지. 또 유럽식 교육도 시켰어."

"어? 그럼 탄지마트랑 비슷한데요?"

"호호, 무함마드 알리의 개혁은 탄지마트보다 30년이나 앞섰단다. 효과도 제법 있어서 이집트 군대는 곧 오스만 제국에서 가장 강력한 군대로 손꼽히게 돼. 이집트는 오스만 제국 정부의 요청에 따라 당시 아라비아반도를 중심으로 힘을 넓히던 이슬람 원리주의 운동을 진압했고, 그리스 독립 전쟁에도 참가했지. 이집트 덕에 오스만 제국은 승리 직전까지 갔어. 영국과 프랑스가 끼어들지만 않았어도 아마 그리스 독립을 막을 수 있었을지도 몰라."

"그럼 이집트가 오스만 제국 편을 잘 들어 준 거네요? 그런데 왜 갑자기 독립하겠다고 한 거예요?"

나선애가 용선생의 말을 받아 정리했다.

"무함마드 알리는 그리스 독립 전쟁에 진압군을 보내는 조건으로 이집트 총독을 임명직에서 세습직으로 바꿔 달라고 요구했어. 하지만 술탄은 어림도 없다며 단칼에 거절했단다. 총독을 가문 대대로 하겠다는 건 무함마드 알리가 이집트에서 왕 노릇을 하겠다는 뜻과 다

← 해군을 시찰하는 무함마드 알리
이집트는 개혁 정책으로 프랑스의 지원을 받아 유럽식 군사 훈련과 무기를 도입했어. 이렇게 만들어진 신식 군대는 오스만 제국에서도 손꼽히는 강력함을 자랑했지.

← 무함마드 알리의 이집트 국기
오스만 제국과 다른 자기만의 국기를 썼어.

를 게 없었거든. 화가 난 무함마드 알리는 군대를 이끌고 곧장 이스탄불로 진격하면서 시리아를 점령했지. 그리스 독립 전쟁 패배의 충격에서 아직 벗어나지 못한 오스만 제국은 발등에 불이 떨어졌어."

"헐, 이집트가 반란을 일으킨 거네요?"

"그런데 이때 영국이 나섰어. 영국군이 이집트군을 격파해 이집트로 돌려보낸 덕에 오스만 제국은 한숨 돌릴 수 있었지. 하지만 이미 약해질 대로 약해진 오스만 제국은 이집트의 나랏일에 이래라저래라 간섭할 힘이 없었단다. 결국 알리는 자기 자식에게 이집트 총독 자리를 물려주었고, 이후 이집트는 독립한 거나 다름없게 된 거야."

"근데 선생님, 아까는 이집트가 유럽 열강의 식민지가 됐다고 하셨잖아요. 개혁에도 성공했는데 어쩌다 그렇게 된 거예요?"

곽두기의 질문에 용선생은 설명을 이어 나갔다.

"돈 때문이었어. 개혁에 성공하긴 했지만 빚에 발목을 잡힌 거야. 특히 프랑스와 함께 수에즈 운하를 건설하면서 어마어마한 빚을 졌지."

용선생의 세계사 돋보기

이때 영국은 이집트의 반란으로 오스만 제국이 완전히 무너지고 제국 내부의 여러 민족이 독립해서 서아시아가 대혼란에 빠지는 걸 막으려 했어. 또 이집트를 뒤에서 지원하던 프랑스를 견제하려는 목적도 있었지.

◀ 수에즈 운하
지중해와 홍해를 잇는 중요한 수로야. 지금도 전 세계 수많은 나라가 이용한단다.

전 세계 물류 유통의 중심, 수에즈 운하!

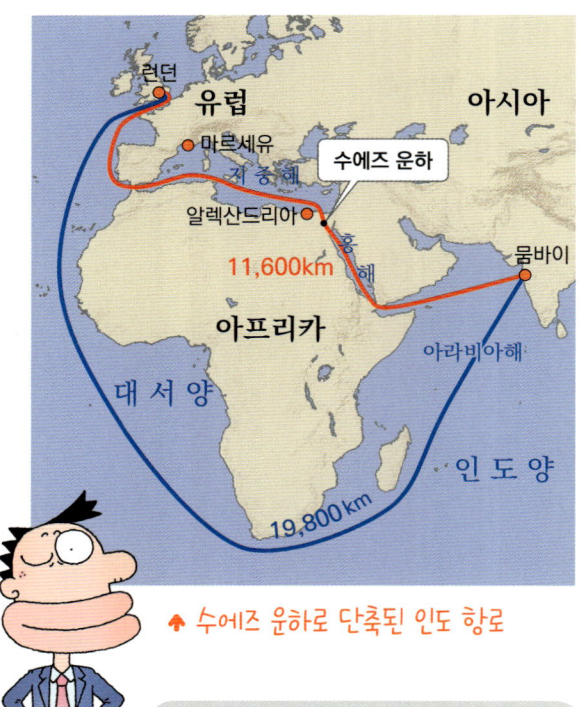

▲ 수에즈 운하로 단축된 인도 항로

수에즈 운하를 통하면 인도로 가는 길이 거의 절반으로 줄어들어. 수에즈 운하를 장악한 세력은 인도와의 최단 교통로를 차지한 셈이지.

"운하? 왜 이집트는 그렇게 무리를 하면서까지 운하를 건설하려 한 거죠?"

"이집트보다는 프랑스의 뜻이었어. 영국의 라이벌인 프랑스는 영국을 견제하기 위해 온갖 수단을 동원했지. 그중 하나가 수에즈에 운하를 만들어 인도로 가는 교통로를 통제하는 거야. 이집트는 운하를 통과하는 배한테서 통행료만 받아도 어마어마한 수입이 굴러들어 올 테니 전혀 손해 볼 게 없을 거라 생각했어. 그래서 두 나라는 손을 잡고 운하 공사에 들어갔지."

"서로 이익이 되니 일을 벌인 거군요."

"하지만 수에즈 운하 공사는 예상보다 훨씬 어려웠어. 일단 프랑스의 속셈을 눈치챈 영국이 공사를 중지하라고 압력을 넣으며 온갖 방해 공작을 펼치는 바람에 공사 기간이 길어졌어. 10년 동안 운하 건설에 이집트인 3만 명이 동원됐고, 그중 9,000여 명은 도중에 목숨을 잃었지. 비용도 처음 예상한 것보다 두 배나 더 들어서 여기저기서 빚을 끌어와야 했어. 어쨌든 우여곡절 끝에 1869년에 공사를 끝마치긴 했는데, 완공된 수에즈 운하는 머지않아 이집트의 골칫거리가 됐지."

"대체 왜요?"

"들인 비용에 비해 수입이 너무 적었기 때문이야. 공사비로 대략

↑ **수에즈 운하 건설** 수에즈 운하 건설은 총 10년 동안 3만 명이 동원된 대공사였어.

← **수에즈 운하 주식** 프랑스와 이집트는 '만국 수에즈 해양운하회사'를 세워 회사 주식을 팔아 운하 건설 자금을 마련했어. 영국은 운하가 완공된 뒤 주식을 사들여 운하 운영에 개입했지.

4억 2천만 프랑이 들었는데, 개통한 후 다음 해까지 수입이 4백만 프랑밖에 안 되었거든. 결국 이집트는 파산하기 일보 직전이었지."

"헉, 그 속도로 공사비를 뽑으려면 100년이 넘게 걸리겠네요?"

왕수재가 퍼뜩 암산하다가 고개를 내저었다.

"설상가상으로 비슷한 시기에 면화 수출이 힘들어지면서 이집트의 경제는 더욱 어려워졌어. 이집트는 미국이 미국 내전으로 혼란에 빠진 동안 유럽에 면화를 수출해 톡톡히 재미를 봤거든. 하지만 1865년 미국이 내전을 끝내고 유럽에 다시 면화를 수출하면서, 이집트의 면화 수출이 급격히 줄어들었지."

"돈줄이 막혀 버린 거군요."

"때마침 운하 건설을 주도한 프랑스 사정도 난감하긴 마찬가지였어. 프랑스는 1871년, 프로이센-프랑스 전쟁에서 대패하고 배상금 문제를 처리하느라 수에즈 운하에는 신경도 쓸 수 없었거든. 이렇게 이

용선생의 세계사 돋보기

수에즈 운하 이용료가 너무 비쌌기 때문이야. 그래서 아주 값비싼 상품을 실은 상선이 아니라면 아프리카를 돌아가는 뱃길을 더 많이 이용했지. 또 상선은 대부분 영국 배였는데, 영국 배는 프랑스가 운영하는 운하를 이용하려 하지 않았어. 그래서 개통 첫해에는 겨우 20척이 운하를 이용했을 뿐이었지.

집트와 프랑스의 사정이 몹시 어려워지자, 수에즈 운하에 눈독을 들이고 있던 영국이 본격적으로 행동에 나섰어."

"역시, 유럽과 인도를 잇는 가장 빠른 교통로를 영국이 가만둘 리가 없죠."

장하다가 손바닥을 치며 말했다.

"맞아. 영국은 운하 회사의 주식을 적극적으로 사들이며 운하 운영에 끼어들었어. 빚더미에 앉은 이집트는 주식의 대부분을 영국에 헐값에 넘겼지. 그 뒤 수에즈 운하는 사실상 영국의 수중에 넘어갔단다."

"결국 영국이 인도로 가는 지름길까지 차지하게 됐네요."

"응. 수에즈 운하를 장악한 이후, 이집트에 대한 영국의 간섭은 나날이 심해졌어. 수에즈 운하를 팔았지만 이집트 정부는 여전히 영국을 비롯한 유럽 열강에 많은 빚을 지고 있었거든. 열강은 빚을 핑계

↑ **텔 엘 케비르 전투** (1882년) 알렉산드리아에 상륙한 영국군은 아라비 파샤가 이끄는 이집트군에 대승을 거두며 이집트를 사실상 식민지로 만들었어.

↑ **알렉산드리아에 공격을 퍼붓는 영국 함대** 이집트가 영국의 내정 간섭에 반발해 군사를 일으키자, 영국은 운하를 보호한다는 핑계로 함대를 보내 공격을 퍼부었어.

로 이집트에 사람을 보내 내정에 일일이 간섭했지. 영국의 내정 간섭에 참다못한 이집트인들이 시위를 벌였단다. 그러자 영국은 수에즈 운하와 영국인을 보호한다는 명목으로 이집트에 군대를 보냈어. 이집트군은 영국군의 막강한 화력 앞에 무릎을 꿇었고, 그 이후 이집트는 사실상 영국의 식민지 신세가 되었지."

"어휴, 결국 빚이 문제였군요."

"근데 이 무렵 이집트처럼 영국의 먹잇감이 된 나라가 서아시아에 하나 더 있었어. 바로 이란고원에 자리 잡은 페르시아였단다."

용선생의 세계사 돋보기

이집트의 아흐마트 아라비 파샤가 주도해서 아라비 혁명이라고 불러. 아라비 혁명을 빌미로 영국이 이집트를 무력 침공했지.

용선생의 핵심 정리

이집트의 총독인 무함마드 알리는 이집트의 제도를 유럽식으로 바꾸는 개혁을 실시해 성공을 거둠. 이집트는 그리스 독립 전쟁 이후 독립국이 되었으나, 수에즈 운하 건설과 면화값 폭락으로 많은 빚을 지고 사실상 영국의 식민지가 됨.

↑ **아라비 파샤**
(1841년~1911년) 이집트의 민족 지도자. 1882년 국방장관이 되어 영국의 간섭에 맞서 군대를 일으켰어.

이슬람 세계의 위기와 개혁 운동 **115**

서아시아의 강국 페르시아가 몰락하다

▲ 1600년대의 페르시아

"페르시아가 어쩌다 영국의 먹잇감이 된 거죠?"

"잠깐 페르시아를 둘러싼 상황을 살펴볼까? 지난 시간 러시아가 부동항을 찾아 중앙아시아 남쪽으로 남하 정책을 펼쳤다는 이야기를 했지? 러시아는 특히 크림 전쟁으로 흑해로 나아가는 길이 막힌 뒤로 더욱 페르시아에 눈독을 들였지."

"네, 영국이 인도를 지키기 위해 먼저 행동에 나서는 바람에 러시아가 더 이상 내려오지 못했죠."

왕수재의 대답에 용선생이 고개를 끄덕였다.

"맞아. 근데 말이지, 페르시아는 일찍이 1500년대부터 유럽 나라들의 관심을 한 몸에 받았어. 유럽인들은 다들 오스만 제국을 견제하려고 페르시아의 사파비 왕조와 친하게 지내려 했거든. 그 덕분에 사파비 왕조는 유럽의 지원을 받고 유럽식 무기를 들여와 오스만 제국과 맞섰지."

"적의 적은 친구라는 말은 이럴 때 쓰는 거죠."

"하지만 막강한 이웃인 오스만 제국의 팽창 때문에 사파비 왕조는 고전을 거듭했어. 내부에서는 왕조 건국에 큰 공을 세웠던 크즐바쉬 전사들의 세력이 지나치게 커지면서 제국의 큰 골칫거리가 되었단다. 이들은 오스만 제국의 예니체리와 마찬가지로 샤를 자기 마음대

▲ 크즐바쉬 전사
크즐바쉬는 '붉은색 머리'란 뜻이야. 이들은 튀르크 출신의 시아파 전사로, 붉은색 터번을 써서 이런 이름이 붙었대.

▲ **이스파한의 이맘 광장** 이스파한은 수도 테헤란과 더불어 이란에서 손꼽히는 대도시야. 사파비 왕조의 수도였지.

▲ **아바스 1세**
(1571년~1629년) 사파비 왕조의 전성기를 이끈 군주야.

로 갈아 치울 정도로 강력한 권력을 과시했지."

"페르시아도 그다지 사정이 좋진 않았군요?"

"하지만 사파비 왕조는 5대 샤인 아바스 1세 때 전성기를 누렸어. 아바스 1세는 크즐바쉬를 견제할 새 군대를 꾸려 1603년에는 캅카스 산맥 주변 지역을 차지했고, 1623년에는 오스만 제국을 공격해 바그다드를 되찾았지. 그리고 동쪽으로는 아프가니스탄 지역까지 세력을 뻗쳤어."

"와, 정말 대단한데요?"

"사파비 왕조의 새로운 수도 이스파한을 보면 이때 페르시아가 얼마나 잘나갔는지 알 수 있단다. 당시 세계에서 가장 규모가 큰 광장이 여기 있거든."

용선생은 스크린에 사진을 띄우며 설명을 이어 갔다.

"사파비 왕조는 유럽 해상 강국이던 영국과 네덜란드와 긴밀한 통상 관계를 맺으며 교역에도 힘썼어. 하지만 1700년대부터는 오스만 제국과 마찬가지로 점차 내리막길을 걸었지."

"무슨 계기라도 있었나요?"

"오스만 제국처럼 여러 가지 문제가 있었어. 제국이 넓어지면서 샤의 권위가 약화되었고, 그만큼 중앙과 지방 각지 귀족들의 힘이 강해지며 제국의 힘이 분산됐지. 또, 밖으로는 강력한 이웃인 오스만 제국과의 전쟁도 여전히 큰 부담이었는데, 안에서는 수니파와 시아파 사이의 종교 갈등이 발목을 잡았어. 결국 1700년대 들어 아프가니스탄 지역에서 종교 문제로 거대한 반란이 일어났어. 이들은 1722년 이스파한으로 쳐들어와 샤를 내쫓았지. 이로써 사파비 왕조는 멸망했단다."

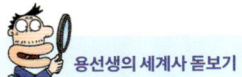
용선생의 세계사 돋보기

하지만 러시아는 좀처럼 아프가니스탄 지역을 포기하지 않았어. 그래서 영국과 러시아는 1900년대 초까지 중앙아시아에서 계속 경쟁을 벌였어.

"어휴, 그야말로 바람 잘 날이 없군요."

영심이가 한숨을 푹 쉬었다.

"그 뒤로 페르시아에는 새로운 왕조가 계속 들어서며 혼란이 거듭됐어. 1794년에 카자르 왕조가 세워진 이후에야 간신히 안정되는 듯했지. 그런데 이때부터 페르시아를 두고 러시아와 영국의 힘겨루기가 시작된단다."

↑ 투르크만차이 조약 체결 1828년, 카자르 왕조는 러시아와 벌인 전쟁에서 패배했어. 그 결과 러시아에 캅카스산맥 일대를 넘겨주고 치외 법권을 인정해 줬지.

"이제 한숨 돌리나 했더니, 그게 아니었군요."

"카자르 왕조는 유럽의 강국인 러시아와 영국을 상대하기에 힘이 부족했어. 결국 러시아한테는 캅카스산맥과 주변 지역을 넘겨주었고, 영국한테는 아프가니스탄 지역을 내주었지."

▶ 오늘날의 테헤란
테헤란은 이란 최대 도시이자 수도야. 카자르 왕조는 페르시아를 통일하고 수도를 이곳으로 옮겼어.

▲ 카자르 왕조의 국기

장하다의 인물 사전

나시르 앗딘 (재위 1848년 ~1896년) 카자르 왕조의 샤로 페르시아의 개혁에 앞장섰어.

"카자르 왕조는 힘을 키우려고 개혁을 하진 않았나요?"

"물론 카자르 왕조도 당하고 있지만은 않았어. 나시르 앗딘 샤는 직접 유럽을 방문해 발전된 모습을 견학하고, 유럽에 유학생을 보내 새로운 군사 지식과 과학 기술을 배우도록 했어. 또 수도 테헤란에 페르시아 최초의 유럽식 교육 기관을 세웠지. 하지만 이 과정에서 유럽에 많은 빚을 질 수밖에 없었어. 왕실은 자원 채굴권과 철도 부설

▲ **독일을 방문한 나시르 앗딘 샤** 나시르 앗딘 샤는 영국, 독일, 네덜란드, 러시아를 방문하며 유럽의 발전 모습을 직접 체험하려 했어.

▲ **유럽의 페르시아 유학생** 오스트리아-헝가리 제국 군사 학교로 유학을 와서 새로운 군사 지식과 신무기 사용법을 익혔어.

이슬람 세계의 위기와 개혁 운동

◀ **페르시아 왕립 은행과 화폐** 페르시아가 영국 정부의 지원을 받아 세운 왕립 은행이야.

권 같은 이권을 열강에 팔며 개혁에 필요한 자금을 마련했지. 하지만 나시르 앗딘 샤가 담배 전매권마저 영국에 넘기자 페르시아 사람들은 크게 반발했단다."

"담배 전매권이 뭐 특별한 거예요?"

"자원 개발이나 철도 건설 같은 일이야 평범한 국민들에게 당장 와닿지 않지만, 많은 사람이 피우는 담배 판매를 영국만이 할 수 있게 허락한 건 두고 볼 수 없는 일이었던 거지. 화가 난 사람들은 1892년부터 담배 불매 운동을 벌였고, 샤는 놀라서 담배 전매권을 다시 회수했단다."

"역시 불매 운동이 무섭네요."

장하다가 주먹을 쥐고 흔들었다.

"하지만 영국이 이권을 그냥 돌려줄 리 없겠지? 영국은 전매권을 돌려주는 대가로 카자르 왕조에게 어마어마한 금액의 위약금을 요구했어. 돈이 없던 카자르 왕조는 그 뒤로 영국에 질질 끌려다니는 신세가 되었단다."

"아, 이번에도 돈으로 옴짝달싹 못 하게 만드네요."

곽두기의 국어 사전

위약금 어길 위(違) 약속 약(約) 금 금(金). 거래할 때 맺은 약속을 어겼을 때 상대방에게 주기로 한 돈을 가리켜.

↑ **입헌 혁명의 주인공들** 이들은 카자르 왕조의 샤를 몰아내고 헌법과 의회를 만들었어.

↑ **페르시아 의회** 1906년 입헌 혁명으로 페르시아에 최초로 설립된 의회야.

"이리저리 흔들리는 카자르 왕조에 불만을 품은 사람들이 여럿 나타났어. 이들은 샤가 나라를 외국에 팔아먹는 데만 급급하다고 비판했어. 이런 무능한 샤를 둘 바에야 아예 페르시아를 입헌 군주국으로 만들어야 한다고 목소리를 높였지. 마침내 1906년, 상인과 지식인, 이슬람 율법 학자들이 혁명을 일으켰어. 이로써 페르시아도 어엿한 입헌 군주국이 됐단다."

"그럼 페르시아도 위기에서 벗어나나요?"

"아쉽지만 그렇진 못했어. 입헌 혁명으로 페르시아에 헌법과 의회가 만들어지긴 했지만 그렇다고 해서 열강의 간섭이 사라진 건 아니었거든. 영국과 러시아는 페르시아에 자신들에게 적대적인 정부가 세워지진 않을까 걱정했어. 그래서 군대를 보내 페르시아를 점령하고 헌법은 폐지해 버렸지. 이후 영국과

↑ **1900년대 초 페르시아**

이슬람 세계의 위기와 개혁 운동

러시아는 페르시아를 둘로 쪼개 각각 보호령으로 삼았단다."

"아이고, 이번에도 열강이 간섭을 했군요."

"제국주의 열강의 침략이 그만큼 집요했던 거지. 그 뒤에 어떤 일이 생기는지는 다음 시간에 들려줄게. 그럼 모두들 안녕!"

 **용선생의 핵심 정리**

페르시아는 1600년대 초 한때 전성기를 누렸으나 러시아와 영국의 간섭에 시달리며 온갖 이권을 내줌. 상인과 지식인들이 입헌 혁명을 일으켰으나 영국과 러시아의 개입으로 보호국으로 전락함.

나선애의 정리노트

1. ### 개혁을 시도하는 오스만 제국
   - 술탄의 무능, 예니체리의 부정부패, 인플레이션으로 인한 경제 위기가 겹치며 오스만 제국이 쇠퇴하기 시작함.
   - 유럽과의 소통을 강화하며 개혁을 시도. 예니체리의 반발로 개혁이 중단됨.

2. ### 유럽 열강에 시달리는 오스만 제국
   - 민족주의의 영향을 받은 그리스가 유럽 열강의 지원을 받아 독립 전쟁을 벌임.
     → 그리스가 독립하자 발칸반도의 여러 국가들과 이집트도 뒤따라 독립함.
   - 오스만 제국은 유럽 열강에 절반 가까이 영토를 빼앗기며 벼랑 끝에 섬.

3. ### 오스만 제국의 유럽식 개혁 탄지마트
   - 예니체리를 없애고 유럽식 개혁인 탄지마트를 실시
     → 보수 세력의 격렬한 반대와 유럽 열강의 간섭, 경제적 어려움으로 실패
   - 청년 튀르크당의 입헌 군주정 수립: 중앙 집권을 강화하고 튀르크 민족주의 강조

4. ### 영국의 식민지가 되어 버린 이집트
   - 오스만 제국으로부터 독립: 총독 무함마드 알리가 맘루크를 쫓아내고 유럽식 개혁을 실시함.
   - 수에즈 운하 건설로 재정 위기를 겪으며 사실상 영국의 식민지 신세가 됨.

5. ### 유럽 열강의 먹잇감이 된 페르시아
   - 사파비 왕조는 1600년대 초반 전성기를 맞이함.
     → 샤의 권위 약화와 내부 반란 등의 문제로 1722년 멸망함.
   - 카자르 왕조는 개혁 과정에서 재정 위기를 겪으며 유럽 열강에 여러 이권을 내줌.
     → 입헌 혁명이 일어났으나, 영국과 러시아의 보호령이 됨.

세계사 퀴즈 달인을 찾아라!

1 빈칸에 공통으로 들어갈 알맞은 말을 써 보자.
(   )

원래 ○○○○는 술탄에게 충성을 바치는, 오스만 제국이 자랑하던 군인 세력이야. 하지만 시간이 흐르고 술탄의 권력이 약해지면서 이들도 권력을 세습하고 부정부패를 저지르게 되었지. ○○○○의 수가 엄청나게 늘어나면서 이들에게 주는 봉급만으로도 국고가 텅텅 빌 정도였단다.

2 지도에 나타난 당시 유럽의 상황으로 옳지 않은 것은? (   )

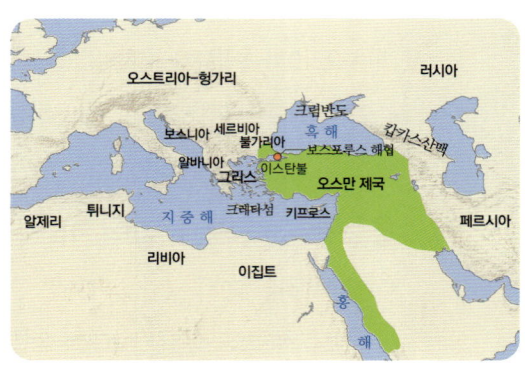

<1914년의 오스만 제국 영토>

① 오스만 제국은 유럽 열강에 절반 가까이 영토를 빼앗겼다.
② 유럽 열강의 지원으로 그리스가 오스만 제국으로부터 독립했다.
③ 그리스의 독립 이후 발칸반도의 여러 국가들도 뒤따라 독립했다.
④ 아흐메트 3세가 개혁을 통해 오스만 제국의 튤립 시대를 이끌었다.

3~4 다음 물음에 답해 보세요.

3 빈칸에 들어갈 알맞은 말을 써 보자.

> ○○○○는 오스만 제국에서 1839년부터 1876년까지 시행된 개혁이다. 우리말로는 '재구성'이라는 뜻이며, 이 개혁이 진행되는 동안 오스만 제국에서는 유럽식 의회 제도와 징병제가 실시되는 등 대대적인 개혁이 이루어졌다.

( )

4 위 개혁의 결과에 대해 바르게 설명한 친구는? ( )

 ① 오히려 산업화에 방해가 되었어.

 ② 의회 제도 같은 유럽식 제도가 도입되었어.

 ③ 마흐무트 2세가 예니체리를 해체시켰어.

 ④ 오스만 제국의 전통적인 관료제가 강화되었어.

5 다음 삽화에 대한 설명으로 옳은 것은? ( )

① 영국은 프랑스를 견제하려고 수에즈 운하 건설에 참여했어.
② 이집트는 수에즈 운하 덕에 오스만 제국에게서 독립할 수 있었어.
③ 프랑스는 수에즈 운하를 헐값에 사들이고 이집트 내정에 간섭했어.
④ 이집트는 운하 건설로 빚더미에 오르고 영국의 식민지가 되어 버렸어.

6 페르시아에서 일어난 사건들을 순서대로 써 보자.

> ㉠ 입헌 혁명
> ㉡ 사파비 왕조 멸망
> ㉢ 카자르 왕조 건설
> ㉣ 영국과 러시아의 보호령이 됨

(- - -)

용선생 세계사 카페

《쿠란》의 가르침으로 돌아가자! 와하브 운동과 이슬람 원리주의

▲ **쿠란을 읽는 이슬람교도**
이슬람교도들은 하루에 5번 기도 시간에 정확한 발음으로 쿠란을 암송해야 한대.

오스만 제국이 혼란으로 흔들리며 서서히 무너져 갈 때, 그 원인을 이슬람 세계의 타락에서 찾는 사람들이 나타났어. 이들은 이슬람교도가 《쿠란》의 가르침에서 벗어나 사치에 젖어들었고, 이단을 용납했기 때문에 신께서 벌을 내린 거라며 철저히 《쿠란》의 가르침으로 돌아가야 한다고 주장했지. 이런 움직임을 '이슬람 원리주의'라고 해. 특히 무함마드 이븐 압드 알 와하브라는 사상가는 1700년대 중반 아라비아반도에 혜성처럼 등장해 이슬람 세계에 거대한 돌풍을 일으켰어. 알 와하브가 주도한 이슬람 원리주의 운동을 '와하브 운동'이라고 해.

와하브 왕국의 탄생

알 와하브는 아라비아반도 한복판에 위치한 오아시스 마을에서 태어났어. 젊었을 적에 바스라와 메카 등 이슬람 세계의 여러 대도시에서 유학 생활을 했는데, 그곳 사람들의 사치스럽고 요란한 모습에 크게 실망한 뒤 고향으로 돌아와 엄격한 이슬람 원리주의 운동을 펼쳤지. 처음에는 많은 사람이 원리주의에 공감했어. 하지만 그 방법이 너무나 과격한 탓에 반감을 샀지. 도둑질을 한 사람의 손목을 자르고, 바람을 피운 남녀는 돌로 쳐 죽이는 등 비인간적인 처벌은 물론이고, 《쿠란》에 조금만 어긋나는 일을 해도 이단으로 몰려 추방당하기 일쑤였거든. 결국 고향에서 쫓겨난 알 와하브는 아라비아반도 중심에 위치한 '디리야'라는 마을에 정착했어. 디리야를 다스리던 사우드 가문이 알 와하브의 뜻에 공감하고 정식으로 초대했기 때문이지. 이때부터 와하브 운동에 본격적으로 불이 붙었어. 사우드 가문은 폭발적으로 세력을 뻗어 나간 끝에 아라비아반도 전역을 차지했지. 이렇게 세워진 나라를 '와하브 왕국', 혹은 사우드 가문의 이름을 따서 '사우디 제1왕국'이라고 부른단다.

▲ 사우디 제1왕국

와하브 왕국은 엄격한 이슬람 원리주의에 따라 아라비아반도를 지배했어. 《쿠란》에 어긋나는 행동을 하는 사람들은 무겁게 처벌받았고, 이교도의 사원과 유적들은 파괴되거나 훼손당했지. 물론 시아파도 탄압의 대상이었단다. 무함마드의 조카인 알리를 신처럼 섬기는 이단이라는 이유 때문이었어.

하지만 와하브 왕국은 오래가지 못했어. 와하브 왕국이 성지인 메카와 메디나까지 점령하자, 오스만 제국이 이집트의 지배자인 무함마드 알리에게 진압을 요청한 거야. 이집트군의 활약으로 와하브 왕국은 1818년에 멸망했고, 사우드 가문의 국왕은 이스탄불로 끌려가서 성지를 훼손한 죄로 처형당했지.

▲ 터만 남은 알바키 영묘 원래 이곳은 예언자 무함마드와 함께 초기 이슬람 공동체 건설에 참여한 이들이 묻힌 무덤이었어. 와하브파는 우상 숭배라는 이유로 이곳을 파괴했지.

▲ 파괴되기 이전의 알바키 영묘

127

오뚝이처럼 일어난 사우드 가문과 사우디아라비아

그러나 와하브 왕국이 멸망한 이후에도 와하브 운동은 명맥을 이어 나갔어. 오히려 이슬람 세계의 혼란이 심해질수록, 해결책을 찾으려는 사람들이 와하브 운동에 빠져들며 점점 더 세력이 커졌지. 결국 와하브 운동의 핵심 세력인 사우드 가문은 1926년, 아라비아반도 중심부를 지배하는 나라를 다시 세우기에 이르러. 이 나라가 바로 오늘날의 사우디아라비아야. 사우디아라비아는 풍부한 석유 자원과 미국 등 서양 강국과의 원활한 관계를 바탕으로 이슬람 세계를 대표하는 국가로 성장했단다.

와하브 운동에 뿌리를 둔 사우디아라비아는 엄격한 이슬람 원리주의 사회야. 그래서 이슬람 율법인 '샤리아'에 따라 사회를 매우 엄격하게 통제하지. 죄인을 때려서 벌주는 태형처럼 비인간적인 형벌도 있고, 언론 활동과 인터넷 사용도 철저히 감시하며 누구든 국가에 비판적인 목소리를 내면 강력하게 처벌한단다. 또 여성 차별도 매우 심각해. 여성은 외출할 때 반드시 온몸을 가리는 옷을 입어야 하고 혼자서는 여행을 가는 것도, 은행 계좌를 만드는 것도 금지되어 있을 정도거든.

하지만 최근에는 여성에게 운전면허 발급을 허용하고 여성을 공무원으로 채용하는 등 조금씩 변화의 모습을 보인다고 하는구나.

▶ 쇼핑몰을 오가는 사우디아라비아의 여성들
사우디아라비아의 여성들은 집밖을 나설 때에는 이처럼 전신을 가리는 옷을 입어야 해.

세계 평화를 위협하는 이슬람 원리주의

와하브 운동과 사우디아라비아의 탄생은 이후 등장하는 다른 이슬람 원리주의 운동에 많은 영향을 주었어. 특히 이란과 아프가니스탄에는 사우디아라비아 못지않게 엄격한 이슬람 원리주의 정부가 들어서 있지. 이들 역시 국민 생활을 강하게 통제하고 인권을 억압해서 국제적으로 문제가 되곤 해.

그리고 이슬람 원리주의자 중 일부는 극단적인 테러를 저지르는 무장 단체로 변질돼 세계 평화를 위협하고 있단다. 이들은 《쿠란》을 자신들의 뜻대로 해석하고 서양 세력을 침략자로 낙인 찍어 테러를 통해 몰아내려고 하지. 알카에다라는 무장 단체는 2001년에 뉴욕의 국제 무역 센터 빌딩을 공격해 세계를 충격에 몰아넣었고, 2013년 이후로는 IS라는 무장 단체가 세계 각지에서 테러를 벌이며 수많은 사람을 희생시키고 있단다.

하지만 일부 이슬람 원리주의자의 극단적인 행동 때문에 모든 이슬람 교도를 테러리스트로 보는 일은 없어야 하겠지? 오늘날엔 이슬람 세계에서도 지나친 이슬람 원리주의를 경계하는 움직임이 곳곳에서 이어지고 있어.

▲ 알카에다 조직원
무장한 알카에다 조직원의 모습. 알카에다는 1990년대 이후 미국을 상대로 숱한 테러를 벌여서 많은 인명 피해를 낳았어.

◀ 불타는 국제 무역 센터
2001년 9월 11일, 알카에다의 테러로 불길에 휩싸인 미국 뉴욕의 국제 무역 센터야. 이 테러로 전 세계는 충격에 빠졌어.

| 용선생 세계사 카페 |

오스만 제국의 베르사유 궁전 돌마바흐체 궁전

오스만 제국의 수도 이스탄불에는 술탄이 살았던 궁전이 여럿 있어. 그중에서도 탄지마트 개혁이 한창이었던 1856년에 지어진 돌마바흐체 궁전은 오스만 제국이 강국으로 부활하겠다는 의지가 깃든 곳이지. 돌마바흐체는 '가득 찬 정원'이라는 뜻으로, 보스포루스 해협의 작은 만을 메우고 해안을 따라 지어졌어.

술탄의 문 돌마바흐체 궁전의 정문이야. 문 위와 기둥의 화려한 장식이 호화로워 보이지?

응접실 외국 사절이 술탄을 만나기 전에 머무는 응접실이야. 궁전에서 가장 화려한 곳이래.

정원 궁전에 들어서면 이 아름다운 정원을 맨 먼저 보게 되지.

선착장 문 바다를 향해 난 문이야. 이 문을 통해 술탄은 바다로 드나들 수 있었대.

하렘 술탄의 어머니와 부인 등 가족들이 사는 곳이야. 이곳에는 술탄과 환관 외에 어떠한 남자도 들어올 수 없단다.

행사장 궁전에서 행사가 열리는 곳이야. 2,500명까지 들어갈 수 있지. 천장에는 세계에서 가장 거대한 샹들리에 하나가 가운데 달려 있어.

복도 말편자 모양으로 생긴 계단 위에는 크고 육중한 크리스털 샹들리에가 있어.

돌마바흐체 궁전의 모델은 프랑스 베르사유 궁전이야. 그래서인지 베르사유 궁전처럼 드넓은 정원과 화려한 방이 인상적이지. 원래 이곳은 나무로 지은 조그마한 별궁이었지만, 화재로 몽땅 불에 타 버리는 바람에 오늘날의 모습으로 다시 태어났다는구나. 이곳에서는 압둘메지트 1세를 비롯해 오스만 제국의 마지막 술탄 여섯 명이 살았대.

3교시

청나라가 무너지고 중화민국이 탄생하다

오랫동안 번영을 누렸던 청나라는
아편 전쟁의 참패와 뒤이은 반란으로 비틀거리기 시작했어.
제국주의 국가들의 침략이 이어지며 중국은 반식민지 상태에 놓였지.
청나라는 흔들리는 나라를 바로잡으려
많은 노력을 했지만 별 성과를 거두지 못했단다.
바람 앞의 촛불처럼 흔들리는 청나라의 운명은 어떻게 됐을까?

1840년	1851~1864년	1894년	1899년~1901년	1911년	1912년
아편 전쟁 시작	태평천국 운동	청일 전쟁	의화단 운동	신해혁명	중화민국 건국

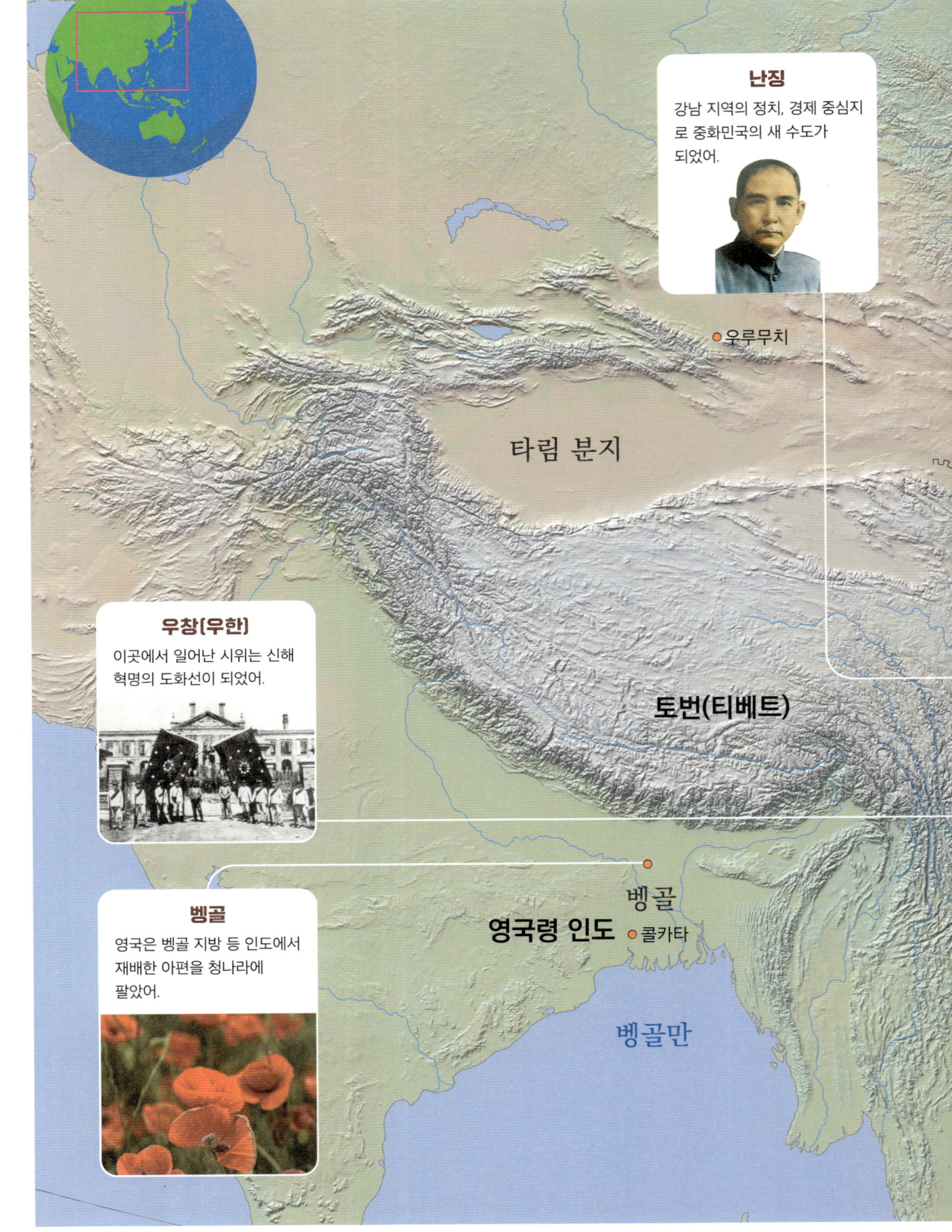

역사의 현장 지금은?

중국의 아픈 역사 조계지의 오늘날

1800년대 제국주의 열강은 청나라에서도 식민지 쟁탈전을 벌였어. 영국과 프랑스 등 열강은 아편 전쟁 승리 후 청에게서 반강제로 땅을 빌려 유럽인이 중국에서 마음대로 활동할 수 있는 근거지를 마련했는데, 이런 땅을 '조계지'라고 해. 오늘 살펴볼 홍콩, 마카오, 상하이, 칭다오가 대표적인 조계지야. 이들은 원래 작은 어촌이었지만 조계지가 된 이후 서양의 앞선 문물을 맨 처음 받아들였고, 오늘날엔 중국의 주요 도시로 성장했어.

↑ 세계 10위권의 항만 홍콩항
홍콩항은 아시아의 거의 모든 항구와 연결되는 아시아 물류의 중심지야.

국제 상업 센터야.
484미터, 118층 건물로
홍콩에서 제일 높아.

홍콩의 상징 국제 금융 센터 (IFC)야.
홍콩의 중앙은행인 HKMA는 물론
세계적인 금융 기관이 입점했지.

▲ 국제 업무 도시 홍콩
홍콩에 지사를 세운 외국계 기업은 무려 8만여 개나 돼. 기업의 자유로운 활동을 보장하는 홍콩의 경제 제도 덕분이지.

아시아의 경제 중심지 홍콩

중국 대륙 남부 해안가에 자리한 홍콩은 155년간 영국령이었어. 중국과 분리된 기간이 길었던 탓에 자신을 중국인보다는 홍콩인이라고 여기는 사람이 많다고 해. 영국의 지배를 받는 동안 홍콩은 아시아를 대표하는 경제 중심지가 됐단다. 그래서 1997년 중국에 반환된 이후에도 중국 정부는 50년 동안 홍콩의 정치 및 경제 체제를 그대로 유지하겠다고 약속했어. 중국 반환으로 생길 혼란을 염려한 조치였지.

▲ 빽빽하게 들어선 고층 아파트
홍콩은 서울의 1.8배 크기지만 산지가 많고 평지가 부족해 땅값이 매우 비싸. 그래서 거의 모든 건물을 높게 짓지. 730만 명의 인구 대부분이 아파트에 살아.

↑ **홍콩의 명물 이층 버스**
홍콩은 도로가 좁아 영국 런던처럼 이층 버스가 다녀.

↑ **1997년 홍콩 반환식** 영국 국기가 내려지고 중국 국기가 게양되고 있어. 전 세계의 이목이 집중된 역사적인 순간이었지.

↑ **우산 혁명의 상징 마크**

↑ **우산 혁명** 2014년에 중국 정부가 홍콩의 정치 체제를 유지하겠다는 약속을 깨고 선거에 개입하려고 해서 시작된 시민 혁명이야. 최루탄을 막기 위해 시민들이 우산을 쓰고 저항해서 우산 혁명이란 이름이 붙었어.

← **홍콩식 밀크티** 홍콩에서는 영국의 영향으로 밀크티를 즐겨 먹어. 1년 내내 덥고 습한 기후를 버티려고 얼음과 달달한 연유를 잔뜩 넣지.

동양의 라스베이거스 마카오

홍콩 바로 옆 마카오는 면적이 서울의 30분의 1 정도로 작고, 인구도 적은 도시야. 마카오는 1553년부터 포르투갈의 아시아 무역 거점으로 쓰이다가 1999년 중국으로 반환됐어. 그 후 중국은 마카오에 중국의 유일한 카지노를 유치해 관광업을 핵심 산업으로 키웠단다. 그 결과 마카오는 오늘날 세계에서 손꼽히는 부유한 도시가 됐어.

↑ **세계 최대 카지노가 있는 베네시안 호텔** 관광객을 유치하기 위해 이탈리아 베네치아를 본떠 만든 리조트 호텔이야. 마카오를 방문하는 관광객 수는 1년에 약 3천만 명, 카지노 수입은 미국 라스베이거스를 제치고 1위를 기록하고 있어.

↑ **포르투갈식 에그타르트** 마카오에 가면 꼭 먹어 봐야 할 대표 음식이야.

↑ **마카오 옛 시가지 중심 세나도 광장** 광장 바닥의 특이한 물결 무늬는 석회석을 잘게 잘라 검은돌과 흰돌을 서로 끼워 맞춰 만든 것으로 포르투갈식 도로 포장 기법이야.

↑ **세계 문화유산 성 바오로 성당** 마카오에는 세계 문화유산으로 등재된 건축물과 광장이 30개나 있어. 서너 시간이면 이들 대부분을 걸어서 둘러볼 수 있지.

중국의 최고 경제 중심지 상하이

상하이는 중국 동부 창장강 하류 해안에 있어. 서울의 10배 면적에 약 2,400만 명이 살고 있지. 중국 북부와 남부를 잇는 요충지에 위치해 중국이 개항됐을 때 영국, 일본, 프랑스 등 10여 개국이 앞다퉈 조계지를 만들었던 곳이야. 상하이는 오늘날 중국의 경제를 이끄는 가장 부유한 산업 도시로 성장했어.

상하이의 랜드 마크 동팡밍주
상하이 세계 금융 센터
632m 높이의 상하이 타워

◀ **상하이의 금융 중심지 푸둥 지구** 베이징보다 부유해서 '중국의 경제 수도'라 불리는 상하이의 위상을 엿볼 수 있는 곳이야.

▲ **상하이의 대표 요리 따자시에** 털게를 쪄서 먹는 요리야. 해산물이 풍부한 상하이의 대표 요리이지.

◀ **상하이 대한민국 임시 정부 청사** 상하이는 일제 강점기 시절 우리나라 독립운동의 중심인 대한민국 임시 정부가 있던 곳이기도 해.

▲ **와이탄의 유럽풍 건물** 황푸강 서쪽에 자리 잡은 와이탄에는 과거 조계지 시절에 세워진 유럽식 건물이 늘어서 있어.

▲ **상하이 속 유럽 신티엔디** 프랑스 조계지였던 곳을 개조해 쇼핑과 문화의 거리로 만들었어.

맥주의 도시 칭다오

칭다오는 중국 동부 산둥반도에 있는 도시야. 서울의 2배 면적에 인구는 약 1,000만 명 정도. 1898년 독일의 조계지가 설치된 후 항구와 철도가 건설되며 상하이와 함께 중국에서 손꼽히는 공업 도시로 성장했지. 특히, 독일의 영향을 받아 질 좋은 맥주를 생산하는 곳으로도 유명해.

▲ **중국 속 작은 독일 칭다오** 독일식 옛 건물과 현대의 고층 빌딩이 아름다운 조화를 이뤄.

▼ **국제 전자 제품 박람회에 참가한 하이얼** 칭다오에서 1984년 냉장고 회사로 출발한 하이얼은 오늘날 세계적인 가전제품 기업으로 성장했어.

▲ **칭다오 국제 맥주 축제** 매년 8월에 열리는 아시아 최대 맥주 축제야. 이 축제에 관광객 수백만 명이 방문한대.

← 세계 10대 맥주에 선정된 칭다오 맥주

영국 동인도 회사의 아편으로 청나라가 휘청거리다

"선생님, 동아시아에도 서양 세력이 침입했나요?"

"잠시 지난 시간 복습부터 하자. 영국은 청나라와의 교역에서 좀처럼 기를 펴지 못하고 쩔쩔맸어. 영국 물건이 청나라에서 좀처럼 팔리질 않았거든. 반면 영국에서는 중국에서 수입된 차와 도자기가 날개 돋친 듯 팔렸어. 1600년대 중반부터 중국 홍차를 마시는 풍습이 상류 계급을 중심으로 널리 유행할 만큼 중국 물건이 인기였지."

"영국 물건은 왜 안 팔렸나요?"

"영국은 청나라의 무역 정책 탓이라고 생각했어. 청나라는 중국에서 유일하게 광저우만 해외 상인에게 개방하고, 광저우의 공행을 통해 모든 해외 무역을 독점하게 했거든. 영국 정부는 중국에서 자유로

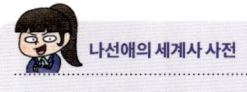
나선애의 세계사 사전
공행 광저우에서 청과 외국 간의 무역을 독점하도록 허가 받은 상인 조합이야.

▶ **청나라의 국제 무역항 광저우** 광저우는 청나라의 유일한 국제 무역항이었어.

운 무역만 보장된다면 중국에 영국 물건을 얼마든지 팔 수 있을 거라고 판단했지. 그래서 청나라 황제에게 사절단을 보내 자유 무역을 허가해 달라고 요청했지만 단칼에 거절당했단다."

"맞다, 황제가 중국에는 온갖 물건이 많아서 굳이 영국에서 사 올 게 없다고 했었죠?"

나선애가 기억을 더듬으며 말하자, 용선생이 엄지를 내보였다.

중국은 인구가 많고 그만큼 노동력이 값싸다 보니, 영국보다 훨씬 낮은 가격에 질 좋은 면직물을 생산할 수 있었어. 그래서 영국산 면직물은 매력이 없었지.

"역시 선애야. 그런데 청나라 황제 말이 틀린 것도 아니었어. 실제로 영국에서 청나라에 가져다 팔 물건이 딱히 없었기 때문이지. 청나라 사람들은 산업 혁명 이후 영국의 대표 특산물이 된 면직물을 거들떠보지도 않았거든. 영국이 청나라와 무역을 계속하려면 당시 국제 화폐로 쓰이던 은을 지불하는 방법밖에 없었어. 하지만 차와 도자기를 워낙 많이 수입하다 보니 유럽에 은이 부족해져서

▲ **차를 마시는 유럽 여성들** 1600년대 들어 유럽에서는 중국차를 마시는 풍습이 급속도로 퍼졌어. 이와 함께 중국에서 도자기로 만든 값비싼 찻잔과 찻주전자도 많이 수입되었지.

↑ 양귀비꽃 아편은 중독성이 엄청난 마약이야. 아편의 재료가 되는 양귀비꽃은 허락 없이 키울 수 없어.

양귀비의 꽃봉오리에 상처를 내어 나온 즙으로 만든 마약이 아편이야.

은값이 점점 치솟았지. 영국의 속은 바짝 타들어 갔어. 하루빨리 은 대신 중국에 판매할 물건을 찾아야 했지."

"그런데 중국에 판매할 물건을 갑자기 어디서 찾아요?"

"영국 동인도 회사는 이 무렵 영국의 세력권으로 들어온 인도에 주목했어. 인도에서 중국에 팔 만한 상품이 뭐가 있나 살펴보니, 아편이 눈에 띄는 거야. 아편은 중독성이 매우 강한 마약이라 일단 피우기 시작하면 끊기가 매우 어렵지. 아편에 중독된 사람은 비싼 값을 치르더라도 아편을 구하려 할 테니, 영국은 아편 장사가 돈이 될 거라고 생각했단다. 영국은 인도에서 아편을 대량으로 재배해서 중국에 야금야금 내다 팔았지."

"그럼 영국이 중국에 마약을 가져다 판 건가요?"

장하다의 눈이 휘둥그레졌다.

"응. 영국 동인도 회사는 아편 장사로 큰 이득을 보았어. 중국에서 차와 도자기를 수입하는 비용을 모두 치르고도 남을 정도였지. 그만큼 중국에는 아편 중독자가 늘어났고, 당연히 중국의 아편 수입량도 해가 갈수록 늘어났단다. 1730년만 해도 15톤이었던 아편 수입량이 1820년대에는 900톤, 1880년에는 6,500톤으로 크게 증가했어. 당시 청나라 성인 남성의 4분의 1 정도인 1,350만 명이 아편에 중독되었다니 정말 끔찍한 일이지."

↑ 영국의 아편 수출 경로

"청나라는 그걸 그냥 지켜만 보았어요?"

"금연령을 내리고 아편 수입도 금지했지만, 별 효과가 없었어. 영

↑ **아편을 실은 영국 상선** 영국 상인은 단속을 피해 광저우 근처에 배를 정박해 놓고 몰래 아편을 들여왔어.

↑ **한데 모여 아편을 피우는 사람들**
아편을 수입하면서 청나라에서는 아편에 중독된 사람이 급격히 늘어났어. 마을마다 아편을 피우는 곳이 있을 정도였지.

청나라가 무너지고 중화민국이 탄생하다 **145**

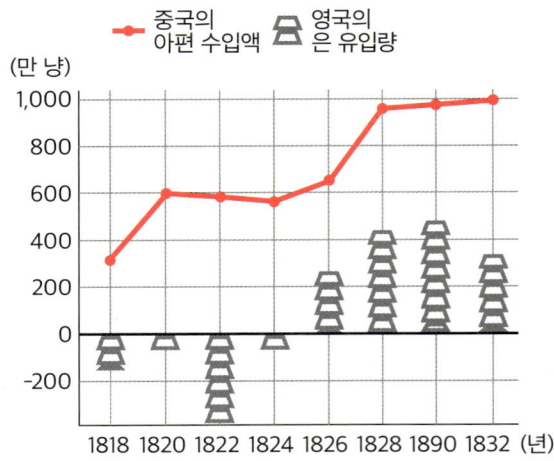

↑ 청나라의 아편 수입량 증가와 은 유출

국은 단속을 피해 아편을 밀수했고, 아편 무역을 단속해야 할 관리부터 농민까지 죄다 아편에 중독돼 아편 밀수에 협조했거든. 심지어 아편 살 돈을 마련하려고 스스럼없이 범죄를 저지르기도 했지."

"어휴, 나라가 완전히 골병들었네요."

용선생의 설명에 아이들이 고개를 절레절레 흔들었다.

"아편 때문에 청나라 재정도 위기에 처했어. 아편값으로 엄청나게 많은 은이 외국으로 빠져나가면서, 청나라에 은이 부족해진 거야. 그러자 은값이 하늘 높은 줄 모르고 치솟았지. 청나라 농민들은 곡식을 팔아 은으로 세금을 냈는데, 은값이 오른다는 건 그만큼 더 많은 곡식을 팔아야 세금을 낼 수 있게 되었다는 의미거든. 결국 농민들은 세금을 내지 못해 허덕였고, 세금이 잘 걷히지 않자 청나라 국고도 곧 바닥을 드러냈단다."

"아편 때문에 나라가 이렇게 휘청거리다니…… 아편 문제를 해결할 방법은 없어요?"

"청나라 황제는 전국의 관리들에게 아편 문제를 어떻게 처리할지 물었어. 관리들의 의견은 두 가지로 팽팽하게 나뉘었단다. 한쪽은 이 넓은 중국 땅에서 일일이 아편을 단속하는 게 쉽지 않으니 차라리 아편을 허가해 주고 그 대신 제대로 세금을 매겨 국고를 채우자고 주장했어. 다른 한쪽은 아편은 백해무익하니 무슨 일이 있더라도 엄격하게 금지해야 한다고 했지."

백해무익 일백 백(百) 해로울 해(害) 없을 무(無) 이로울 익(益). 해롭기만 하고 하나도 이로운 바가 없다는 뜻이야.

"쉽지 않네요. 황제는 어떤 의견을 받아들였어요?"

허영심의 눈이 반짝거렸다.

"이때 임칙서라는 지방관이 황제에게 편지를 보냈어. 편지에는 나라를 병들게 하는 아편은 절대 금지되어야 한다면서, 아편을 어떻게 단속해야 하는지가 아주 세세하게 적혀 있었단다. 임칙서는 이미 아편 거래를 막으려고 오랜 세월 노력을 기울인 사람이었거든. 임칙서가 보낸 편지는 황제의 마음을 사로잡았지. 황제는 아편을 더욱 강력하게 금지하기로 결정하고 임칙서를 아편 무역의 중심지인 광저우로 보내 단속을 맡겼단다."

▲ 임칙서 (1785년~1850년) 임칙서는 황제의 명령을 받고 광저우에서 상인들에게서 아편을 몰수했어. 하지만 이를 구실 삼아 영국이 전쟁을 일으키자, 관직에서 쫓겨났지.

"그래서 성과가 있었어요?"

"임칙서는 광저우에 도착하자마자 아편 수입과 관계가 있는 중국인을 몽땅 잡아들였어. 그리고 1839년 6월에는 영국 상인이 가지고 있던 아편 2만 상자를 몽땅 빼앗아 바닷물과 석회를 섞어 못 쓰게 만들어 버렸단다. 이때 임칙서가 폐기한 아편은 모두 1,400톤에 이르렀대."

"우아, 아편을 정말 어마어마하게 팔았군요."

"영국 상인들은 광저우를 떠나 포르투갈 식민지인 마카오로 줄행랑쳤어. 하지만 임칙서는 영국 상인들이 계속 아편을 팔면 중국에서 무역을 할 수 없다며 마카오에서도 내쫓아 버렸단다."

"과감한 건 좋은데요, 영국이 가만히 있을 거 같지 않은데요."

곽두기가 쭈뼛거리며 말했다.

▲ 임칙서가 몰수한 아편을 폐기하는 모습

청나라가 무너지고 중화민국이 탄생하다

↑ 영국의 아편 전쟁에 찬성한 신문 만평
청나라를 무찔러야 할 나쁜 용으로 묘사했어.

"맞아. 영국 상인들은 청나라가 멋대로 자기 재산을 몰수했다며 영국 정부에 직접 문제를 해결해 달라고 강력히 요구했어. 영국 정부는 청나라에 항의했지만, 임칙서는 물론이고 청나라 정부도 아랑곳하지 않았지. 결국 영국에서는 청나라와 전쟁을 벌여야 한다는 주장이 터져 나왔어."

 용선생의 핵심 정리

영국이 청나라와의 무역 적자를 해결하고자 인도에서 아편을 재배해 판매함. 아편이 대량으로 수입되며 청나라에서는 막대한 은이 유출되고, 많은 사람이 아편에 중독되는 등 나라가 매우 혼란해짐. 황제의 명으로 아편 단속에 나선 임칙서는 광저우에서 아편을 몽땅 몰수해 폐기함.

영국이 청나라와 아편 전쟁을 벌이다

"아편은 마약인데, 마약을 못 팔게 했다고 전쟁을 일으키다니 너무 뻔뻔한 것 아녜요?"

영심이가 눈을 가늘게 뜨고 야유를 보냈다.

"영국 의회에서도 창피한 짓이라며 전쟁을 반대하는 목소리도 팽팽했어. 하지만 영국 상인들의 로비 활동에 말리든 의원들은 찬성표를 던졌지. 의회에서 투표를 한 끝에, 영국 정부는 중국에 함대를 파견하기로 했단다. 이렇게 시작된 게 아편 전쟁이야."

"영국이 아무리 강력하다지만 청나라도 만만찮게 군사 강국인데."

"맞아, 정복 전쟁도 많이 펼쳤잖아."

 허영심의 상식 사전

로비 원래 의회에서 의원들이 쉴 수 있는 휴게실을 가리키는 말로, 정부 관리나 의원에게 자신의 문제를 해결해 달라고 부탁하거나 설득하는 일을 가리켜.

◀ **격파당하는 청나라 함대** 1841년 1월 광저우 앞바다에서 벌어진 해전에서 청나라 함대는 영국 신형 군함에 밀려 꼼짝 못 하고 대패하고 말았어.

아이들은 고개를 갸웃대며 한마디씩 했다.

"이 무렵 청나라는 예전에 정복 활동을 활발히 펼치던 청나라가 아니었단다. 백련교도의 난을 제대로 진압하지 못한 채 몇 년을 질질 끌려다녔던 데다, 병사들의 태도도 해이해져 부정을 일삼는 부패한 조직이 되어 있었거든. 게다가 무기도 구식 총과 대포에, 군함은 상선을 급히 개조한 목재 함선뿐이었어. 최신식 대포와 철갑을 두른 신형 군함까지 갖춘 영국의 상대가 될 수 없었지."

"으, 그렇다면 결과는 불 보듯 뻔하잖아요."

용선생의 설명에 장하다의 눈썹이 축 처졌다.

"흐흐, 하지만 막상 전쟁은 생각처럼 일방적으로 진행되진 않았어. 물론 바다는 영국이 쉽게 장악했지만, 육지에서는 상황이 좀 달랐어. 임칙서가 영국의 침입에 대비해 광저우 해안에 요새를 쌓아 든든히 방비해 둔 상태였거든. 광저우를 건드릴 수 없었던 영국은 전략을 바꿨어. 청나라의 수도 베이징과 매우 가까운 항구인 톈진을 공격하기

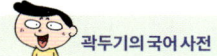

곽두기의 국어 사전

해이 풀 해(解) 느슨할 이(弛). 마음의 긴장이나 조직의 규율 등이 풀어져 태도가 느슨해지는 걸 뜻해.

왕수재의 지리 사전

톈진 베이징 동쪽에 자리 잡은 항구 도시로, 오늘날 금융업과 공업이 발달한 곳이기도 해.

로 한 거야."

"헐, 영국군이 청나라 황제 코앞에 들이닥쳤네요!"

"영국군이 톈진을 공격했다는 소식에 황제와 청나라 조정은 간담이 서늘해졌어. 그래서 재빨리 임칙서를 파면하고 몰수한 아편의 값을 물어 주겠다며 슬슬 영국을 구슬렀지."

"잠깐만요, 잘 싸우고 있던 임칙서는 왜 파면해요?"

"청나라 조정에서 다른 관리들이 임칙서에게 전쟁 책임을 모조리 덮어씌웠거든. 지나치게 영국을 몰아붙여서 일을 키웠다는 거지. 영국도 그동안 임칙서를 비난하고 아편값 배상을 요구해 왔으니, 임칙서를 파면하면 협상이 가능하리라고 생각했던 거야."

"어휴, 그래서 영국군이 돌아갔어요?"

"일단 싸움을 멈추고 청나라와 협상을 시작했지. 영국은 배상금과 함께 광저우 인근의 홍콩을 넘겨 달라고 요구했어. 청나라는 배상금이야 줄 수 있지만 땅을 떼어 달라는 요구는 너무 지나치다며 거절했단다. 이에 영국은 다시 공격에 나섰어. 광저우는 물론, 상하이와 난징을

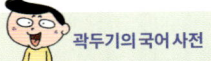

곽두기의 국어 사전

파면 마칠 파(罷) 면할 면(免). 잘못을 저지른 사람에게 직무나 직업을 그만두게 하는 것을 말해.

▼ **난징 조약** 아편 전쟁에서 패한 청은 난징 부근에 정박 중이던 영국 전함에서 난징 조약을 체결했어. 중국이 서양 열강과 맺은 최초의 불평등 조약이었지. 이후 청은 열강의 먹잇감이 되어 점차 몰락했단다.

공격해 닥치는 대로 약탈과 방화를 저질렀지. 결국 청나라는 영국의 요구를 모두 받아들이겠다며 항복을 선언했단다."

"휴, 청나라가 영국에 아주 박살이 났네요."

나선애가 고개를 좌우로 저었다.

"청나라는 '난징 조약'을 맺어 영국에 전쟁 배상금과 아편 배상금뿐 아니라 홍콩까지 내줬어. 또 광저우를 비롯한 5개 항구 도시를 개항하고, 공행을 폐지해 자유롭게 무역을 하도록 해 줬단다. 심지어 도시 안에 있는 영국인이 사는 조계에서 영국인이 범죄를 저지르면 중국 관리가 아닌 영국 관리에게 재판을 받도록 했지."

▲ **산과 언덕이 많은 홍콩섬** 홍콩은 난징 조약으로 영국이 넘겨받기 전까지 매우 한적한 바위섬이었어. 영국의 지배를 받으며 홍콩은 아시아에서 가장 발전한 도시로 성장했고, 1997년 중국에 반환됐단다.

나선애의 세계사 사전

조계 치외 법권을 인정받은 외국인 거주지를 가리켜. 아편 전쟁 후 개항한 중국 도시마다 외국의 조계가 있었고, 전쟁이 벌어지면 조계는 그 나라의 군사 기지로도 사용되었어.

"쯧쯧, 청나라 체면이 말이 아니네요."

"아편 전쟁으로 청나라가 종이호랑이에 지나지 않는다는 게 낱낱이 드러났어. 그러자 다른 열강도 가만있지 않았지. 우선 미국이 나섰어. 미국은 영국 다음으로 청나라와 교역이 많은 나라였거든. 미국을 시작으로 다른 열강도 득달같이 달려들어 청나라와 불평등 조약을 맺었지. 그래서 청나라 해안의 주요 항구는 열강의 앞마당이 됐단다."

"아무래도 영국이 다른 나라보다 청나라에

➜ **난징 조약 이후 광저우의 미국 상관**
한때 미국과 광저우를 오가던 배가 50척이 넘을 정도로 교역이 활발했어. 차와 도자기, 칠기, 비단 등이 주요 교역품이었지.

▲ 애로호를 단속하는 청나라 관리들
애로호는 홍콩과 광저우를 오가며 밀수를 일삼던 해적선이었어.

"서 잇속을 많이 차렸겠죠?"

"그건 맞는데, 영국은 여전히 불만이었어. 아편을 제외하고는 여전히 팔리는 물건이 없었거든. 사실 중국산 면직물의 품질이 영국 면직물보다 좋고, 가격도 더 저렴하니 팔릴 리가 없었지. 하지만 영국은 아직 중국이 나라 문을 활짝 열지 않았기 때문이라고 여겼단다. 그래서 청나라에 더 많은 항구를 개항하고 중국 내륙에서도 세금 없이 장사하게 해 달라고 요구했어. 당연히 청나라는 거절했지. 그러자 1856년에 영국군은 다시 청나라를 상대로 전쟁을 벌였단다."

"헐, 대체 이번에는 무슨 이유로 쳐들어갔나요?"

"1856년, 광저우에서 청나라 관리가 밀수를 일삼던 해적선 '애로호'를 단속해 선원을 체포한 사건이 있었어. 단속 과정에서 중국 관리가 이 배에 달린 영국 깃발을 끌어 내렸는데, 이걸 문제 삼은 거야. 영국을 모욕하고 영국의 허락 없이 선원들을 체포했다는 거지. 정작 중국이 체포한 선원들은 모두 중국인이었는데 말이야."

"내 참, 그런 사소한 걸로 전쟁을 벌여요?"

장하다가 팔짱을 낀 채 투덜댔다.

"그 때문에 영국 의회도 전쟁에 반대했어. 게다가 이 당시에는 러시아와 전쟁이 끝난 지 얼마 되지도 않았거든. 하지만 영국 정부는 강하게 밀어붙였어. 청나라를 완전히 개방시킬 절호의 찬스라고 여겼기 때문이지. 그리고 때마침 프랑스 선교사가 중국에서 선교를 하

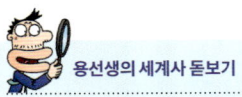
용선생의 세계사 돋보기

1853년부터 1856년까지 흑해의 크림 반도에서 벌어진 전쟁을 말해. 이 전쟁에서 영국은 러시아에 맞서 프랑스, 오스만 제국과 손을 잡고 싸웠어.

다가 처형되는 사건도 있었지. 아시아에 식민지를 확대하려던 프랑스는 이 사건을 빌미로 청나라와 전쟁을 벌이려 했고, 그래서 영국과 손을 잡았단다."

"어휴, 영국이나 프랑스나……."

"영국과 프랑스 연합군은 광저우를 점령하고 해안을 따라 청나라의 주요 도시를 약탈했어. 이 전쟁을 '제2차 아편 전쟁'이라고 불러. 나중에는 호시탐탐 중국 땅을 탐내던 러시아도 전쟁에 뛰어들었고, 미국까지 청나라에 더 많은 양보를 얻어 내려고 끼어들었어. 결국 1858년, 청나라는 하는 수 없이 톈진에서 네 나라와 조약을 맺었단다."

"보나 마나 청나라에 불리한 조약이겠죠, 뭐."

왕수재가 어깨를 으쓱했다.

▲ 열강의 중국 침략을 풍자한 신문 삽화 영국, 러시아, 프랑스 등 여러 나라가 각자의 속셈대로 중국을 호시탐탐 노리는 상황을 풍자했어.

"수재 말대로다. 톈진 조약으로 청나라는 막대한 배상금을 지불하고 난징을 포함한 10개 항구를 추가로 개항했어. 그뿐만 아니라 그동안 금지됐던 외국인의 중국 여행과 창장강 무역은 물론, 크리스트교 선교도 허가해 줬지. 이제 외국인들은 아무런 제한 없이 청나라를 드나들면서 크리스트교를 퍼트릴 수 있게 됐어. 문제가 생기면 베이징에 있는 공사관을 통해 청나라를 강하게 밀어붙일 수도 있었지."

"정말 청나라에는 유리한 게 하나도 없네요."

"그렇게 생각한 사람이 당시에도 많았나 봐. 톈진 조약은 실행에 옮겨지기도 전에 청나라 일부 관료의 거센 반대에 부딪쳤어. 이들은 톈진 조약이 청나라에 너무나 불공평하다며, 조약을 폐기하고 열강과 싸워야 한다고 주장했지."

 허영심의 상식 사전

공사관 본국에서 해외로 파견된 외교관들이 외교 업무를 처리하는 공간이야. 이 공간은 원칙적으로 본국의 영토이기 때문에 다른 나라가 함부로 법을 집행할 수 없지.

"충분히 그럴 만해요."

"그러자 영국과 프랑스는 본때를 보여 주겠다며 아예 베이징에 쳐들어갔어. 미리 소식을 들은 청나라 황제는 피난길에 올랐지. 결국 수도 베이징은 영국과 프랑스 연합군 손에 떨어졌고, 연합군은 닥치

↑ **폐허가 된 원명원 서양관(왼쪽)과 원래 모습(오른쪽)** 원명원은 베이징 근교의 아름다운 정원이자 청나라 황제가 각국에서 받은 진귀한 보물을 보관하던 곳이었어. 하지만 베이징을 점령한 영국과 프랑스 연합군이 이곳을 약탈하고 불을 질러 폐허로 만들었지.

← 아편 전쟁

영국은 두 차례 아편 전쟁을 일으키며 청나라에서 세력을 넓혀 나갔어.

는 대로 베이징을 약탈하고 불질렀단다."

"이러다 청나라가 망하는 거 아녜요?"

곽두기가 걱정스러운 눈빛으로 용선생을 쳐다보았다.

"다행히 러시아가 평화 협상을 중재해 줘서 베이징 조약을 맺고 전쟁을 끝낼 수 있었어. 하지만 청나라는 울며 겨자 먹기로 연합군이 원하는 걸 전부 내줘야 했단다. 거액의 배상금은 물론이고 수도 코앞인 톈진까지 개항해야 했지. 또 강을 따라 내륙까지 외국인과 외국 배가 맘대로 오가게 됐어. 이때 러시아는 연해주를 빼앗아 태평양으로 나가는 길을 확보했지. 러시아가 조선과 국경을 마주하게 된 것도 바로 이때야."

"청나라 꼴이 말이 아니네요, 정말."

"그래. 이제 청나라는 아시아의 강국은커녕 열강에게 이리 치이고

청나라가 무너지고 중화민국이 탄생하다 155

저리 치이는 반식민지 신세가 되었어. 근데 엎친 데 덮친 격이라고, 청나라가 열강에게 한참 시달리는 동안 가뜩이나 위태로운 나라를 안에서 뒤흔드는 사건이 일어나게 된단다."

용선생의 핵심 정리

청나라가 강경하게 아편을 단속하자 1840년 영국이 아편 전쟁을 일으킴. 청나라는 전쟁에서 패배해 불평등 조약인 난징 조약을 맺음. 애로호 사건을 빌미로 1856년 영국과 프랑스가 제2차 아편 전쟁을 일으켰고, 전쟁에 진 청나라는 다시 불평등 조약을 맺으며 반식민지 신세가 됨.

태평천국 운동으로 청나라가 혼란에 빠지다

↑ 홍수전 (1814년~1864년) 홍수전은 꿈에서 계시를 받았다며 배상제회라는 종교를 만들어 태평천국 운동을 일으켰어.

용선생의 세계사 돋보기

'배상제회(拜上帝會)'는 하늘에 계신 하느님, 즉 '상제'만을 유일신으로 믿고 따르는 단체라는 뜻이야. 유일신 외에 우상 숭배를 금지하는 크리스트교 가르침에 따라 제사를 지내던 서원이나 절을 파괴했어.

"청나라가 아편 전쟁으로 신음하던 1850년대, 창장강 남쪽 지역에서 '배상제회'란 종교 단체가 급격히 세력을 불려 나갔어. 배상제회는 광둥 출신의 홍수전이라는 인물이 만든 종교 단체야. 이 종교는 크리스트교의 영향을 크게 받았지."

"엥? 중국 사람이 크리스트교 단체를 만들어요?"

"광둥 지역에는 서양인이 드나드는 도시인 광저우, 마카오가 있어서 외국과 교류가 많았어. 그래서 알게 모르게 크리스트교가 널리 퍼졌지. 중국어로 번역된 성서와 크리스트교 관련 서적도 쉽게 구할 수 있었단다. 홍수전은 이 책들을 읽고 중국 전통 신앙에 크리스트교 교리를 섞어 배상제회를 만들었어. 홍수전은 자기 자신을 '하느님의 아들', '예수님의 아우'라고 자처하며 포교 활동을 벌였지."

"중국 사람이 예수님 아우라고요? 그걸 믿는 사람이 있었어요?"

왕수재가 피식 웃으며 말했다.

"사실 홍수전은 고향에서는 큰 지지를 받지 못했어. 배상제회 신도들은 우상을 숭배하면 안 된다며 마구잡이로 서원이나 절을 파괴하고 다녔거든. 이걸 사람들이 곱게 볼 리가 없었지. 결국 배상제회는 활동 무대를 옮겼어."

"어디로 옮겼는데요?"

나선애의 질문에 용선생은 지도를 가리켰다.

"광둥 서쪽인 광시 지역이야. 이곳에는 소수 민족이란 이유로 청나라로부터 차별을 받으며 사는 농민과 아편 전쟁 이후 경제가 혼란해진 바람에 일자리를 잃은 노동자가 많았어. 배상제회는 이들을 대상으로 적극적으로 포교 활동을 펼쳤어. 모든 인간은 평등하고, 홍수전이 평등한 세상을 만들어 줄 구세주라고 외친 거야."

"하긴, 가난으로 고통받던 사람들은 귀가 솔깃했겠어요."

영심이가 슬픈 표정을 지었다.

"실제로 배상제회 신도는 급속도로 늘어났어. 홍수전은 신도들로 군대를 만든 뒤 1851년에 광시 지역의 진톈춘에서 태평천국이란 나라를 세웠어. 그리고 청나라를 몰아내고 하느님의 지상 천국을 건설하겠다는 목표를 세웠지."

"그러니까 크리스트교 국가를 세운 거예요?"

왕수재의 지리 사전

광시 광둥 지방과 베트남 국경 사이의 지역으로 현재 소수 민족인 좡족, 야오족 등이 사는 자치구야.

용선생의 세계사 돋보기

중국의 전통적인 이상향인 태평성대의 '태평'과 교회에서 말하는 이상향인 '천국'을 합친 말이야.

↑ **야오족** 광시 지역에 사는 중국의 소수 민족 중 하나야. 이들은 태평천국 운동에 적극 참여했어.

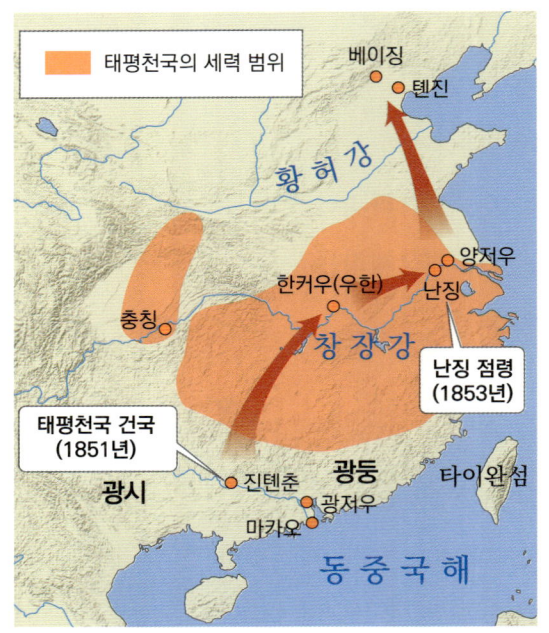

▲ 태평천국의 세력권

"응. 그래서 유럽인들도 처음에는 태평천국에 호의적이었어. 오랫동안 크리스트교가 금지된 중국 땅에 크리스트교를 믿는 나라가 탄생하는 것처럼 보였거든. 그리고 태평천국 때문에 청나라의 힘이 약해지는 것도 나쁘지 않았고."

"청나라의 힘이 약해졌어요?"

"응. 태평천국은 중국 각지에서 청나라군을 상대로 승리를 거뒀어. 심지어 2년 만에 강남 지역을 차지하고 난징을 수도로 삼았지. 신도는 수백만 명에 이르렀고, 한때는 청나라의 수도 베이징을 위협할 정도로 세력이 강했어."

"대체 왜 그렇게 인기가 높았나요?"

"초기에 태평천국군은 규율이 엄격해서 청나라군처럼 부정부패에 찌들지 않았어. 약탈이나 방화도 잘 저지르지 않았지. 또 태평천국 지도자들이 잇따라 개혁 정책을 내놓아 가는 곳마다 많은 사람의 지지를 받았단다."

◀ 난징에 있는 홍수전의 집무실 (왼쪽)과 태평천국 기념 부조(오른쪽) 홍수전이 난징에서 머무르던 건물은 오늘날 태평천국 기념관으로 쓰이고 있어.

▲ 태평천국 옥새 홍수전이 황제를 자칭하며 사용하던 옥새야.

"어떤 개혁을 펼쳤는데요?"

"가장 대표적인 게 '천조전무제도'야. 남녀 구분 없이 모든 사람이 평등하게 땅을 나눠 갖는 제도지. 각자 거둬들인 곡식은 자신이 먹을 것을 제외하고는 모두 공동으로 소유하고 과부와 노인, 고아와 같은 약자에게 나눠 줬어. 그뿐만 아니라 중국의 대표적인 악습인 전족을 없애고 축첩도 금지했어. 또 만주족의 풍습인 변발을 금지해 한족들의 지지를 얻었고, 술은 물론 노름과 아편도 금지해서 사치 풍조를 막았지."

"듣고 보니 태평천국이 왜 인기가 좋았는지 알겠네요."

"하지만 태평천국은 세워진 지 10년이 채 못 되어 삐걱거리기 시작했단다."

"네에? 대체 왜요?"

"어느새 홍수전이 여느 왕처럼 부하들을 막 부리고 여러 명의 첩을 두기 시작한 거야. 봉건적인 제도와 풍습을 비판하던 사람이 자신이 비판하던 사람들과 똑같은 짓을 한 거지. 홍수전의 부하들도 권력을 둘러싸고 하루가 멀다 하고 싸워 댔어. 이 와중에 베이징 공격이 실패하며 태평천국의 기세는 한풀 꺾였어."

"쳇, 실망이에요."

"태평천국이 내부에서 삐걱거리는 동안 청나라는 진압을 준비했지. 하지만 같은 시기에 아편 전쟁이 한창이어서 진압할 병력이 마땅치 않았단다. 그래서 청나라는 지방의 신사 계층에 의용군을 요청했어. 신사 계층은 대부분이 한족 유학자였는데, 이들은 크리스트교를 싫어

← **천조전무제도의 토지 문서** 천조전무제도는 태평천국의 토지 제도로, 모든 땅과 생산물을 공동으로 소유하는 제도야.

곽두기의 국어 사전

축첩 모을 축(蓄) 첩 첩(妾). 한 명 이상의 여성을 첩으로 거느리는 걸 가리켜.

↑ **전족을 한 여성** 전족은 여성의 발가락을 발바닥 쪽으로 꺾은 뒤 천으로 꽁꽁 싸매는 풍습이야. 전족을 한 여성은 발이 기형적으로 작아져서 제대로 걸을 수 없었는데, 옛 중국 사람들은 이걸 '아름다움의 상징'으로 여겼대.

했어. 그리고 평등을 강조한답시고 중국의 온갖 전통을 부정하는 태평천국에 반감이 많았지. 특히 지주가 많았던 신사 계층은 토지를 몰수해 사람들이 똑같이 나눠 갖는 정책이 가장 큰 불만이었어. 그래서 신사 계층은 고향에서 의용군을 조직해 태평천국에 맞서 싸웠단다."

"그럼 신사 계층 때문에 태평천국이 무너진 건가요?"

"사실 태평천국에 결정타를 입힌 건 제국주의 열강의 군대였어."

"어, 아까는 유럽 사람들이 태평천국에 우호적이었다고 하셨잖아요."

"아편 전쟁이 완전히 끝나고 나서는 상황이 달라졌거든. 태평천국이 차지한 창장강 일대에는 난징과 상하이 등 새로 개항한 도시가 많았어. 유럽 상인도 많이 진출했었지. 얼른 태평천국을 진압하지 않으면 장사를 망칠 상황이었던 거야."

"다들 각자 이익에 따라 움직인 거네요."

"결국 태평천국은 청나라 정부, 신사 계층 의용군, 유럽 열강의 공격을 받아 13년 만에 끝이 나 버렸어. 하지만 태평천국 운동을 통해 청나라는 반란 하나도 제대로 진압하지 못할 정도의 나라라는 게 드러났단다. 그래서 청나라에서는 어떻게든 개혁에 나서야 한다는 목소리가 커지기 시작했지."

용선생의 핵심 정리

1851년 배상제회의 교주 홍수전이 청나라 멸망과 평등사상을 내걸고 태평천국을 세움. 태평천국은 한때 강남 지역을 점령하고 베이징을 위협하는 등 세력을 떨침. 그러나 10년 남짓 만에 지방 신사 계층이 이끄는 의용군과 제국주의 열강의 공격을 받아 실패함.

개혁이 잇따라 실패하다

"선생님, 정확히 누가 개혁을 주장했어요?"

나선애가 손을 번쩍 들고 용선생에게 질문을 던졌다.

"신사 계층 출신 의용군 지도자들이야. 이들은 태평천국이 진압된 이후 공을 인정받아 청나라 고위 관직에 올랐어. 대표적인 인물이 증국번과 이홍장이야. 이들은 열강의 뛰어난 기술을 들여와 청나라를 동아시아를 주름잡던 강국으로 되돌려야 한다고 주장했지. 아편 전쟁과 태평천국 운동을 겪으며 서양이 가진 군사력과 기술이 얼마나

↑ **증국번** (1811년~1872년)
태평천국 운동의 진압에 큰 공을 세운 사람이야. 이후 이홍장과 함께 청나라 고위 관료로 발탁되어 양무운동을 이끌었어.

용선생의 세계사 돋보기

이 생각을 '중체서용(中體西用)'이라고 해. 중국[中]의 전통과 체제[體]는 유지하되, 서양[西]의 무기 제조 기술을 비롯한 실용적인 지식[用]을 받아들이자는 뜻이지.

↑ **북양군의 훈련 모습** 양무운동을 통해 만들어진 북양군은 중국에서 가장 강력한 신식 군대였어.

↑ **청나라 최신 군함 '정원'** 양무운동 당시 독일에서 수입한 군함. 북양 함대는 이 배를 비롯해 최신 군함 8척을 거느렸지. 규모로는 당시 아시아 최강이었어.

> 용선생의 세계사 돋보기
>
> 이 개혁을 '서양의 것[洋]을 열심히 배운다[務]'고 해서 흔히 '양무(洋務)운동'이라고 해.

대단한지 느꼈거든."

"하긴 전쟁에서 맞붙어 봤으니 강력함이 어느 정돈지 알았겠죠."

"청나라 정부의 생각도 이들과 같았어. 그래서 증국번과 이홍장은 1861년부터 청나라 정부의 지원을 받아 개혁을 시작했단다. 서양 열강으로부터 최신 무기와 전함을 사들이고, 서양인 교관을 데려와 청나라 군대의 훈련을 맡겼지. 그 결과 신식 군대인 북양군과 북양 함대가 만들어졌어. 그리고 전국 곳곳에 군수 공장과 조선소를 세워 군사력을 키우는 데 힘썼단다."

"우아, 정말 군사력을 열심히 키웠군요."

↑ **신식 무기를 점검하는 이홍장** 양무운동의 중심 인물인 이홍장은 새로운 무기와 대포를 개발하는 일을 맡았어.

"청나라의 개혁은 단순히 무기를 수입하고 군사력을 키우는 것에 그치지 않았어. 유럽 열강처럼 산업화에도 앞장섰지. 청나라는 철광석이 풍부한 곳에 광산을 개발하고 제철소를 곳곳에 지었어. 또 수입 면직물에 맞서 국내 산업을 발전시키기 위해 최신 방적기가 갖춰진 면직물 공장도 여러 곳에

← 양무운동 시기 중국 산업의 발달

중국 전 지역에 이렇게나 많은 공장과 광산을 세우고 개발했구나!

세웠지. 그뿐만 아니라 원료와 제품을 쉽게 나르기 위해 주요 도시를 철도로 연결했어. 그리고 앞선 기술을 배우기 위해 유럽과 미국, 일본에도 유학생을 보냈단다."

"어, 유럽과 미국은 이해하겠는데 일본에도 유학생을 보냈다고요?"

장하다의 눈이 휘둥그레졌다.

"일본은 아편 전쟁에서 청나라가 왕창 깨지는 것을 보고 중국보다 한발 앞서 개혁에 뛰어들었거든. 개혁이 잘 이루어진 덕에 군사, 산업, 교육 등 거의 모든 면에서 아시아에서 가장 큰 발전

↑ 청나라 유학생 아이들
이 아이들은 1872년 미국으로 유학을 떠났어.

청나라가 무너지고 중화민국이 탄생하다 **163**

▲ 서 태후 (1835년~1908년) 서 태후는 어린 황제를 대신해 청나라를 사실상 통치한 사람이야. 보수파의 대장 노릇을 하며 사치스러운 생활로 청나라가 망하는 원인을 제공한 인물이기도 해.

을 이루었지. 그래서 청나라는 거리도 가깝고 비용도 적게 드는 일본에 유학생을 많이 보냈단다. 일본의 개혁에 대해서는 다음 시간에 설명해 줄게."

"그럼 중국도 일본처럼 큰 발전을 이뤘어요?"

"흐흐, 아쉽지만 장장 30년에 걸친 청나라의 개혁은 실패하고 말았어."

"아니, 왜요? 이렇게 보니까 개혁이 착착 잘 진행되고 있는 거 같은데요."

"첫 번째 이유는 서 태후를 비롯한 보수 세력이 거세게 반발했기 때문이야. 서 태후는 당시 어린 황제의 어머니이자 청나라 최고의 권력자였어. 오로지 자신의 권력을 유지하고 황실을 보호하는 데만 관심이 있었지. 개혁이 어느 정도 진행되어 군대도 강해진 것 같고 산업도 발전한 것처럼 보이자, 서 태후는 더 이상 개혁은 필요 없다며 개혁을 이끌던 관리를 모조리 내쫓고 권력을 독차지해 버렸단다."

"아니, 자기 욕심 때문에 개혁을 멈추라고 한 거예요?"

"그뿐만 아니라 서 태후는 몹시 사치스러웠어. 온갖 진귀한 보석을 사들이고 눈이 돌아갈 만큼 화려한 정원을 짓는 데 엄청난 돈을 썼지. 그래서 군사들 월급은 계속 밀리고, 기껏 사들인 신식 군함을 운용할 돈도 바닥났단다."

"어휴, 지금 나라가 얼마나 어려운 상황인데."

영심이가 발끈했다.

"개혁이 실패한 두 번째 이유는 개혁을 이끈 사람들의 태도야. 이

← 이화원 자금성에서 조금 떨어진 곳에 세워진 이화원은 건륭제가 지은 여름 궁전이야. 서 태후는 이곳에서 죽을 때까지 권력을 휘두르고 사치를 즐겼지.

서태후의 욕망이 만들어낸 아름다운 궁전, 이화원

들은 서양의 기술이 얼마나 우수한지는 잘 알고 있었지만, 서양의 정치나 교육 제도가 어떤지, 사상이 어떻게 발전했는지는 거들떠보지도 않았어. 심지어 과학 기술을 제외하면 모든 사상과 제도는 중국이 훨씬 뛰어나다고 생각했지. 서양의 과학 기술이 어느 날 갑자기 등장한 게 아니라 오랜 세월 교육 제도와 철학을 발전시킨 결과란 걸 알지 못했던 거야. 그래서 무기와 기술만 최신일 뿐, 나머지는 예전 그대로였지."

"그래도 외국에 보낸 유학생이 있잖아요. 유학생이 돌아오면 좀 달라지지 않을까요?"

"옛 사고방식을 고집하는 바람에 유학생도 제대로 활용하지 못했어. 유학생들이 청나라의 관직에 진출하기 위해선 다시 옛날 제도에 따라 유학을 공부해 과거에 합격해야 했거든. 그런데 청나라의 과거 시험은 유학 경전을 달달 외워야 간신히 통과할 수 있을 정도로 어려웠어. 과연 외국에서 서양 학문을 공부하다 돌아온 사람이 이런 과

↑ 광서제 (재위 1874년~1908년) 청나라 제11대 황제로, 어린 나이에 즉위해 서 태후가 대신 나라를 다스렸어. 하지만 어른이 되어서도 서 태후가 권력을 놓지 않자, 서 태후를 견제하기 위해 변법자강 운동을 후원했지.

장하다의 인물 사전

량치차오 (1873년~1929년) 캉유웨이와 함께 변법자강 운동을 이끈 인물이야. 서 태후와 보수 세력의 쿠데타로 개혁이 실패로 돌아가자, 일본으로 망명했지.

거 시험에 붙을 수 있었을까? 결국 나라를 이끌어야 할 인재들은 낡은 제도 때문에 일할 기회조차 얻지 못했어."

용선생의 설명에 아이들이 한숨을 내쉬었다.

"개혁에 실패한 대가는 엄청났어. 청나라는 1894년에 청일 전쟁에서 참패했지. 그리고 패배의 대가로 일본에게는 엄청난 배상금을, 제국주의 열강에게는 철도 부설권과 공장 경영권 등 많은 이권을 내주어야 했어. 이로써 서양의 기술만 들여와서는 나라를 강하게 만들 수 없다는 게 여실히 드러난 거야. 그때부터 서양의 기술만 받아들일 게 아니라, 중국의 낡은 정치, 사회 제도와 문화를 모두 뒤바꿔야 한다는 목소리가 점차 힘을 얻었단다."

"전쟁은 패배했지만 깨달은 게 있나 봐요!"

장하다가 주먹을 탁 부딪치며 외쳤다.

"그래. 캉유웨이와 량치차오 등 청나라 지식인들은 나라가 강해지려면 서양 열강의 정치, 사회 제도를 받아들여야 한다면서 꾸준히 개혁을 요구했어. 청나라 황제는 이들을 불러들여 다시 개혁을 추진하도록 했단다."

"오호, 황제가 개혁에 관심을 갖다니 다행이네요."

"다 이유가 있었지. 황제는 그동안 서 태후를 비롯한 보수 세력에 짓눌려 살아왔어. 말이 황제지 서 태후의 꼭두각시나 다름없었거든. 어른이 된 황제는 개혁으로 나라 발전도 이루고, 개혁 세력을 자신의 편으로 만들어 서 태후를 견제하려 한 거야."

"뭐, 황제의 속내가 뭐든 제대로 개혁만 한다면 다행이죠."

"흐흐, 맞다. 1898년부터 캉유웨이를 중심으로 본격적인 개혁이 이

뤄졌어. 이번 개혁은 기술을 들여오는 것보다는 법과 제도를 바꾸는 데 중점을 뒀어. 먼저 일이 없거나 일이 겹치는 부서는 과감히 없애고 관리의 수를 줄였지."

"오, 시작은 좋네요."

"또 과거제를 개혁해서 유능한 인재를 뽑을 수 있게 했어. 이때까지는 과거 시험에서 답안을 쓸 때 반드시 지켜야 하는 문장 형식이 있었거든. 이 형식에 따라 글을 쓰려면 반드시 유교 경전을 인용해야만 하고, 답안에 자신의 사상이나 의견을 드러낼 수가 없었지. 심지어 답안의 글자 수까지도 정해져 있었기 때문에 유능한 인재를 뽑는 시험과는 거리가 멀었어."

"어휴, 무슨 그런 시험이 다 있어요?"

"그러게. 그래서 이 형식을 폐지하고 실제 내용을 더 중시했지. 그뿐만 아니라 상공업을 키우는 데에도 큰 관심을 기울였어. 또 중국

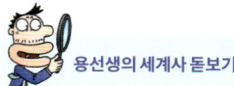

용선생의 세계사 돋보기

법과 제도를 바꾸어[變法] 스스로 강력한 나라로 거듭난다[自強]는 뜻에서 '변법자강(變法自強) 운동'이라고 해.

↑ 캉유웨이

(1858년~1927년) 캉유웨이는 양무운동의 실패를 보고 중국을 전체적으로 갈아엎어야 한다고 생각했어. 그래서 서양의 정치, 사회 제도를 들여오는 변법자강 운동을 추진했지.

중국 최고의 대학, 베이징 대학에 가다!

↑ 베이징 대학교 캠퍼스 변법자강 운동의 일환으로 1898년에 세워진 중국에서 가장 오래된 대학교야. 베이징 대학 졸업생들은 중국의 정치, 경제, 사회, 문화 등 다양한 분야에서 활약하고 있지.

각지에 최신식 학교를 세웠고, 신문과 잡지도 발행했지."

"앞서 실패한 개혁과는 확실히 다른걸요?"

"하지만 변법자강 운동은 의욕적으로 시작한 지 겨우 100일 만에 끝나 버렸어. 보수 세력들이 서 태후의 지지를 업고 쿠데타를 일으켰거든. 권력을 잡은 보수 세력은 모든 개혁 정책을 폐지하고 황제를 다시 허수아비로 만들었어. 개혁에 앞장선 캉유웨이와 량치차오는 일본으로 도망가 간신히 목숨만은 구했지."

"어휴~ 개혁을 한다는 게 정말 쉽지 않네요."

곽두기가 눈썹을 팔자로 축 늘어뜨렸다.

"개혁이 연거푸 실패하면서 청나라가 되살아날 가능성을 기대하는 사람은 아무도 없었어. 아예 무능력한 청나라를 무너뜨리고 새로운 나라를 만들자는 얘기가 조심스레 나오기 시작했지. 근데 이때 비틀대는 청나라에 제대로 치명타를 가하는 큰 사건이 벌어졌단다."

> **용선생의 핵심 정리**
>
> 1860년대, 신사 계급 출신 관료들이 서양의 최신 기술과 무기를 도입해 청나라를 강국으로 만들려는 양무운동을 시도함. 청일 전쟁 패전 뒤 서양의 정치, 사회 제도까지 받아들이려는 변법자강 운동이 시작됐으나, 보수 세력의 쿠데타로 실패함.

의화단 운동으로 더욱 흔들리는 청나라

"또 영국이 전쟁을 벌였나요?"

"그건 아냐. 청나라 안에서 일어난 사건이거든. 1899년, 산둥 지역에서 활동하던 의화단이 서양 오랑캐를 중국에서 몰아내자는 운동을 시작했단다. 원래 의화단은 농촌에서 꾸준히 무술을 수련하던 무술 집단이었는데, 백련교도와 힘을 합치며 거대한 세력을 이루었지."

"원나라랑 청나라 때 반란을 일으켰던 그 백련교요?"

나선애가 눈을 크게 뜨며 말했다.

"근데 어쩌다 시골에 있는 무술 집단과 종교 집단이 열강을 몰아내자고 앞장선 거죠?"

"아편 전쟁 이후 서양 세력의 침략이 본격화된 게 문제였어. 서양인 선교사들은 중국 농촌 깊숙한 곳까지 들어와 맘

↑ **무장한 의화단 단원** 원래 의화단은 무술을 수련하던 집단이었어. 하지만 백련교와 결합하면서 종교 단체로 변했지. 의화단은 1899년 산둥 지역에서 '서양 열강을 몰아내자'며 반외세 운동을 일으켰어.

▲ 〈사저참양도〉 의화단이 뿌린 전단지야. '돼지와 양 같은 동물과 다를 바 없는 서양인은 마땅히 죽여야 한다'는 내용이야.

대로 교회를 지으며 활동했지. 청나라 사람들은 대부분 크리스트교를 싫어했어. 나라를 침범한 서양 오랑캐가 믿는 종교라며 반발하는 사람들이 적잖았거든. 여기에 유럽 기업가들은 중국 깊숙한 곳까지 들어와 철도 공사를 벌였단다. 평범한 농민들은 이 모든 게 영 못마땅했어."

"나라를 침략한 유럽인이 설치는 게 싫었던 거군요."

영심이가 입을 비죽 내밀었다.

"게다가 개항된 항구를 통해 값싼 수입품이 들어오면서 청나라 산업이 휘청거렸고 실직자가 크게 늘어났어. 청나라 사람들은 이게 전부 외국인이 들어와서 생긴 일이니, 외국인을 몰아내기만 하면 모든 문제가 해결될 거라고 여겼지. 의화단 운동도 이런 흐름에서 진행된 거야. 의화단은 서양 열강과 관련된 건 모두 파괴해서 사람들에게 큰 호응을 얻었어. 산둥 지역의 학교와 교회를 닥치는 대로 공격해 크리스트교 선교사와 신자까지 모조리 살해했지. 또 열강이 놓은 철도도 부숴 버렸어."

서 태후는 사이가 나빴던 광서제를 끌어내리고 새 황제를 세우려고 했어. 하지만 열강의 간섭으로 실패했지. 이때부터 서 태후는 열강에 큰 불만을 품었어.

"영국이나 프랑스 같은 나라들은 꽤나 화가 났겠는데요?"

"응. 청나라에 당장 의화단을 진압하라고 요구했지. 하지만 청나라는 의화단을 진압할 힘도, 의지도 없었어. 오히려 평소 열강에 불만이 있었던 서 태후는 의화단을 이용해 열강과 싸우려고 했어. 이들이 의로운 사람이라며 추켜세우기까지 했지. 서 태후를 등에 업은 의화단은 베이징까지 들어와 외국 공사관마저도 마구잡이로 습격했어. 그러자 영국, 독일, 미국, 일본을 포함한 8개 연합군이 자기 나라 공사관

▲ 외국인을 공격하는 의화단

을 보호한다는 명목으로 베이징에 쳐들어왔단다."

"대체 상황이 어떻게 돌아가는 건지……."

"서 태후는 황급히 황제와 함께 피난을 갔어. 그사이 8개국 연합군은 베이징을 쑥대밭으로 만들었고, 의화단의 활동도 사그라졌지. 결국 서 태후는 1901년에 열강과 새로운 조약을 맺고 열강이 원하는 걸 다 들어줄 수밖에 없었단다."

"자기 꾀에 호되게 당했네요. 이번에는 뭘 또 내준 거죠?"

"이번에는 수도 베이징에 외국 군대가 주둔할 수 있도록 해 줬고, 의화단이 입힌 손해에 대해 거액의 배상금을 줬어."

"어휴, 한때 아시아를 주름잡던 청나라 꼴이 완전 말이 아니에요."

"청나라는 여러 차례 굴욕적인 조약으로 자존심은 누더기가 됐고, 열강에게 배상금을 바치느라 경제는 파탄 났지. 청나라의 운명은 이제 새로운 나라에 길을 비켜 주는 것뿐이었어."

▲ 의화단 운동의 전개

▲ 자금성을 점령한 8개국 연합군

용선생의 핵심 정리

1899년 산둥 지역의 종교 단체인 의화단이 '서양 세력을 몰아내자'며 봉기. 의화단은 교회를 습격하고 많은 외국인을 살해함. 청나라는 의화단을 이용해 열강을 몰아내려 하였으나 열강 8개국 연합군이 베이징을 점령하며 실패로 돌아감.

청나라가 무너지고 중화민국이 세워지다

↑ 쑨원 (1866년~1925년)
혁명을 통해 청나라를 무너트리고 새로운 나라를 세워야 한다고 생각했어.

"새로운 나라라고요?"

"응. 지금까지 시도한 모든 개혁이 전부 실패로 돌아갔잖니. 청나라는 거의 멸망한 것과 다름없으니 아예 새로운 나라를 건국하자는 젊은 지식인이 늘어났고, 이 중심에 서 있던 사람이 바로 쑨원이야."

"쑨원이라고요? 언젠가 위인전에서 본 듯도 한데."

곽두기가 고개를 갸웃거렸다.

"쑨원은 미국 유학을 떠난 청나라 젊은이였어. 미국에서 살며 정치에 눈을 떴고, 청나라 황실이 얼마나 무능한지 깨달았지. 또 제국주

쑨원은 어떤 나라를 꿈꿨을까?

쑨원은 여러 혁명 단체를 '중국 동맹회'로 통합했어. 동맹회는 조직의 사상을 전파하기 위해 잡지《민보》를 펴냈지.《민보》에는 쑨원이 바라보는 역사의 흐름과 앞으로 만들고자 하는 나라의 청사진이 담겨 있어.

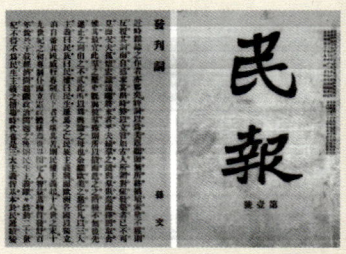

↑ 동맹회가 발행한 잡지《민보》
쑨원은《민보》를 통해 자신의 삼민주의를 민중에게 널리 알리려고 애썼어.

나는 유럽과 미국이 세 가지 사상으로 발전을 이뤘다고 생각한다. 그것은 민족주의, 민권주의, 민생주의이다. 로마가 멸망하고 나서 민족주의가 일어나 유럽 각국이 독립하였다. 하지만 얼마 뒤에 그 나라들도 제국이 되어 전제 정치를 행하자, 지배를 받는 사람들이 고통을 참을 수 없게 되었다. 그리하여 민권주의가 퍼졌다. 18세기 말에서 19세기 초에 걸쳐 전제 군주제가 무너지고 입헌 국가가 늘어났다. 세계는 문명화되어 지식은 더욱 진보하고, 물질이 점점 풍부해졌고, 최근 백 년간은 지나간 천 년보다 더 발달하였다. 이제는 정치 문제 다음으로 경제 문제가 중요해져 민생주의가 유행하고 있다. -《민보》(1905)

의 열강의 무차별 침략에 분노했어. 쑨원은 중국이 제국주의 열강의 침입에서 벗어나기 위해서는 어떻게든 청나라를 뒤집어엎어야만 한다고 생각하고는, 자신과 뜻을 함께할 사람을 찾아 세계 곳곳을 돌아다녔어."

"우아, 그런 일을 쑨원 혼자서만 한 건 아니겠죠?"

"이미 중국 땅 안팎에 청나라를 무너트려야 한다는 생각이 널리 퍼져 있었어. 혁명을 준비하는 조직도 많이 만들어져 있었지. 쑨원은 전국에 흩어져 있던 혁명 조직을 모아 '동맹회'라는 단체를 만들었단다. 그리고 《민보》란 잡지를 만들어 혁명의 필요성과 자신의 생각을 세상에 널리 알렸지. 쑨원의 가장 대표적인 사상이 바로 '삼민주의'야."

"삼민주의가 뭐예요?"

"민족, 민권, 민생을 합친 말이야. 민족은 만주족의 청나라를 타도하고 한족의 나라를 세우는 것, 민권은 모든 국민이 정치적으로 평등한 권리를 갖는 공화국을 세우는 것, 민생은 국민이 모든 토지를 고루 나눠 가져 생활을 안정시키는 것을 뜻하지."

"꽤 멋진 생각 같은데요?"

"하지만 모두가 쑨원의 생각에 동의한 건 아니었어. 청나라의 고위층인 만주족 귀족, 고위 관료, 대지주들은 쑨원의 의견에 격렬하게 반대했지. 물론 쑨원에 반대하는 사람들도 청나라를 이대로 둘 수 없다는 데는 동의했어. 하지만 모두가 평등한 나라를 세우는 건 너무 앞서간 얘기라고 본 거야. 이들은 영국이나 일본처럼 황제는 그대로 둔 채 헌법을 만들어 나라를 다스리는 입헌 군주제를 주장했단다."

"그러니까 쑨원처럼 황제를 없애자는 쪽이랑, 황제는 두지만 헌법

▲ 입헌 운동 풍자화
입헌파의 주장이 쉰내가 나는 케케묵은 이야기라고 풍자하는 그림이야.

으로 나라를 다스리자는 쪽으로 나눠졌다는 거예요?"

나선애가 용선생에게 확인하듯 물었다.

"그래. 쑨원을 중심으로 한 혁명파와 입헌주의를 주장하는 입헌파는 매일 신문과 잡지를 통해 팽팽한 논쟁을 벌였어. 중국 사람들은 이 논쟁을 지켜보며 저마다 자신이 그리는 새로운 나라를 상상했지. 청나라 조정은 우선 입헌주의를 받아들여 1911년, 드디어 의회를 만들었어."

"와, 청나라에도 의회가 만들어졌네?"

곽두기가 반가운 듯 큰 소리로 외쳤다.

"하지만 이 의회에는 문제가 너무 많았어. 황제가 의회 의원을 임명할 수 있었을 뿐 아니라 의원이 된 사람들이 대부분 청나라 황족과 고위직 관리였거든. 평민과는 완전히 동떨어진 의회였던 거야."

"에이, 이거 완전 눈 가리고 아웅 아녜요?"

"많은 사람이 청나라의 조치에 크게 실망했어. 청나라에 걸었던 기대는 오히려 불만으로 바뀌게 됐지. 근데 이 불만에 기름을 부어 버리는 계획이 발표됐단다."

"어떤 계획이었는데요?"

"청나라가 철도를 국유화하기로 한 거야. 아까 청나라가 열강에게 철도 부설권을 비롯한 각종 이권을 넘겨줬다고 했지? 이후 청나라는 열강에게 넘겨준 이권을 돌려받으려 꾸준하게 노력했고, 마침내 철도 부설권을 상당 부분 돌려받았어. 그러자 청나라 사람들은 자주적으로 철도를 건설하려고 상인을 중심으로 회사를 세워 철도 건설에 필요한 돈을 모았단다."

"우아, 희망찬 계획인걸요?"

"하지만 생각보다 일이 잘 되질 않았어. 철도를 놓기 위해 오랫동안 모금을 했지만, 돈이 제대로 모이질 않았거든. 일이 지지부진해지자 청나라 조정은 외국에서 돈을 빌려 하루빨리 철도를 건설하고, 이렇게 건설한 철도는 나라에서 운영하기로 결정한 거야."

"그러니까 중국 사람들이 돈을 모아 짓던 걸 중단시키고 나라에서 짓고 운영하기로 한 거네요."

"그게 왜 불만인데요?"

나선애가 정리하자 영심이가 고개를 갸웃거렸다.

"청나라 조정에서 사람들의 의견을 제대로 묻지 않고 일방적으로 결정했거든. 심지어 의회의 동의도 구하지 않았지. 또 외국에서 돈을 빌린다는 것도 문제였어. 중국 사람들은 자기 돈으로 철도를 놓는다는 데 자부심을 가지고 있었는데, 정작 조정에서는 외국에 손을 벌려 철도를 놓겠다는 생각을 하고 있으니 말이야. 그동안 열강에게 시달릴 대로 시달렸던 사람들이 보기에는 청나라 스스로가 나라를 열강에 갖다 바치는 것처럼 보였지."

"흠, 그렇군요."

"게다가 조정에서 철도를 국유화하며 보상이랍시고 제안한 금액도 만족스럽지 않았어. 투자한 금액의 절반 정도만 돌려주고, 나머지는 철도를 운영해 이익이 생기면 조금씩 돌려주겠다고 했거든."

"다들 불만이 폭발할 만하네요."

▲ 철도 국유화 반대 시위 희생자 추모비
청나라 조정은 철도 국유화 시위를 진압하기 위해 시위대에 총을 발사했고, 그 결과 수십 명이 죽었대.

청나라가 무너지고 중화민국이 탄생하다

▲ 신해혁명

우창에서 시작된 혁명은 금세 중국 전역으로 번져 나갔어.

"가뜩이나 무능력한 청나라에 불만이 가득했던 차에 이런 일이 일어난 거야. 사람들은 청나라를 더 이상 믿지 못하겠다며 곳곳에서 격렬하게 반대 시위에 나섰지. 청나라는 우창에 있는 군부대에 시위 진압을 명령했어. 그런데 이때 뜻밖의 일이 발생했지."

"무슨 일인데요?"

"우창 군대는 시위를 진압하는 대신 관청과 무기고를 점령했어. 사실 우창 군대는 혁명파인 동맹회가 이미 장악한 상태였거든."

"그럼 청나라 군대가 명령을 거부하고 반란을 일으킨 거예요?"

"맞아. 우창에서 일어난 혁명의 불길은 순식간에 전국으로 퍼졌어. 동맹회는 한 달 만에 중국 땅의 3분의 2를 차지했지. 이때 쑨원은 혁명에 필요한 돈을 마련하기 위해 미국에 가 있었는데, 이 소식을 듣자마자 급히 영국과 프랑스로 건너갔단다."

"왜 중국으로 돌아오지 않고 유럽으로 갔죠?"

"쑨원은 혁명이 성공하려면 열강의 간섭을 피해야 한다고 생각했어. 그간 열강이 얼마나 청나라를 쥐고 흔들었는지 잘 알고 있었으니까. 쑨원은 영국과 프랑스로부터 청나라를 지원하지 않겠다는 약속을 받은 뒤 중국으로 돌아왔단다."

▲ 우창에 세워진 후베이 군정부 우창에서 시작된 혁명은 이후 들불처럼 번져 청나라를 멸망시켰어.

▲ **오늘날 우한** 우한은 옛날 우창과 한커우, 한양 세 도시를 합쳐서 만든 거대한 도시야. 우창이 바로 신해혁명의 출발점이었던 우창 봉기가 일어난 곳이지.

"역시, 외국물을 먹은 사람이라 세계를 보는 안목이 있군."

왕수재가 잘난 체하며 말했다.

"하하, 쑨원은 혁명에 참여한 사람들을 난징으로 불러 새로운 나라 '중화민국'이 건국되었음을 공식적으로 선포했어. 쑨원은 중화민국의 임시 총통이 되었지. 쑨원의 선언으로 아시아에 최초로 주권이 국민에게 있는 공화국이 들어서게 된 거야. 이 사건을 신해년에 일어난 혁명이라고 해서 '신해혁명'이라고 불러."

"아시아에도 공화국이 처음 들어섰군요."

"하지만 중화민국에는 아직 넘어야 할 산이 많았어. 첫 번째 문제

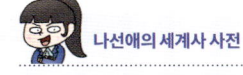

나선애의 세계사 사전

총통 공화국에서 나랏일을 총괄하는 가장 높은 자리를 의미해.

청나라가 무너지고 중화민국이 탄생하다 **177**

는 중화민국이 아직은 전국을 통치할 조직도, 제도도 제대로 갖추지 못했다는 점이었지. 두 번째 문제는 중화민국의 군대가 청나라의 군대에 비해 보잘것없었다는 점이었어. 이 당시 중국에서 가장 강력한 부대는 위안스카이가 이끄는 북양군이었거든. 북양군은 1800년대 말에 양무운동으로 탄생한 청나라의 신식 군대였지."

"그럼 중화민국은 세워지자마자 끝나는 거예요?"

영심이가 초조한 듯 입술을 깨물었다.

"아니. 위안스카이는 이미 기울 대로 기운 청나라를 위해 싸울 생각이 없었어. 이걸 눈치챈 쑨원은 매력적인 제안을 했지. 총통 자리를 위안스카이에게 넘길 테니, 같이 손잡고 청나라를 무너뜨리자고 한 거야."

↑ **위안스카이** (1859년~1916년) 위안스카이는 청나라 북양군의 대장으로, 훗날 쑨원의 양보를 받아 중화민국 첫 대총통이 되었어.

"어떻게든 혁명을 성공시키고 싶었던 거군요!"

"위안스카이는 쑨원의 제안을 받아들였고, 베이징으로 가서 청나라 마지막 황제인 선통제를 쫓아냈어. 이렇게 300년 가까이 중국을 지배한 청나라는 역사 속으로 사라지고 말았단다."

"휴! 드디어 청나라가 무너졌어요."

"하지만 또 다른 문제가 시작됐어. 대총통이 된 위안스카이가 사람들을 무시한 채 독재를 시작한 거야. 위안스카이는 1913년 국회의원 선거에서 쑨원의 국민당이 큰 지지를 받자, 아예 의회를 해산하고 국민당도 없애 버렸지. 그리고 1915년에는 '중화제국'을 세워 스스로 황제가 되었단다."

"헐, 간신히 청나라를 멸망시켰더니 이젠 자기가 황제라고요?"

나선애가 기가 차다는 듯 혀를 찼다.

"위안스카이의 행동은 수많은 중국인의 반감을 샀단다. 쑨원은 일본으로 망명해서 위안스카이 반대 운동을 펼쳤고, 중국 곳곳에서는 위안스카이의 즉위에 반대하는 봉기가 일어났어. 결국 위안스카이는 성난 민심을 진정시키려고 황제 자리에서 물러나 대총통의 자리로 돌아가겠다고 선언했지."

"대총통이라니? 어찌 됐든 절대 권력을 놓지 않겠단 얘기네요."

"맞아. 이쯤 되자 위안스카이가 지휘하던 북양군마저도 위안스카이에게 등을 돌렸어. 위안스카이는 어쩔 수 없이 황

↤ **청나라의 마지막 황제 선통제**
선통제는 황제 자리에서 물러난 뒤에도 자금성에서 계속 생활했어.

장하다의 인물 사전

선통제 (1906년~1967년) 이름은 아이신기오로 푸이. 청나라 마지막 황제야. 3세에 황제로 즉위해 4년 만에 황제 자리에서 물러났지. 푸이를 주인공으로 한 〈마지막 황제〉라는 영화는 지금도 명작으로 인정받는단다.

나선애의 세계사 사전

국민당 쑨원이 지도하는 중국 동맹회 회원을 중심으로 1912년에 결성된 정당이야. 오늘날에도 타이완의 주요 정당으로 활약하고 있지.

↥ **즉위식 예행연습 중인 위안스카이**
1915년, 위안스카이는 중화민국을 폐지하고 스스로 황제가 되어 중화제국을 선포했어.

제가 된 지 딱 백 일 만에 모든 권력을 포기할 수밖에 없었단다. 그리고 머지않아 병으로 세상을 떠났어."

"그럼 이제 쑨원이 총통이 되는 건가요?"

"아니. 위안스카이의 부하들과 쑨원이 이끄는 국민당 정부, 지방에서 강력한 군사를 거느리고 있던 세력가들이 뒤엉켜 하루가 멀다 하고 싸워 댔어. 이 와중에 개혁에 성공한 일본이 본격적으로 중국 침략에 나서자 중국에는 그야말로 거대한 혼란이 시작됐지."

"어휴, 정말 바람 잘 날 없네요."

"흐흐. 혼란 속에서 중국이 어떻게 되어 가는지는 나중에 이야기하자. 오늘은 여기까지야. 다들 고생 많았어!"

용선생의 핵심 정리

쑨원은 삼민주의를 내세우며 무능력한 청나라를 멸망시키고 모두가 평등한 공화국 건설을 주장함. 1911년 신해혁명으로 아시아 최초의 민주 공화국인 중화민국이 만들어졌으나, 첫 총통인 위안스카이의 독재 이후 혼란이 다시 시작됨.

나선애의 정리노트

1. 아편 전쟁에서 패배한 청나라
- 영국의 아편 판매로 나라가 흔들리자 임칙서는 아편을 몰수하고 영국 상인을 쫓아냄.
  → 영국의 반발로 아편 전쟁이 일어남. 패배한 청은 불평등 조약인 난징 조약을 맺음.
- 애로호 사건을 빌미로 영국과 프랑스가 제2차 아편 전쟁을 일으킴.
  → 청나라는 톈진 조약과 베이징 조약을 맺으며 서양 열강의 반식민지 신세가 됨.

2. 태평천국 운동으로 흔들리는 청나라
- 배상제회의 교주 홍수전이 청나라 멸망과 평등사상을 내걸며 태평천국을 세움.
  → 신사 계층 의용군과 열강의 도움으로 진압됨. 이 과정에서 청나라의 무능함이 드러남.

3. 잇따른 개혁 실패로 멸망 위기에 처한 청나라
- 서양을 따라 군사력과 산업을 키운 양무운동
  → 청일 전쟁 참패로 한계를 드러냄.
- 서양의 정치, 사회 제도를 도입한 변법자강 운동
  → 서태후를 비롯한 보수 세력의 쿠데타로 백 일 만에 실패함.
- 반외세 운동인 의화단 운동은 열강 8개국 연합군에게 진압됨.

4. 중화민국의 탄생
- 쑨원은 삼민주의와 공화국 건설을 내세우며 혁명파의 중심이 됨.
- 1911년 신해혁명으로 청나라가 멸망하고 아시아 최초의 공화국인 중화민국이 탄생함.
  → 첫 총통 위안스카이의 독재 이후 다시금 혼란이 시작됨.

세계사 퀴즈 달인을 찾아라!

1 빈칸에 공통으로 들어갈 알맞은 말을 써 보자.

영국이 청으로부터 차와 도자기 같은 물건을 많이 수입하면서 영국의 은이 청으로 유출되었어. 영국의 은이 새어 나가지 않기를 바란 영국은, 중독성이 강한 마약인 ○○을 중국에 내다 팔기로 해. 임칙서의 ○○ 몰수를 계기로 1840년 ○○ 전쟁이 일어나 청은 불평등 조약인 난징 조약을 맺어야 했어.

(   )

2 난징 조약에 대한 설명으로 옳지 않은 것은?　　(　　　)

① 불평등 조약이었다.
② 청나라가 영국에 홍콩을 내주게 되었다.
③ 조약을 중재한 러시아가 연해주를 얻게 되었다.
④ 공행을 폐지하고 광저우를 비롯한 5개 항구 도시를 개항했다.

3 다음 인물에 대해 바르게 설명한 친구는?　　(　　　)

<서태후>

 ① 청나라의 황제야.

 ② 변법자강 운동을 이끌었어.

 ③ 직접 의용군을 모아 태평천국 운동을 진압했어.

 ④ 의화단 운동을 이용해 서양 열강을 몰아내려고 했어.

4 다음 사건들을 일어난 순서대로 써 보자.

㉠ 양무운동   ㉡ 의화단 운동
㉢ 태평천국 운동   ㉣ 변법자강 운동

(-   -   -   )

5 다음 사진 속 인물의 이름을 써 보자.

민족, 민권, 민생을 합친 삼민주의를 주장한 사람이야. 한족이 뭉쳐 만주족의 청나라를 무너뜨리고, 모든 국민이 평등하고 행복하게 살 수 있는 공화국을 세우자고 했어.

(   )

6 신해혁명에 대한 설명으로 옳은 것은?   (   )

① 대부분의 지역은 혁명에 반대했다.
② 입헌군주제를 도입을 주장한 혁명이었다.
③ 혁명 결과 난징을 수도로 삼은 중화민국이 세워졌다.
④ 위안스카이는 청나라를 위해 혁명을 진압하려고 끝까지 노력했다.

정답은 263쪽에서 확인하세요!

용선생 세계사 카페

현대 중국의 아버지 쑨원

1866년, 광둥성의 가난한 농가에서 태어난 쑨원은 하와이로 이민 간 큰형의 도움으로 미국에서 유학 생활을 했어. 귀국 후 영국 식민지였던 홍콩에서 의학을 배워 의사가 됐지.

쑨원은 미국의 민주주의에 큰 영향을 받았어. 열강의 침략을 막으려면 청나라를 혁명으로 무너트리고 민주주의가 실현된 공화국을 세워야 한다고 생각했던 거야.

↑ 홍콩 서양 의학원 시절의 쑨원 왼쪽에서 두 번째 사람이 쑨원이야.

쑨원은 혁명을 일으키기 위해 조직이 필요하다고 생각했어. 하지만 중국에서는 청의 감시가 심했어. 쑨원은 화교가 많은 하와이에서 '흥중회'라는 단체를 먼저 만들었지. 1895년, 청일 전쟁에서 청나라가 패배하자 더 이상 혁명을 미룰 수 없다고 생각하고 무장 봉기를 계획했지만, 사전에 발각되는 바람에 실패하고 영국으로 망명을 떠나야 했단다.

↑ 쑨원이 망명 생활 중 머물던 런던 집에 있는 기념 동판

망명 생활 중 쑨원은 '삼민주의'라는 사상을 생각해 냈어. 유학과 망명 생활 동안 외국의 민주주의를 충분히 목격하며 얻은 쑨원만의 생각이었지. 삼민주의란 민족주의, 민권주의, 민생주의를 말해. 우선 민족주의는 만주족을 쫓아내고 한족의 나라를 건설하자는 주장이었어. 그러다 나중에는

↑ 일본에서 중국 동맹회 창립을 선언하는 모습

중국 안에 있는 여러 민족이 화합하고, 다른 민족을 억압하는 제국주의에 반대한다는 의미를 가지게 되었지. 민권주의는 모든 국민이 참정권을 가져야 한다는 뜻이야. 바꿔 말하면 민주주의를 의미해. 마지막으로 민생주의는 국민의 빈부 격차를 없애자는 거야. 평등한 토지 분배가 주요 내용이지. 쑨원은 영국 등 여러 망명지를 돌아다니며 삼민주의를 퍼트리고, 중국에서 혁명을 일으킬 조직을 재건하기 위해 애썼단다.

↑ **황푸 군관 학교 개교식**
황푸 군관 학교는 광저우에 세워진 중화민국의 사관학교야. 테이블 뒤에 흰옷을 입은 사람이 쑨원이지.

쑨원은 흥중회를 기반으로 일본에서 '중국 동맹회'라는 조직을 만들었어. 중국 동맹회는 중국에서 무장 혁명을 일으키기 위해 여러 계획을 세웠지. 조직원이 중국에서 활동하는 동안, 쑨원은 세계 여러 나라를 돌아다니며 자금을 모았어. 그러다 1911년, 우창 봉기와 뒤이은 혁명이 성공해 중국이 완전히 뒤집어졌지. 신해혁명이 일어난 거야.

중국에 돌아온 쑨원은 중화민국 건국을 선언했어. 쑨원은 임시 총통에 추대됐지만 위안스카이와의 협상 때문에 자리에서 물러났고, 위안스카이의 독재를 거쳐 중국이 또다시 혼란으로 접어드는 걸 지켜봐야 했지.

쑨원은 중국에 제대로 된 민주 공화국을 건설하려면 중화민국이 강력한 무력을 갖춰야 한다고 생각했어. 그래서 광저우에 황푸 군관 학교를 건설하여 군대를 양성했단다.

하지만 1925년, 쑨원은 간암으로 갑자기 세상을 뜨고 말았어. 평생 중국의 독립과 부강을 위해 몸 바쳐 일했던 쑨원은 중국, 타이완을 비롯해 전 세계 중국인에게 현대 중국의 아버지로 존경받는단다.

↑ **쑨원 박물관(말레이시아 페낭)**
쑨원은 모든 중국인의 영웅이야. 화교가 많은 말레이시아에서도 쑨원은 많은 존경을 받지. 그래서 말레이시아에서는 쑨원이 망명 생활을 하던 집을 개조해 쑨원 박물관을 만들었단다.

| 용선생 세계사 카페 |

무술의 달인 황페이홍

홍콩 영화가 한창 전성기를 누리던 1980~90년대, <황비홍> 시리즈는 한국은 물론 전 세계에서 인기가 높은 작품이었어. 영화가 개봉한 지 30년이 다 되어 가는데도 심심찮게 명절 특집 영화로 방송되지. 아마 너희들도 변발을 한 청년이 뛰어난 무술 솜씨로 나쁜 사람들을 무찌르는 모습을 본 적이 있을 거야. 재밌는 건 영화 주인공인 황페이홍이 실제로 청나라 말 실존했던 사람이라는 사실! 이 용선생과 같이 황페이홍이 어떤 사람이었는지 살펴보도록 할까?

광둥 지역의 무술가이자 의사

황페이홍은 청나라가 한창 제국주의 열강의 침략에 시달리던 1847년, 광둥 지역에서 태어났어. 황페이홍은 유명한 무술가였던 아버지 덕분에 어렸을 때부터 무술을 수련했지. 아버지께 무술을 다 배운 뒤에는 도장을 세워 제자에게 무술을 가르쳤대.

기록이 많이 남아 있진 않지만 황페이홍은 재주가 많았나 봐. 춤을 매우 잘 춰서 사람들에게 '광저우 사자춤의 달인'이란 소리를 들었고, 의술도 뛰어나 의원을 차리고 사람들을 진료했어. 심지어 가난한 환자에게는 돈을 아예 받지 않거나 아주 적은 돈만 받고 아픈 곳을 치료해 주었대.

↑ 황페이홍 동상

황페이홍의 무술 '홍가권'

황페이홍은 제자들에게 '홍가권'이란 무술을 가르쳤어. 홍가권은 청나라 초 홍씨 성을 가진 사람이 만든 무술로 낮은 자세를 유지하며 힘차게 동작을 하는 게 특징이래. 실제 싸움에서 도움이 되는 기술이 많아서 청나라 말 비밀 결사 조직의 단원들이 호신술로 배웠

↑ 광저우 사자춤 광저우 사자춤은 두 명이 커다란 사자탈을 쓰고 이리저리 몸을 움직이는 춤이야. 황페이홍은 이 사자춤을 아주 잘 춰서 사람들에게 인기가 좋았대.

다고 해. 근데 제자들 말에 따르면 황페이홍은 무술이 매우 뛰어나서 홍가권뿐만 아니라 여러 가지 다른 무술에도 일가견이 있었대. 그래서 홍가권에서 불필요한 동작을 없애고, 더 강력한 무술로 다듬어 제자에게 가르쳤다는구나.

황페이홍의 제자들은 미국, 유럽, 한국 등 해외로 진출해 도장을 차리고 홍가권을 널리 알렸어. 그 덕분에 홍가권은 세계적으로 유명한 무술이 되었지. 하지만 황페이홍이 그 이야기대로 엄청난 무술 실력을 가지고 있었는지는 확실하지 않아. 제자들이 스승을 띄워 주려고 이야기를 크게 부풀렸다는 말도 있지.

↑ 황페이홍 기념관에서의 무술 시연

영화 속의 황페이홍

황페이홍 이야기는 홍콩 영화의 단골 소재야. 아까 소개한 <황비홍> 시리즈는 물론, 중국의 액션 배우 청룽(성룡)이 출연한 <취권>에도 황페이홍이 등장하지. <취권>에서 술에 잔뜩 취한 채 적과 싸우는 주인공이 바로 황페이홍이란다.

<황비홍> 시리즈는 무술 고수 황페이홍이 청나라 말기 부패한 관료들과 서양 열강에 맞서 중국을 구하는 영화야. 우리가 알고 있는 황페이홍의 이미지는 다 이 영화에서 나왔지. 지금은 인기가 예전 같진 않지만, 황페이홍을 다룬 이야기는 여전히 많은 사랑을 받는단다.

↑ 영화 <취권> 사진에서 술동이를 들고 자세를 취하고 있는 주인공이 황페이홍을 모델로 삼은 인물이래.

← 영화 <라이즈 오브 더 레전드: 황비홍> (2014년) <황비홍> 시리즈는 지금까지 7편 이상이나 만들어질 정도로 인기가 많아.

187

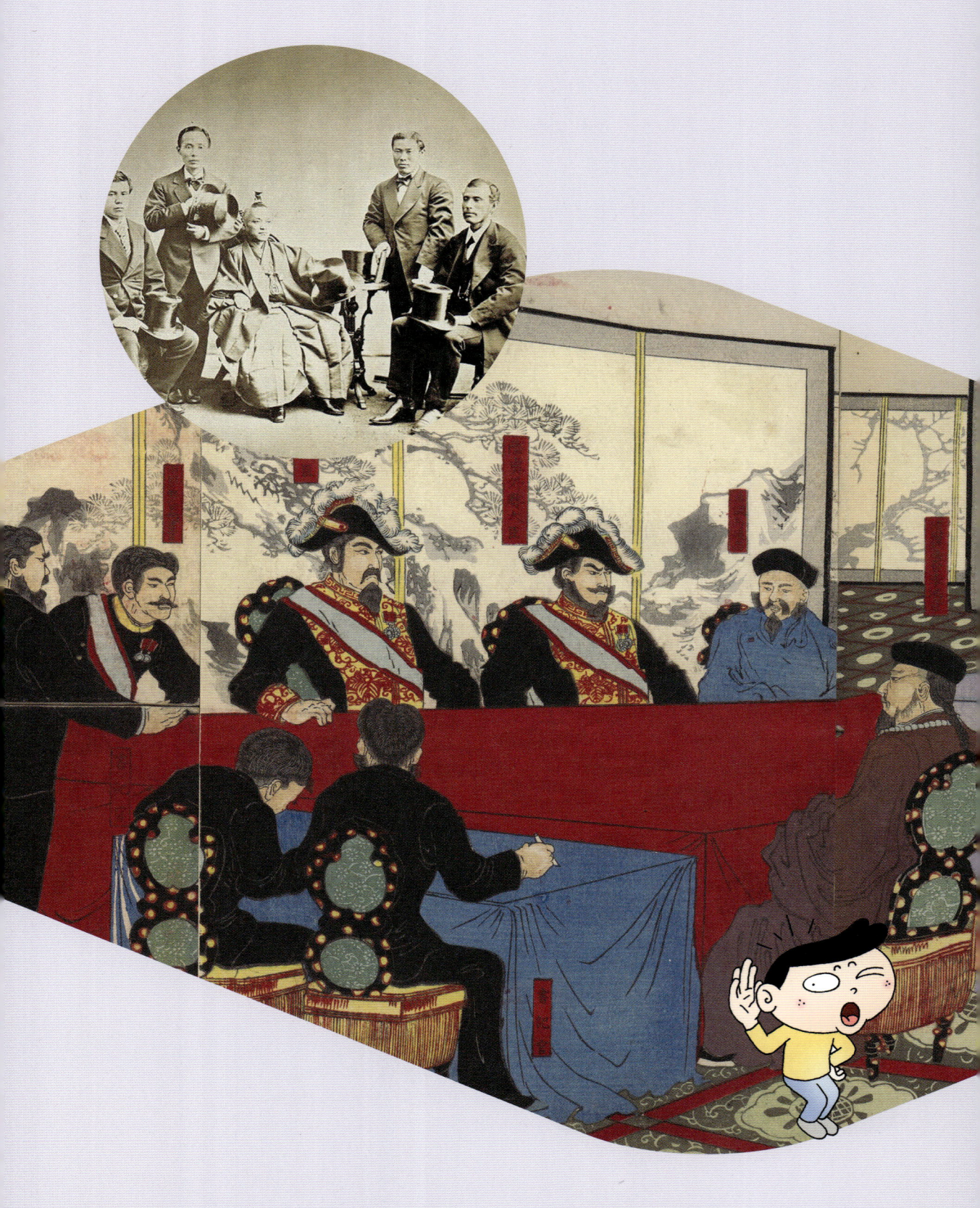

4교시

메이지 유신이 성공하고 일본이 열강으로 떠오르다

유럽 열강이 아편 전쟁을 벌여 중국을 굴복시키자,
열강의 압도적인 힘을 목격한 일본의 에도 막부는
곧 쇄국 정책을 포기하고 항구를 개방했어.
과연 일본의 운명은 어떻게 될까?
오늘은 일본이 혼란 끝에 개혁에 성공하고
새로운 열강으로 떠오르는 과정을 살펴보자.

1853년	1867년	1871~1873년	1889년	1894년	1904년
페리 제독 내항	에도 막부, 천황에 지배권 반납	이와쿠라 사절단 파견	대일본 제국 헌법 (메이지 헌법) 공포	청일 전쟁 발발	러일 전쟁 발발

역사의 현장 지금은?

일본의 관문 서남부 지역에 가다

일본 서남부 지역은 일본의 개혁을 이끈 곳이야. 이 지역은 오랫동안 중앙 정치에서 소외됐지만 외국과의 교역에 유리한 위치 덕분에 다른 지역보다 일찍 선진 문물을 받아들이며 힘을 키웠고, 그 덕에 일본의 정치와 군사 중심지로 성장했지. 이곳은 일본에서도 가장 위도가 낮아서 겨울이 따뜻하고, 온천이 발달해서 겨울철 관광지로도 유명해.

▲ 센카쿠 열도에 오성홍기를 꽂으러 온 중국
일본과 중국은 센카쿠 열도(중국명 댜오위다오)를 둘러싸고 영토 분쟁 중이야. 양국은 인근에 병력을 배치해 팽팽히 맞서고 있어.

▲ **나가사키현의 사세보 항** 일본 해상 자위대와 미군 기지가 있는 곳으로 1800년대 말 일본 제국 해군 기지로 시작해 6·25 전쟁 이후 핵심 군사 도시로 계속 발전했어.

일본의 핵심 군사 지역

일본의 서남부 지역은 제국주의 시대에 일본이 아시아를 침략하기 위한 전진 기지로서 군사적으로 매우 중요했던 곳이야. 오늘날도 일본의 핵심 군사 지역으로, 현재 일본 내 미군 기지도 서남부에 집중돼 있어. 한편으로는 수많은 유명 정치인을 배출한 지역이기도 해. 일본의 첫 헌법을 만든 이토 히로부미가 바로 이 지역 출신이야.

▲ **오키나와현의 후텐마 미군 기지**
오키나와현에는 일본의 미군 병력 대부분이 주둔해 있어.

일본 경제를 이끄는 핵심 산업 지역

규슈 북부의 후쿠오카 인근에 위치한 기타큐슈 공업 지대는 1901년 일본 최초의 국영 제철소인 야하타 제철소가 들어서며 일본의 핵심 산업 지대가 되었어. 당시 일본 철강의 절반을 생산하며 군수 산업을 주도했던 곳으로, 야하타 제철소가 없었다면 태평양 전쟁도 없었다는 말이 있을 정도지. 현재는 철강 산업 대신 자동차 산업과 로봇 산업에 주력하고 있어. 서남부 도서 지역은 과거에는 발전 가능성이 낮은 농어촌이었지만, 최근에는 적도와 가깝고 인적이 드물다는 지리적 이점을 살려 우주 센터가 들어섰단다.

↑ **야스카와 전기의 산업용 로봇** 기타큐슈에 본사를 둔 야스카와 전기는 세계 산업용 로봇 산업을 이끌고 있어.

↑ **다네가시마 우주 센터** 로켓 발사장은 지구가 자전하며 발생하는 원심력을 이용하기 위해 적도 가까이, 안전 문제 때문에 인적이 드문 곳에 들어서는 게 좋아. 다네가시마 우주 센터에서는 일본 최초의 인공위성 '기쿠'가 발사되기도 했어.

↓ **닛산 자동차의 큐브** 기타큐슈에서 생산되는 자동차야. 상자 모양의 독특한 생김새로 오랫동안 인기를 끌고 있지.

↓ **서남부 최대 중심 도시 후쿠오카** 후쿠오카는 도쿄, 오사카, 나고야에 이어 일본에서 네 번째로 큰 도시야. 기타큐슈 공업 지대가 자리한 곳이지.

자연이 선물한 아름다운 관광지

일본 서남부는 도시 전체가 온천인 벳푸, 모래 온천으로 이름난 가고시마, 메이지 시대부터 서양인의 휴양지로 크게 번성했던 운젠 등 수많은 유명 온천을 즐길 수 있는 지역이야. 일본 최초로 세계 자연 유산으로 등록된 신비의 숲 '야쿠시마'도 유명하지. 오키나와는 제2차 세계 대전 때 미군과 일본군이 격전을 벌였던 곳으로, 지금은 세계적인 관광지야.

▲ 일본 최대 온천 단지 벳푸
벳푸는 일본에서 온천량이 제일 많은 도시야.

▲ 신비의 숲 야쿠시마
조몬 삼나무 등 일본 남부에서만 볼 수 있는 특이한 식물로 가득 찬 삼림이야. 애니메이션 <모노노케 히메>의 배경이기도 해.

▲ 운젠 온천 지구
뜨거운 수증기가 올라오는 풍경이 마치 지옥 같아서 운젠 지옥이라고도 불러.

◀ <모노노케 히메> 포스터

▼ 오키나와의 해변
아름다운 옥빛 바다로 이름난 오키나와는 우리나라 사람들도 즐겨 찾는 곳이야.

▶ 가고시마의 명물 이부스키
지열을 이용한 모래 찜질 온천이야.

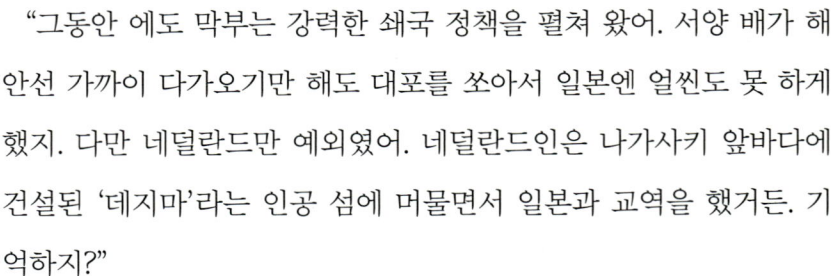

에도 막부가 쇄국 정책을 포기하다

"청나라는 아편 전쟁으로 서양과 교류하게 됐는데, 일본은 어땠나요?"

나선애가 고개를 갸웃거리며 용선생에게 질문을 던졌다.

"그동안 에도 막부는 강력한 쇄국 정책을 펼쳐 왔어. 서양 배가 해안선 가까이 다가오기만 해도 대포를 쏘아서 일본엔 얼씬도 못 하게 했지. 다만 네덜란드만 예외였어. 네덜란드인은 나가사키 앞바다에 건설된 '데지마'라는 인공 섬에 머물면서 일본과 교역을 했거든. 기억하지?"

"네. 일본은 네덜란드 상인을 통해서 서양 학문을 받아들였다고 하셨어요. 그게……."

"난학! 난학이라고 부른다고 하셨습니다."

나선애가 머뭇거리는 사이에 왕수재가 재빠르게 대답했다.

"흐흐. 다들 잘 기억하고 있구나. 일본은 네덜란드 상인을 통해 서양 학문만 받아들인 게 아니라 세상 돌아가는 소식도 꾸준히 전해 들었단다. 나라 문은 꽁꽁 닫아 놓았지만 문밖으로 귀를 쫑긋 세우고 있었던 셈이지. 그래서 아편 전쟁에서 청나라가 크게 패배했다는 소식도 빨리 들었지. 중국이 조그만 섬나라 영국에 무릎 꿇는 걸 지켜본 막부는 유럽 열강의 군사력이 상상을 초월할 정도로 막강하다는 걸 실감했어. 그래서 그동안 펼쳐 온 쇄국 정책을 약간 바꿨단다."

"어떻게 바꿨는데요?"

"서양 배가 오더라도 무작정 내쫓지 않고, 일단 필요한 물자를 내주고 조용히 돌려보내기로 한 거야. 괜히 싸움의 빌미라도 줬다가는 청나라처럼 된통 깨질 게 불을 보듯 뻔했으니까."

"그 정도로 될까요? 제국주의 국가들은 가만히 있는 나라도 마구 쳐들어갔다고 하셨잖아요."

"다행히 유럽 열강은 대부분 일본에 큰 관심이 없었어. 일본에는 중국의 도자기나 차처럼 진귀한 무역품도 없는 데다가, 이렇다 할 지하자원도 없었거든. 그나마 풍부하게 생산됐던 은도 이미 오래전에 바닥을 드러냈고 그 덕에 일본은 한동안 쇄국 정책을 계속 유지할 수 있었어. 근데 머지않아 일본에 깊은 관심

↑ 일본 여성과 어울리는 네덜란드인
데지마의 네덜란드 상인은 여러 일본인과 어울렸어. 그중에는 일본인과 결혼해서 가정을 꾸리는 경우도 있었지.

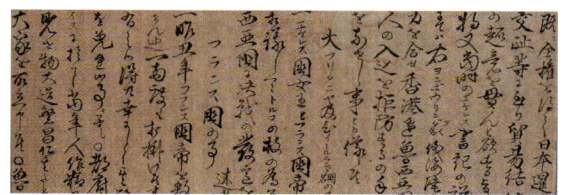

↑ 《풍설서》 데지마의 네덜란드 상관장이 막부의 쇼군에게 1년에 한 번 보내던 정보지야. 네덜란드가 수집한 세계의 각종 소식이 담겨 있었지. 막부는 이 문서를 통해 세계의 정세를 파악할 수 있었단다.

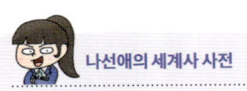

나선애의 세계사 사전

통상 조약 두 나라 사이의 무역과 국민들끼리의 입국과 체류 원칙 등을 규정한 조약이야.

을 보이는 나라가 나타났지."

"어떤 나라인데요?"

"미국이야. 아편 전쟁 이후 청나라의 문이 활짝 열리자, 미국은 청나라와 통상 조약을 맺었지. 그리고 뒤이어 일본에 개항을 요구했어."

"미국이 일본에 개항을 요구한 이유가 따로 있나요?"

"미국에서 중국으로 갈 때 태평양을 가로지르면 바로 나오는 나라가 일본이야. 그래서 미국 배가 거쳐 갈 경유지로 적당했던 거지. 막부는 미국의 요구를 거절하며 한사코 나라 문을 걸어 잠갔어. 그러던 중 1853년에 에도 근처의 바닷가에 서양 배 네 척이 나타났단다."

"혹시 미국 배가 온 거예요?"

"맞아. 아무리 개항을 하라고 요구해도 일본이 꿈쩍도 하지 않으니까 미국의 페리 제독이 함대를 이끌고 나타난 거야. 페리 제독은 막부에 문서를 건네며 '나라의 문을 열고 우리와 무역을 하지 않으면 전쟁을 각오해야 할 것이다.' 하고 위협했단다."

"어머, 걱정하던 일이 터졌군요!"

↑ **매슈 페리**
(1794년~1858년) 미국 동인도 함대 사령관이야. 두 차례에 걸쳐 함대를 이끌고 일본을 찾아왔어.

↑ **페리 제독이 끌고 온 흑선** 당시 서양 배는 바닷물에 선체가 상하는 걸 막기 위해 검고 진득한 물질인 타르를 발랐어. 그래서 이렇게 배가 온통 검은색으로 보였지.

"서양 배가 갑작스럽게 나타나자 일본 사람들은 깜짝 놀랐단다. 그동안 서양 배가 먼바다를 오간다는 소문은 자주 들었지만, 일본에서 제일가는 대도시인 에도 인근에 이렇게 떡하니 나타난 건 처음이었거든. 더구나 페리가 이끌고 온 배는 단순한 무역선이 아니었어. 최신 대포로 무장한 채 검은 연기를 풀풀 내뿜는 군함이었지. 배 전체를 시커먼 색으로 칠해 놔서 겉으로 보기에도 무시무시했단다. 일본 사람들은 이 배들을 '흑선'이라고 부르며 두려워했지. 그래서 이 사건을 '흑선 내항'이라고 부른단다."

"그럼 막부는 어떻게 대답했어요? 이번에는 거절하기 어려웠을 거 같은데요?"

용선생의 세계사 돋보기

또는 페리 제독의 이름을 따서 '페리 내항'이라고 불러. 흑선(黑船)은 검은 배라는 뜻으로 에도 막부 말기 일본에 나타난 서양 함선들을 모두 흑선이라고 불렀어. 내항은 항공기나 배가 들어왔다는 뜻이야. '흑선 내항'은 일본 말로는 '구로후네'라고 하는데, 요즘은 일본이 서양 문명에 받은 충격을 드러내는 말로도 쓰인대.

미국이 일본에 주목한 또 다른 이유

미국이 일본에 주목한 또 다른 이유가 있어. 바로 향유고래였지. 향유고래에서 나는 기름은 품질이 매우 좋아서 냄새도 별로 나지 않고 오랫동안 두어도 잘 상하지 않았거든. 그래서 전등의 불을 밝히는 연료나 기계의 윤활유로 쓰기에 안성맞춤이었어. 석유가 본격적으로 개발되기 이전까지 많은 나라에서 향유고래 기름을 다양한 용도로 사용했단다.

유럽과 미국의 배들은 향유고래를 사냥하기 위해 전 세계의 바다를 누볐어. 그중에서도 미국의 배는 일본과 가까운 태평양 먼바다에서 주로 활동했지. 그러니까 일본은 고래를 잡던 미국 배가 땔감을 얻거나 부서진 배를 수리할 일이 생겼을 때 머물 곳으로 꼭 어울리는 장소였던 거야.

↑ 향유고래 향유고래는 몸길이가 15~18미터나 되는 거대한 고래야. 과도한 포획으로 오늘날에는 멸종 위기에 놓여 있어.

← 향유고래 기름 향유고래 기름은 전등 연료나 기계 윤활유, 심지어 항공기 연료로도 쓰였어.

→ **요코하마에 상륙한 미국 군대**
멀리 흑선이 보이고 앞쪽에는 일본 무사와 미국 병사들이 대열을 갖춰 서 있어.

나선애가 손을 번쩍 들고 용선생에게 질문했다.

"막부도 큰 위기를 느꼈지만, 선뜻 개항을 결정할 수 없었어. 일본 내부의 다른 영주들이 어떻게 받아들일지 몰랐거든. 그래서 페리 제독에게 1년 뒤에 결정하겠다고 약속하고 시간을 벌었지. 페리가 돌아가자 막부는 페리의 내항을 알리고 개항을 할 것인지 말 것인지 의견을 모았단다."

"미국이 함대까지 보냈는데 다들 개항을 하자고 했겠죠?"

"막부는 페리의 요구를 받아들이려고 했어. 어떻게든 전쟁만은 피하고 싶었거든. 하지만 천황을 비롯해 많은 영주가 '오랑캐의 말은 들어줄 필요가 없다.'며 끝까지 개항을 반대했단다. 그런데 이렇게 서로 의견이 충돌하는 중에 페리가 고작 7개월 만에 일본으로 돌아

↑ **일본의 민간인이 그린 흑선** 실제 배보다 훨씬 과장된 모습에, 얼굴까지 달려서 꼭 괴물처럼 보여. 당시 일본 사람이 느꼈던 공포를 잘 드러내는 그림이야.

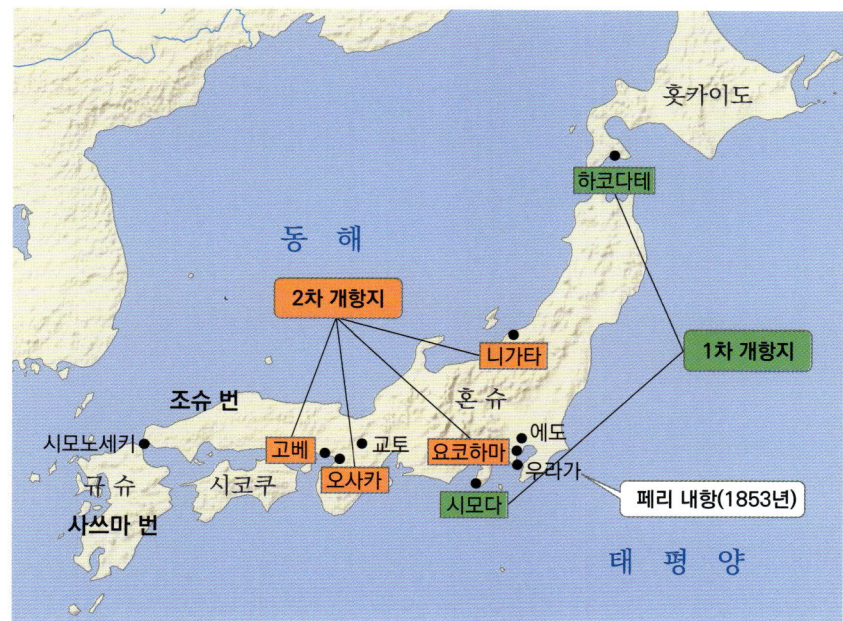

◀ 일본의 초기 개항지

왔어. 이번에는 그 전보다 더 많은 일곱 척의 배를 이끌고 왔지."

"우아, 압력을 더 넣은 거네요."

"결국 막부는 반대 의견을 무시하고 개항을 결정했단다. 페리의 요구를 거절하면 청나라와 똑같은 신세가 되지는 않을까 두려웠던 거야. 이로써 막부가 수백 년 동안 지켜 온 쇄국 정책이 무너졌지."

"드디어 일본도 나라 문을 열었군요."

"그래. 1854년에 막부는 미국과 조약을 맺고 하코다테와 시모다 두 군데 항구를 개항했어. 하지만 미국은 그것으로는 성이 차지 않았지. 그래서 4년 뒤에는 항구를 추가로 개항하게 하고, 일본에 불리한 조건을 덧붙여 새로 조약까지 맺었단다. 두 조약에서 중요한 내용을 살펴볼까?"

 왕수재의 지리 사전

시모다 혼슈섬 중부의 시즈오카현 남쪽에 위치한 항구야. 태평양과 접해 있지.

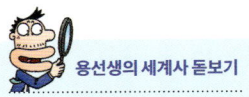

용선생의 세계사 돋보기

미국과 일본이 맺은 통상 조약의 내용을 차례로 최혜국 대우 조항, 협정 관세, 치외 법권이라고 불러. 일본은 조선이 개항할 때 비슷한 내용의 불평등 조약을 강제로 맺도록 했어.

용선생이 스크린에 조약문을 띄우자 아이들이 수군거렸다.

- 일본이 다른 나라와 통상 조약을 맺어 유리한 조건을 제공할 경우, 미국에도 그와 똑같이 유리한 조건을 적용한다.
- 무역 관세는 일본과 미국 두 나라가 협의해서 정한다.
- 일본에 머무르는 미국인은 일본 법이 아니라 미국 법으로 재판받는다.

"음, 다른 나라에 잘해 주는 만큼 미국에도 똑같이 잘해 달라는 거네요. 그럴 수 있겠죠."

"근데 일본이 세금도 맘대로 정할 수 없고, 미국 사람이 일본에서 죄를 짓더라도 일본 법으로 재판할 수 없다는 건 너무한데?"

"이거 일방적으로 미국에만 유리한 조약이잖아. 그렇죠, 선생님?"

➡ **요코하마** 에도 근처의 항구로 원래는 한적한 어촌이었어. 하지만 개항을 계기로 온갖 상인이 드나드는 거대한 무역항으로 발전했지.

아이들의 말을 듣고 있던 용선생은 고개를 끄덕였다.

"맞아, 제국주의 열강이 청나라를 침략해 불평등 조약을 맺을 때도 단골로 요구하던 내용이지. 일본은 머지않아 영국, 프랑스, 러시아 등 다른 열강과도 불평등한 조건으로 통상 조약을 맺어야 했단다."

"어휴, 전쟁은 안 했지만 그래도 크게 당한 셈이네요."

허영심이 한숨을 크게 내쉬었다.

"개항을 반대했던 각지의 영주와 무사들은 크게 반발했어. 고작 배 몇 척에 겁을 집어먹어서 서양 오랑캐의 말을 냉큼 들어준 것도 불쾌한데, 조약 내용도 온통 일본에 불리하니 화가 머리끝까지 났지. 특히 번정 개혁에 성공해서 막부 못지않게 힘이 강력했던 조슈 번과 사쓰마 번 같은 곳에서 앞장서 반발했단다. 이들은 막부가 천황의 허락을 받지 않고 미국에 굴복했다고 문제를 삼았어."

"엥? 갑자기 웬 천황이에요? 일본은 막부가 다스렸잖아요."

"에도 막부 말기 들어서 일본 고유의 문물을 연구하는 '국학' 연구가 활발히 이루어졌다고 이야기한 것 기억나니? 국학이 유행하면서 일본에는 옛날처럼 '일본은 신의 나라'이며, '천황은 신의 자손'이라고 여기는 생각이 널리 퍼졌어. 이들은 신의 자손인 천황의 뜻을 받들어서 일본을 바로 세우면 서양 오랑캐의 침략을 물리칠 수 있다고 믿었어. 그래서 천황의 뜻을 무시하고 제멋대로 미국과 조약을 맺은 막부에 반발했던 거야."

"여태까지 천황은 계속 허수아비 신세였잖아요. 근데 이제 와서 천황이라니······."

장하다가 뒷머리를 긁으며 중얼거렸다.

➜ **일본 신화 속의 신들과 천황** 일본 천황을 신들과 어울리는 모습으로 표현한 그림이야. 에도 막부 시기 천황을 신의 자손이라고 생각하는 사람들이 점점 늘어났어.

"흐흐. 지금까지는 어땠는지 모르겠지만, 이제부터는 아니야. 개항 이후 일본에서는 천황의 뜻을 받들어 막부를 몰아내고 새 나라를 세우겠다는 목소리가 하루가 다르게 커져 갔거든."

용선생의 핵심 정리

아편 전쟁 이후 에도 막부는 서양의 힘을 실감하고 쇄국 정책을 완화했으며, 이후 미국의 위협을 받고 개항함. 개항 과정에서 막부는 미국을 비롯한 열강과 불평등 조약을 맺었고, 이에 많은 영주가 막부에 반발하고 나섬.

무사들이 천황을 앞세워 막부를 무너뜨리다

"막부를 몰아내자고요? 막부가 가만두지 않았을 거 같은데요."
왕수재가 안경을 추켜올리며 용선생을 바라보았다.
"그렇지. 막부는 막부 반대파를 강력하게 탄압했어. 하지만 개항 이후 서양 열강과 본격적인 무역이 시작되자 막부 반대파의 목소리엔

한층 힘이 실렸지. 개항 이후 일본 경제가 많이 혼란해졌거든."

"개항 때문에 일본 경제가 어려워진 거예요?"

"응. 일본은 아직 외국과 무역을 할 준비가 덜 되어 있었거든. 개항을 한 뒤 일본은 주로 누에고치에서 뽑은 실과 차를 수출했어. 그런데 애초에 생산량이 많지 않아서 수출을 하고 나니 일본 사람이 쓰기에도 실과 차의 양이 부족해진 거야. 덩달아 국내 시장에서 가격도 뛰었지."

"수출 때문에 일본 사람들의 생활이 어려워졌군요."

"또 다른 문제도 있어. 서양 상인은 일본에 면직물과 모직물을 팔고 금과 은 같은 귀금속을 받아 갔어. 근데 그 양이 너무 많았던 탓에 나중에는 화폐로 쓸 귀금속이 부족해졌지. 일본 사람들은 이게 다 서양 오랑캐와 서양 오랑캐의 말을 무턱대고 들어준 막부 탓이라고 여겼어."

"그래서 막부 반대파의 세력이 커진 거군요."

"막부 반대파는 천황이 사는 교토에 모여 '천황을 중심으로 뭉쳐서 서양 오랑캐의 침략을 물리치자'며 목소리를 높였어. 그리고 막부의 관청을 습격하거나 외국인 상관을 공격하기도 했지. 막부가 군대까지 동원해서 이들을 몰아내자, 이번에는 에도에서 멀리 떨어진 사쓰마 번과 조슈 번이 공공연하게 막부에 반기를 들었지. 이들은 천황의 뜻을 따른다며 바다를 지나는 유럽 상선을 향해 무차별 공격을 퍼붓기도 했단다."

↑ 누에를 치는 일본 사람들 누에에서 뽑아낸 실은 비단의 원료인 생사라고 해. 생사는 개항 직후 일본의 주요 수출품이었어.

용선생의 세계사 돋보기

이런 주장을 '존왕양이(尊王攘夷)'라고 해. '존왕(尊王)'은 왕을 떠받들고 존중한다는 의미고, '양이(攘夷)'는 오랑캐를 쫓아낸다는 뜻이야.

→ **4개국 연합군에 정복된 시모노세키의 포대**
조슈 번은 서양 열강에 참패를 당했어. 막부 반대파 무사들은 이때 서양의 압도적인 힘을 체험하고 생각을 바꿨지.

"앗, 그러다가 유럽이 공격이라도 하면 어쩌려고요?"

"결국 우려하던 일이 터졌어. 1864년에 프랑스와 영국, 네덜란드, 미국, 네 나라의 해군이 출동해 조슈 번을 공격한 거야. 조슈 번은 제대로 싸워 보지도 못하고 처참하게 패배했고, 군사 요충지인 시모노세키는 순식간에 점령당하고 말았지. 그리고 이보다 1년 전에 이미 사쓰마 번도 영국 함대의 공격을 받았어. 이제 막부 반대파는 서양 세력의 강력함을 뼈저리게 느끼고 현실적으로 서양 세력을 물리치는 것이 불가능하다는 걸 깨달았지. 이때부터 사쓰마 번과 조슈 번은 태도를 180도 바꿔 서양과 적극적으로 교류했어."

"그럼 막부에 찬성하는 입장으로 돌아선 거예요?"

"그건 아냐. 서양 세력을 무조건 배척하는 입장만 바꿨을 뿐 막부에 반대하는 입장은 그대로였지. 사쓰마 번과 조슈 번은 서양의 최신 무기와 배로 무장한 뒤 힘을 합쳐 막부를 몰아내려고 했단다."

"그러니까 서양의 군사 기술을 이용해 막부와 싸우려고 한 거군요?"

"맞아. 조슈와 사쓰마의 움직임이 심상치 않자, 막부는 1866년에 군사를 이끌고 조슈를 공격했어. 하지만 이미 최신 서양 무기로 무장한 조슈 번 무사들에게 가로막혀 실패하고 말았지. 막부가 지방의 번 하나도 제대로 진압하지 못했단 소식이 전국에 퍼지자 막부의 권위는 바닥에 떨어졌단다. 쇼군은 이대로는 안 되겠다 싶어 중요한 결정을 내렸어. 바로 쇼군의 지위를 내놓고 권력을 천황에게 다시 넘기겠다고 선언한 거야. 이 선언을 '대정봉환'이라고 해."

"그럼 이제 천황이 일본을 다스리는 거예요?"

장하다가 고개를 갸우뚱거렸다.

"말로는 그랬지만, 쇼군은 여전히 일본의 최고 군사령관이었어. 실질적으로 모든 나랏일을 맡아보았지. 쇼군은 형식상 천황에게 권력을 돌려준다고 한 뒤, 일본 모든 번의 영주를 모아 영국의 의회 비슷한 조직을 만들 생각이었단다. 그러면 어차피 쇼군의 힘이 가장 강하니 영주들을 설득해서 계속 권력을 유지할 수가 있거든."

"헐, 머리 한번 엄청나게 썼네요."

"하지만 막부 반대파를 이끌던 사쓰마 번과 조슈 은 단박에 쇼군의 속셈을 눈치채고 먼저 행동에

↑ 〈대정봉환도〉 에도 막부의 마지막 쇼군 도쿠가와 요시노부가 권력을 천황에게 다시 넘기는 의식을 진행하고 있어. 이 의식을 통해 에도 막부는 공식적으로 해체됐지.

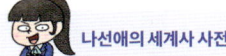
나선애의 세계사 사전

대정봉환 '대정(大政)'은 '막부가 천황에게서 받은 나라를 다스릴 권리'를 말해. 이 권리를 천황에게 돌려준다는 뜻이지.

메이지 유신이 성공하고 일본이 열강으로 떠오르다

→ **금기(錦旗)** 새 정부의 군대가 앞세운 깃발이야. 새 정부의 군대가 천황의 뜻에 따르는 군대라는 것을 의미했지. 이 깃발을 본 막부파 무사들은 크게 동요했대.

나섰어. 1868년에 천황이 있는 교토로 가서 황궁을 장악한 뒤, 새로운 정부를 세운 거야. 새 정부는 천황의 이름으로 쇼군이 가진 모든 직위와 영지를 빼앗았어."

"그렇게 나온다면 쇼군도 가만히 있지 않을 텐데요."

"맞아. 그래서 쇼군과 새로운 정부 사이에 치열한 전쟁이 벌어졌어. 하지만 쇼군은 이미 천황에게 권력을 돌려주겠다고 선언한 뒤라, 천황의 명령을 거역해서 싸울 명분이 마땅치 않았어. 더구나 천황이 쇼군을 반역자라고 낙인찍었기 때문에 영주들의 지지도 얻을 수 없었단다. 결국 약 1년에 걸친 전쟁 끝에 새로운 정부가 막부파를 완전히 무찌르고 일본을 장악하게 돼."

"그럼 막부가 무너진 거예요?"

"응. 새로운 정부는 에도를 일본의 새로운 수도로 정하고 교토에 있는 천황을 에도로 모셔 왔어. 이때부터 에도는 도쿄라고 불리게 되었지. 새로운 정부는 여러 가지 개혁 정책을 실시했는데, 이 개혁 정책을 통틀어서 '메이지 유신'이라고 한단다."

> **용선생의 세계사 돋보기**
>
> 도쿄(東京)는 '동쪽의 수도'란 뜻이야. 새 수도 에도는 원래 수도였던 교토의 동쪽에 있었기 때문에 이런 이름이 붙은 거지.

"메이지 유신이 무슨 뜻이에요?"

"당시 천황이 쓰던 연호가 메이지였거든. 유신은 유교 경전에 나오는 말인데, 새로워진다는 뜻이지. 그러니까 메이지 유신은 메이지 천황 시대에 실시한 개혁이라는 말이야. 메이지 유신은 그동안 막부 반대파를 이끌었던 사쓰마, 조슈 출신 무사들이 주도했어. 이들은 번정 개혁에 이미 성

→ **메이지 천황**
(재위 1867년~1912년) 메이지 천황은 개혁의 상징으로 새 정부의 중심에 섰어.

공한 경험이 있기 때문에 새로운 정부의 개혁에 적임자였지."

"근데 뭘 개혁하는 건데요?"

"개혁의 목적은 분명했어. 천황을 중심으로 똘똘 뭉쳐서 일본을 강국으로 만드는 것이지. 그래야만 서양 열강과 맺은 불공평한 통상 조약을 고칠 수 있다고 생각했거든. 우선 새로운 정부는 각 지역의 영주가 가지고 있던 땅과 군대를 모두 천황에게 반납하도록 했단다. 봉건 제도를 없애고 천황을 중심으로 강력한 중앙 집권 국가를 건설하려고 한 거야."

"그게 어디 말처럼 쉬운가요? 영주들도 크게 반발했을 것 같고요."

왕수재가 어깨를 으쓱했다.

"물론 이런 조치를 한 번에 실시한 건 아니야. 단계적으로 해 나갔어. 새 정부는 일단 영주들을 설득해서 자발적으로 땅과 군대를 반

← 기도 다카요시
(1833년~1877년) 조슈 번 출신의 무사로 막부 말기 사쓰마 번과 손잡고 메이지 유신을 성공시켰어.

메이지 유신이 성공하고 일본이 열강으로 떠오르다　**209**

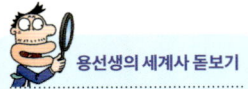
용선생의 세계사 돋보기
처음에 302개였던 현은 이후 72개, 43개로 수가 차츰 줄어들었단다.

납하는 대신, 자신이 다스리던 번을 그대로 이어 다스릴 수 있게 해 주었지. 스스로 땅을 반납한 영주가 많아지자 모든 번을 없애고, 전국을 300여 개의 현으로 나눈 뒤 정부가 임명한 관리를 보내 다스리도록 했단다. 이렇게 해서 막부 시절의 봉건 제도는 완전히 사라졌어."

"봉건 제도를 없애다니 대단하네요."

"두 번째로 새 정부는 세금 제도를 손봤어. 세금을 쌀 대신 돈으로 내도록 했지. 일본에서는 이미 수백 년 동안 은화나 금화, 동전과 같은 화폐를 활발히 사용했는데도, 세금은 여전히 쌀로 거뒀거든."

"세금을 쌀 대신 돈으로 거두면 뭐가 좋은데요?"

"쌀 같은 물건으로 세금을 거두면 나라 살림을 안정적으로 꾸리기 어려워. 정부는 세금으로 거둔 쌀을 다시 시장에 내다 팔아서 돈을 마련하는 식으로 나라 살림을 꾸렸거든. 근데 쌀값은 해마다 달라지니, 세금이 해마다 일정치가 않은 거야. 세금이 얼마나 걷히는지 알 수 없으니 자연스레 국가 계획을 세우기도 어려워지지."

"아하, 돈으로 세금을 거두면 그런 일이 없겠군요."

"응. 그리고 새 정부는 땅 주인에게 토지 권리 문서인 지권을 나누어 줘서 토지 거래를 하도록 해 줬어. 이제 땅 주인은 맘대로 땅을 사고팔 수 있게 되었지. 정부는 지권에 기록된 땅값을 기준으로 세금을 거뒀어."

"그렇게 하면 뭐가 달라져요?"

"자유롭게 토지 거래가 이뤄지면 토지 가격도 오르

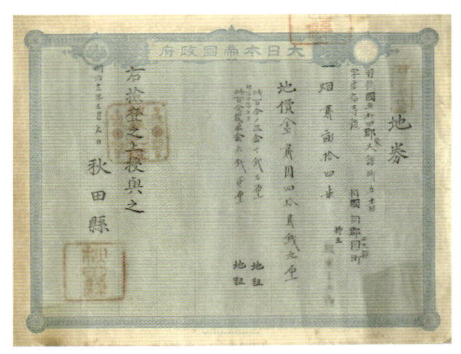
↑ 지권 정부가 발행한 지권에는 땅의 위치와 면적, 토지 가격과 소유자의 이름이 기록됐어. 토지 소유자는 지권에 기록된 땅값에 따라 매해 3퍼센트의 세금을 화폐로 정부에 내야 했지.

고, 그만큼 자연스럽게 세금도 늘어나게 돼. 이렇게 거둔 세금으로 정부는 공장을 세우고 산업을 집중적으로 육성했단다."

"흠, 여러모로 필요한 개혁만 쏙쏙 골라서 했군요."

"새 정부는 신분 제도도 뜯어고쳤어. 원래 막부 시절의 일본은 모든 국민을 직업에 따라 '사농공상'으로 엄격히 구분해 신분에 맞지 않는 일을 못 하게 했어. 예컨대 농민은 농사 이외에 다른 일을 할 수 없었지. 하지만 새 정부는 이런 구분을 없애고 새로운 신분 제도를 도입했어. 그 결과 인구의 93퍼센트에 해당하는 사람들이 평민이란 신분을 갖게 되었지. 평민은 예전에는 귀족이나 쓰던 성씨를 사용할 수도 있고, 자유롭게 직업을 선택할 수도 있었단다."

"갑자기 왜 신분 제도를 바꿨는데요?"

"산업화 때문이야. 이제 일본도 서양처럼 산업을 발전시켜야 하는데, 그러려면 공장이나 광산에서 일할 노동자가 많이 필요해. 그런데 낡은 신분 제도 때문에 국민들이 전부 농촌에 묶여 있으면 안 되니까 미리 손을 쓴 거지."

"산업화? 이제 일본도 유럽처럼 산업이 급격히 발전하나요?"

곽두기의 눈이 휘둥그레졌다.

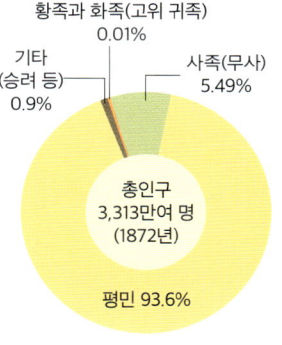

▲ 메이지 유신 이후 신분별 인구 비율

용선생의 핵심 정리

막부 반대파는 서양 세력과 싸워 패배한 뒤 서양의 군사 기술을 적극적으로 받아들이고 반막부 운동에 나섬. 막부파와 막부 반대파의 내전 끝에 천황을 중심으로 한 새 정부가 세워지고, 새 정부는 대대적인 개혁인 메이지 유신에 나섬.

머리부터 발끝까지 전부 서양식으로 바꿔라!

▲ **이와쿠라 사절단의 대표들** 이들은 미국과 유럽 12개국을 다니며 앞선 서양 문물을 직접 체험했어. 사절단은 여행을 마친 뒤 일본의 개혁을 이끌었단다.

(사진 속) 사절단 단장인 이와쿠라 도모미 / 조선 침략을 주도한 이토 히로부미

용선생의 세계사 돋보기

1500년대 말과 1600년대 초 예수회 선교사의 주선으로 막부의 허가를 받아 교황청, 프랑스, 에스파냐로 크리스트교 사절단이 파견됐어. 이때 일본은 정식으로 유럽에 알려졌지.

"일본 정부는 산업화에 목숨을 걸었어. 무슨 수를 내서든 산업화를 이루어야 서양과 대등한 힘을 인정받고, 불평등 조약도 고칠 수 있다고 믿었거든. 정부는 먼저 미국과 유럽으로 100명이 조금 넘는 대규모 사절단을 파견했어."

"사절단의 규모가 크네요."

"일본은 예전에도 유럽에 외교 사절단을 보낸 적이 있지만, 이번에는 그 목적이 확연히 달랐어. 서양의 여러 국가와 맺은 불평등 조약을 재협상할 뿐 아니라, 서양의 발전한 모습을 직접 체험하는 것도 중요한 목적이었지. 그래서 사절단에는 관리와 학자뿐만 아니라 수십 명의 남녀 학생도 포함되었어. 사절단의 대표가 일본의 외무 대신 이와쿠라 도모미였기 때문에, '이와쿠라 사절단'이라고 부른단다."

"학생들까지? 뭔가 배우려고 단단히 작정했나 봐요."

"1871년에 일본을 떠난 사절단은 태평양을 건너 미국의 샌프란시

▼ **프랑스 대통령과 만나는 이와쿠라 사절단**

스코로 향했어. 드넓은 미국을 횡단해 워싱턴 D.C.에서 미국 대통령을 만나고, 뒤이어 대서양을 건너 유럽으로 향했지. 그 뒤 약 1년 반에 걸쳐서 영국, 프랑스, 네덜란드, 독일 등 유럽의 주요 국가를 두루 방문했단다."

"세계 일주를 한 셈이네요! 느낀 게 정말 많았겠어요."

"응. 이와쿠라 사절단이 직접 목격한 서양은 막연히 생각했던 것보다 훨씬 더 화려하고 부유했어. 도시에는 마차가 분주히 돌아다니고, 고층 빌딩이 즐비한 데다가 나라 구석구석은 철도로 연결되어 있었

↑ **소학교에서 공부하는 아이들** 칠판과 책상 등 서양의 영향을 받은 물건들이 많이 보여. 소학교에 다니는 아이들은 매일 정해진 시간에 등교하고, 과학과 수학 등 여러 가지 과목을 공부해야 했단다.

지. 게다가 서양의 주요 국가에는 나라를 보다 효율적으로 운영할 수 있는 각종 제도와 법체계도 잘 갖추어져 있었고, 여러 학문의 발달도 눈부실 정도였단다. 일본에 돌아온 사절단은 굳게 마음을 먹었어. 일본 사회를 머리끝부터 발끝까지 전부 다 서양식으로 바꾸기로 한 거야."

| 용선생의 세계사 돋보기 |

정부가 서양을 철저히 따라 하는 개혁을 실시하면서 일본은 전통 제도와 관습이 서양식으로 바뀌었어. 이 현상을 '문명개화'라고 해.

"서양 열강처럼 강해지려면 철저히 따라 해야 한다고 생각한 거군요."

"응. 그러려면 무엇보다 교육이 먼저지. 정부는 젊은이를 유럽과 미국으로 유학 보내서 앞선 기술과 학문을 배워 오게 했단다. 그리고 국내에는 소학교를 설치해 6세 이상의 모든 어린이에게 서양식 교육을 시켰어. 요즘으로 치면 초등학교가 생긴 거지. 또 이때부터 여자아이도 학교에 다니며 교육을 받게 됐어."

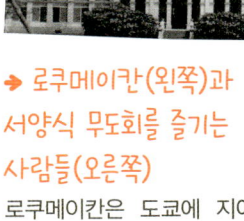

→ **로쿠메이칸(왼쪽)과 서양식 무도회를 즐기는 사람들(오른쪽)**
로쿠메이칸은 도쿄에 지어진 서양식 건물로, 외국 손님을 접대하는 사교 공간이었어. 일본 고위 관료들은 이곳에서 서양식 무도회를 즐겼지.

← **개화 정책으로 바뀐 일본의 풍경** 서양식 건물이 즐비한 길 한가운데를 기차와 마차, 인력거가 돌아다니고 있어. 길거리에는 서양식 옷을 입은 사람들도 눈에 띄지.

"어휴, 이때부터 애들은 무조건 학교에 다녀야 했구나."

장하다가 입을 비죽 내밀었다.

"일본 정부는 겉모습도 철저히 서양을 모방하기로 했어. 그래서 전국에 단발령을 내렸어. 비록 모양은 다르지만 일본 남성들도 옛날 우리가 그러했듯이 머리 위에 상투를 틀고 다녔거든. 천황이 직접 나서서 상투를 자르면서 모범을 보이자, 서양식의 짧은 헤어 스타일이 빠르게 퍼져 나갔어."

"신처럼 떠받드는 천황이 바꿨으니 다들 따라 해야겠네요."

왕수재가 피식 웃으며 말했다.

"헤어스타일뿐 아니라 복장도 바뀌었어. 거리에는 양복 차림에 구두를 신고, 서양 사람처럼 테이블에서 식사를 하는 사람이 점점 많아졌지. 또 쇠고기와 빵을 즐겨 먹는 사람도 늘었어. 또 요코하마같이 외국인이 많이 드나드는 항구에는 유럽식 건물이 지어져 눈길을 끌었단다."

"이야! 정말 철저하게 서양을 따라 했네요."

나선애의 세계사 사전

단발령 남자들의 긴 머리카락을 서양식으로 짧게 자르게끔 강제하는 명령이야.

용선생의 세계사 돋보기

원래 일본 사람들은 쇠고기를 먹는 일이 매우 드물었어. 소는 농업에서 귀중한 노동력이었을 뿐 아니라 불교의 영향으로 고기를 먹지 않는 풍습이 남아 있었거든.

↑ **규나베(스키야키)** 일본의 대표적인 쇠고기 전골 요리야. 메이지 정부는 서양에 비해 왜소한 일본 사람들의 체격을 개선하기 위해 육식을 적극적으로 권했대.

→ **도쿄와 요코하마 사이에 건설된 철도**
1872년 건설된 일본 최초의 철도야. 철도가 건설되며 요코하마는 대도시로 급속히 성장해 나갔지.

40년 사이에 온 일본이 철도로 연결됐구나!

↑ **일본의 철도 건설**

허영심의 상식 사전

경공업 부피에 비해 무게가 가벼운 물건을 만드는 공업을 말해. 보통 의류, 신발, 각종 식료품과 식기류 등 일상생활에서 널리 쓰이는 물건을 만들어 내지.

"무엇보다도 일본 정부는 철도 건설에 팔을 걷어붙였어. 서양 열강이 급속한 산업화를 이룰 수 있었던 가장 큰 이유가 철도에 있다고 생각했거든. 1872년에 최초로 철도가 건설됐고, 이후 40여 년에 걸쳐서 일본 전역에 철도가 깔렸지."

"와, 속도가 어마어마하네요."

"일본 정부는 산업 육성도 게을리 하지 않았어. 철도를 깔기 위해 제철 산업을 키웠고 철광산 개발에도 적극적으로 뛰어들었지. 특히 각종 무기를 만드는 군수 산업을 적극적으로 키웠어. 서양 국가들이 세계를 지배할 수 있는 건 뭐니 뭐니 해도 강한 군사력 덕택이었고, 강한 군사력을 키우기 위해선 군수 산업을 키워야 했거든."

"영국처럼 방직 공장 같은 건 안 세웠어요?"

"물론 옷감이나 신발 같은 생필품을 만드는 경공업 분야에도 투자했어. 1880년대에는 오사카에 영국식 최신 설비를 들여와서 직물을

생산하는 공장을 세웠지."

"근데 선생님, 일본 정부는 그걸 다 무슨 돈으로 했나요? 철도를 까는 것도 기계를 사는 것도 다 돈이 있어야 하잖아요."

나선애의 질문에 용선생은 고개를 끄덕였다.

"좋은 질문이야. 아까 세금 제도를 고쳐서 안정적으로 세금을 거두게 되었다고 했지? 일본 정부는 그 돈을 산업 발전에 과감하게 투자했단다. 또 신분 제도를 개혁한 덕에 돈 많은 상인도 공장을 짓고 제품 생산에 뛰어들 수 있었어. 이때 과감히 투자에 뛰어든 기업들은 오늘날 일본 경제를 이끄는 거대 회사로 성장하기도 했지."

"아하, 그렇구나."

"하지만 모든 사람이 정부의 개화 정책을 지지하진 않았어. 가령 학교 교육만 하더라도 반발이 심했어. 일본 정부는 학교를 세우는 데 드는 비용을 모두 지역 주민에게 떠넘겼거든. 그리고 무사들의 불만도 몹시 컸단다."

> **곽두기의 국어 사전**
>
> **개화** 열 개(開) 될 화(化). 사람이 머리와 마음을 활짝 열어 새로운 사상과 문물, 제도를 받아들이는 일을 가리켜.

"왜 무사들이 불만을 가졌는데요?"

"대부분의 무사들은 번의 영주 밑에서 관리로 일해 생계를 꾸렸어. 그런데 에도 막부 말기부터 일본에 대기근과 경제 위기가 반복되면서 무사들의 삶이 무척 어려워졌지. 게다가 메이지 유신이 진행되면서 막부와 번이 사라지자, 졸지에 실업자가 된 무사까지 생긴 거야."

"아유, 무사들은 이제 뭘로 먹고사나요?"

"대부분은 명예 하나로 버텼단다. 이러니저러니 해도 일본이 위기에 처했을 때 무기를 들고 싸우러 나갈 사람들은 무사밖에 없다는 자존심 덕분이었지. 그런데 정부가 징병제를 실시하는 바람에 이 자

메이지 유신이 성공하고 일본이 열강으로 떠오르다

▲ 칼을 찬 무사를 단속하는 관리 관리들은 이렇게 거리에서 칼을 차고 다니는 무사들을 단속했어.

▲ 이타가키 다이스케
(1837년~1919년) 무사 출신으로 메이지 유신 이후 자유 민권 운동을 이끌었어. 일본 최초의 정당인 자유당을 세웠지.

존심마저 무너졌어. 이제 무사가 아니더라도 20세 이상의 남자는 나라를 지키는 군인이 될 수 있었거든. 딱 잘라 말하자면 이제 무사는 낡은 골동품 같은 신세가 된 거야."

"쯧쯧, 안됐네요."

"그뿐만이 아냐. 원래 무사에게는 칼을 차고 다닐 수 있는 특권이 있었어. 겉으로 보기에 평민과 무사를 확실하게 구별시켜 주는 특권이었지. 하지만 정부에서 무사가 칼을 차고 다니는 것까지 금지했단다. 신분 제도를 개혁해 신분의 구별을 없애려는데, 무사에게만 예외로 특권을 허용할 수 없기 때문이야. 무사들 입장에서는 마지막 남은 무사의 상징물마저 빼앗겨 버린 셈이었지."

"그러다가 무사들이 반란이라도 일으키는 거 아니에요?"

"정답이야. 불만이 폭발한 무사들은 여러 번 반란을 일으켰어. 하지만 모두 실패로 돌아갔지. 오랫동안 일본의 특권 계급이었던 무사는 이렇게 힘을 잃고 서서히 사라졌단다."

"쩝, 무사들이 이렇게 사라지는군요."

"근데 또 다른 이유로 정부에 불만을 가진 사람도 있었어."

"그 사람들은 누군데요?"

"미국이나 유럽에서 시작된 정치사상의 영향을 받은 사람들이었어. 이들은 인권을 중요시하고 시민들의 자유와 평등한 권리를 소중하게 여겼단다. 그래서 사쓰마나 조슈 같은 일부 번 출신 인물만 정부의 요직을 차지하고 자기 맘대로 권력을 휘두르는 모습을 비판했

곽두기의 국어 사전

요직 중요할 요(要) 직책 직(職). 중요한 직책이나 직위를 의미해.

어. 그리고 외국처럼 국민의 권리를 보장하는 헌법을 만들고, 국민의 대표로 구성된 의회를 열라며 자유 민권 운동을 벌였지. 이들은 특히 일본의 지주로부터 큰 지지를 얻었어."

"지주들이 왜 지지했나요?"

"자유 민권 운동가들이 세금을 내는 사람이라면 누구나 정치에 참여할 권리가 있다고 주장했기 때문이야. 이때 세금을 내는 사람은 대부분 땅을 가진 지주였거든."

"아하, 그렇군요. 근데 정부가 이런 요구를 받아들였어요?"

"일단 서양처럼 헌법과 의회를 만들겠다고 약속했어. 하지만 서양에도 정말 다양한 나라가 있잖니? 대표적인 강대국인 영국, 프랑스, 독일, 미국만 해도 정치 제도가 서로 정말 많이 달랐어. 그중에 어떤 나라를 따라 하느냐에 따라 일본은 완전히 다른 나라가 될 수도 있었지. 이때 이토 히로부미가 유럽의 각국 정치 제도를 비교한 끝에 독일 헌법을 모델로 일본 헌법을 만드는 작업에 착수했어."

"앗, 이토 히로부미라고요? 안중근 의사가 저격한 사람 맞아요?"

아이들이 화들짝 놀라서 묻자 용선생이 고개를 끄덕였다.

"맞아. 이토 히로부미는 훗날 일본의 총리 대신을 지내며 조선 침략을 주도하게 되지. 이토 히로부미가 만든 헌법은 1889년에 메이지 천황이 '대일본 제국 헌법'이란 이름으로 공포했단다. 메이지 천황이 공포한 헌법이라고 해서 메이지 헌법이라고도 해."

"근데 선생님, 왜 하필 독일을 따라 했죠?"

"이 무렵 유럽에서는 후발 주자인 독일이 강대국으로 화려하게 떠오르는 중이었거든. 게다가 독일은 유럽의 주요 국가 중에서 유일하

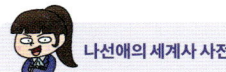

나선애의 세계사 사전

자유 민권 운동 메이지 시대에 민주주의를 요구했던 일본의 정치, 사회 운동을 가리켜.

↑ **이토 히로부미**
(1841년~1909년) 일본 제국의 헌법 초안을 만들고 훗날 일본의 총리 대신을 지낸 인물이야. 우리에겐 조선 침략을 주도한 인물로 잘 알려져 있지.

용선생의 세계사 돋보기

독일은 비스마르크의 주도 아래 통일 제국을 이루고, 산업화에도 성공해서 이미 영국과 맞먹는 공업 강국으로 성장했어.

◆ 메이지 헌법 공포
1889년, 메이지 천황은 일본 최초의 헌법을 공포했어.

게 군주가 막강한 권력을 쥔 제국이었어. 천황을 중심으로 나라를 세우려는 일본에게는 독일 모델이 가장 잘 맞았던 거야."

"흠, 그렇군요."

"메이지 헌법을 통해 일본은 그럴싸한 의회와 재판소를 갖추고 삼권 분립을 이룬 국가가 되었지. 또 일본 국민들은 신체의 자유나 종교의 자유 같은 기본적인 인권을 보장받을 수 있게 됐어. 하지만 메이지 헌법엔 큰 문제가 하나 있었지."

"그게 뭔데요?"

"천황이야. 메이지 헌법에는 이렇게 규정돼 있거든. '일본 제국은 천황이 통치하는 국가이다.', '천황은 신성한 존재로, 누구의 간섭도 받지 않는다.'"

"엥? 그게 무슨 소리예요?"

"그럴싸한 헌법이 만들어지기는 했지만, 정작 천황은 모든 법을 뛰어넘는 사람이었던 거지. 그러니까 천황의 뜻만 내세우면 무엇이든 할 수 있었어. 전쟁을 벌이는 것도, 의회를 만들고 없애는 것도 천황

메이지 유신 이후 일본 통치 체제의 변화

1889년 메이지 헌법이 만들어지면서 일본의 통치 체제는 크게 변화했어. 이제 일본은 여느 서양 국가처럼 삼권 분립 체제를 갖추고 사법·행정·입법권을 각각 다른 기관에서 갖게 되었지.

법을 제정하는 입법권은 제국 의회가 맡았어. 제국 의회는 황족 및 고위 귀족이 대대로 세습하는 '귀족원'과 국민의 투표로 의원을 선출하는 '중의원'으로 구성되었지. 다만 일정 금액 이상을 세금으로 내는 사람에게만 투표권을 주었기 때문에, 중의원 선거에 모든 국민의 뜻이 반영된 것은 아니란다.

법에 따라 재판을 실시하는 사법권은 재판소가 맡았고, 법에 따라 나랏일을 논의하고 처리하는 행정권은 천황이 임명한 내각이 맡았어. 내각 총리 대신은 내각의 책임자로 사실상 나랏일을 맡아보았지. 하지만 메이지 헌법에 따르면 천황은 의회와 재판소, 내각을 뛰어넘어 절대 권력을 휘두를 수 있었어. 헌법 수정을 요구할 수도 있고, 일본 제국의 군대 지휘권도 갖고 있었단다. 그래서 천황만 내세우면 무엇이든지 할 수 있었던 게 메이지 헌법의 가장 큰 문제점이었지.

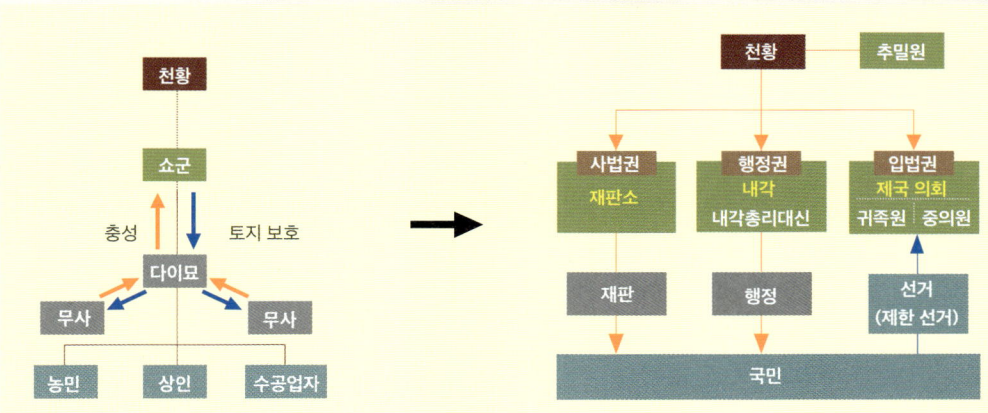

↑ 일본 통치 체제의 변화

← 메이지 시대 추밀원의 회의 모습

천황에게는 중요한 나랏일을 결정할 때 조언을 해주는 추밀원이 있었어. 추밀원의 회원 대부분은 내각 대신이나 귀족원 의원으로 구성되었단다.

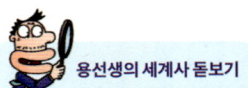

용선생의 세계사 돋보기

몇몇 천황은 실제 권력을 휘둘렀다는 것이 밝혀지기도 했어. 예컨대 제2차 세계 대전 당시 히로히토 천황은 일본이 전쟁을 일으키는 데 적지 않은 역할을 했지.

의 뜻이면 가능했지."

"우아, 그럼 이제는 정말 천황이 일본을 다스리는 거네요."

"흐흐. 그렇다고 해서 갑자기 천황이 나서서 일일이 나랏일을 챙긴 건 아니야. 천황은 여전히 겉으로만 최고 권력자에 가까웠어. 실제 나라를 다스린 건 내각에 있는 여러 대신이었지. 대신들은 필요할 때마다 천황의 뜻을 들먹이면서 법을 무시하기 일쑤였단다. 그러니까 헌법으로 보장된 삼권 분립이나 국민의 인권 보장 같은 기본적인 원칙도 무시당할 위험이 있었던 거야."

"그러니까 천황을 핑계로 뭐든 대신들 맘대로 할 수 있는 게 문제란 거군요."

아이들이 고개를 끄덕였다.

용선생의 핵심 정리

일본은 철저히 서양을 따라 문명개화 정책을 실시함. 이 과정에서 무사들이 몰락하고, 헌법 제정과 참정권을 요구하는 자유 민권 운동도 일어남. 일본 정부는 '일본 제국 헌법'을 만들었으나, 천황에게 절대 권력을 부여하는 한계를 가진 헌법이었음.

조선을 침략하고 청나라에 승리를 거두다

"그런데 메이지 유신이 막 시작됐을 무렵부터 일본에서는 뜻밖의 주장이 터져 나왔단다. 바로 이웃 나라 조선을 침공해야 한다는 주장이었어."

"어머, 갑자기 왜 조선을 공격하자고 해요?"

영심이가 화들짝 놀라며 되물었다.

"처음 계기가 된 건 조선과의 외교 문제였어. 막부가 무너졌을 때, 일본 정부는 조선에 사절단을 보내 일본에 천황을 받드는 새로운 정부가 세워졌다고 알렸지. 근데 조선에 보낸 외교 문서 형식이 에도 막부 시절과 크게 달랐단다. 그동안은 쇼군이 '일본 왕' 이름으로 문서를 보냈는데, 이제는 낯선 '천황'이란 이름이 떡하니 적혀 있었던 거야. 당시 조선을 이끌던 흥선 대원군은 이따위 외교 문서는 받을 수 없다고 단칼에 거절했어."

"일본 정부가 좀 당황했겠는걸요?"

"흐흐, 당황했다기보다 불쾌하게 여겼어. 천황이 무시당한 것이라고 생각해 자존심이 무척 상했거든. 몇 년간 조선과 협상을 벌였지만 진척이 없자, 과격한 무사들을 중심으로 조선 침략 주장이 슬금슬금 고개를 든 거지."

"헐, 자기 뜻대로 안 된다고 이웃 나라를 침략해요? 뭐, 그런 이유가 다 있담."

"물론 그 이유가 전부는 아냐. 1800년대 후반 조선은 동아시아에서 유일하게 아직 개항하지 않은 나라였어. 일본은 조선이 서양 열강에게 굴복해서 나라 문을 여는 건 시간문제라고 여겼단다. 그러니 다른 나라가 나서기 전에 일본이 한발 앞서서 조선을 집어 삼켜 식민지로 삼으려고 한 거지. 이런 주장을 정한론

장하다의 인물 사전

흥선 대원군 (1820년~1898년) 조선 말 왕족이자 정치가. 고종의 아버지로 약해진 왕권을 강화하고 외세의 침략을 막으려 했어.

용선생의 세계사 돋보기

정권이 바뀌어서 외교 문서나 형식이 바뀌면 사전에 알리고 협의를 하는 것이 기본적인 외교 절차였어. 일본은 이를 무시하고 일방적으로 외교 관계를 새로 맺으려 했던 거야. 게다가 흥선 대원군은 일본이 서양 문물을 받아들인 걸 못마땅하게 여겼어.

나선애의 세계사 사전

정한론 일본이 조선을 정복해야 한다는 사상이나 신념을 가리켜.

➡ **후쿠자와 유키치(1835년~1901년)의 《문명론지개략》**
후쿠자와는 일본이 빨리 문명 국가가 되어 아시아의 다른 국가들을 이끌어야 한다고 주장했지. 이 주장은 일본의 문명개화 정책에 큰 힘이 되었지만, 조선 침략의 사상적 배경이 되기도 했어.

↑ 정한론을 토론 중인 관료들 일본 정부에서 조선 정복을 두고 거세게 논쟁하는 모습이야.

이라고 해."

"진짜 뻔뻔한 생각이네요."

장하다가 인상을 찌푸리며 중얼거렸다.

"하지만 당장 조선과 전쟁을 일으키는 건 곤란하다는 주장이 더 컸어. 서양을 따라가려면 할 일이 산더미인데 섣불리 나설 수는 없다는 거였지. 그 대신 일본은 1875년, 조선에 군함 한 척을 보냈어. 영국에서 구입해 온 이 배의 이름은 운요호였지."

"어, 어디서 들어 본 배 이름인데……."

곽두기가 어렴풋이 기억을 더듬었다.

"운요호는 조선의 해안을 탐사한다는 핑계를 대면서 남해안을 따라 강화도까지 올라갔어. 강화도의 조선 병사들이 경고 사격을 하자, 오히려 요새에 대포를 쏜 뒤 유유히 일본으로 돌아갔단다."

"아, 운요호 사건 말씀하시는 거죠?"

↑ 운요호 운요호는 1870년 조슈 번이 영국에서 수입해 온 군함이었어.

← 강화도 조약 체결 장면 조약 체결 당시 일본은 무력으로 조선을 위협해서 유리한 조건으로 조약을 맺었어.

226

나선애의 말에 용선생은 고개를 끄덕였다.

"몇 달 뒤에 더 많은 일본 군함이 강화도에 다시 나타났어. 일본은 운요호 사건을 빌미로 조선을 협박하면서 개항을 요구했어. 이 일로 조선은 강화도 조약을 맺고 일본에 항구를 열었단다. 그런데 강화도 조약은 일본이 개항할 때 맺었던 조약과 마찬가지로 조선에 매우 불리한 불평등 조약이었지."

"그러고 보니 조선을 개항시킨 방법이 일본이 당했던 방법이랑 정말 비슷한데요?"

왕수재가 안경을 살짝 들어 올리며 말했다.

"맞아. 일본은 서양 열강이 일본에 써먹은 방식을 조선에 고스란히 다시 써먹었어. 사실 조선이 강화도 조약을 맺은 뒤에 일어난 일도 일본이 겪었던 일과 크게 다르지 않아. 미국이나 영국 등 여러 서양 열강이 일본의 뒤를 이어 조선과 통상 조약을 맺었거든."

"알고 보니 일본이랑 우리나라랑 처지가 비슷했네요."

"그래. 일본과 조선의 처지가 비슷해 보였기 때문에, 조선에는 성공적으로 개혁을 실행해 나가는 일본을 본받아야 한다고 생각하는 사람들이 늘어났어. 일본은 이들을 앞세워 조선에서 조금씩 세력을 키워 갔단다. 나중에는 조선에 있는 일본인을 보호한다는 명목으로 군대까지 주둔시켰지. 그런데 일본의 이런 움직임을 몹시 못마땅하게 보던 나라가 있었어."

"어떤 나란데요?"

"바로 청나라야. 청나라는 <u>자신이 조선의 조공을 받는 대국이라고 생각</u>했기 때문에 조선을 호시탐탐 노리는 일본이 달갑지 않았지. 그

 용선생의 세계사 돋보기

동아시아에서 주변국들이 중국의 왕조와 맺는 조공 책봉 관계는 실질적인 속국 관계는 아니었어. 청나라도 조선의 내정에 대해 함부로 간섭할 수는 없었지. 하지만 제국주의 시대에 접어들면서 대부분의 나라가 제국주의 국가가 되거나 다른 나라의 식민지가 되는 신세였어. 청나라도 조선을 식민지처럼 속국으로 삼으려고 했던 거야.

▲ 갑신정변을 일으킨 개화파
개화파는 일본군의 도움을 받아 왕비 민씨 세력과 청나라 세력을 한꺼번에 몰아내고 조선을 확 바꾸려고 했어.

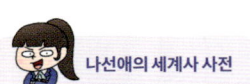

나선애의 세계사 사전

동학 농민 운동 1894년 탐관오리의 부정부패에 맞서 동학 지도자들과 동학교도 및 농민들이 일으킨 민중 봉기를 가리켜.

래서 청나라도 질세라 조선에 군대를 보냈고, 기회가 있을 때마다 조선에서 일본을 몰아내려고 했지. 팽팽했던 두 나라의 대립은 1884년에 갑신정변을 계기로 전환점을 맞이한단다. 조선의 개화파가 일본군의 도움을 받아서 반란을 일으키고 정부를 장악한 사건 기억나지?"

"아, 그것도 배운 적 있어요. 결국 실패했죠?"

"맞아. 갑신정변은 청나라 군대가 끼어드는 바람에 실패로 끝났지. 갑신정변 이후 일본과 청나라는 1885년에 톈진 조약을 맺고 조선 문제에 관해 담판을 지었어. 두 나라는 조선에서 동시에 군대를 철수하고 앞으로 조선에 군대를 보낼 일이 생기면 서로 연락하기로 했단다."

"에이, 조선에 영원히 군대를 안 보내겠다는 것도 아니고, 그게 뭐예요!"

"두 나라 모두 언젠가는 조선을 집어삼키겠다는 생각을 갖고 있었던 거야. 결국 1894년에 기회가 찾아왔어. 조선에 동학 농민 운동이 일어나는 바람에 조정이 궁지에 몰리자, 왕비 민씨 세력이 청나라에

➔ 압록강 하류에서 벌어진 해전 일본 함대는 황해와 압록강 하구에서 청나라 함대와 맞붙어 대승을 거두고 곧이어 랴오둥반도의 뤼순을 쉽게 점령했어.

도움을 요청했거든. 청나라는 기다렸다는 듯 조선에 군대를 보냈고, 이 소식을 들은 일본 역시 조선으로 군대를 보냈지. 일본군은 조선에 들어오자마자 왕궁을 점령한 뒤에 청나라에 틈을 주지 않고 전쟁을 선포했어. 청일 전쟁이 터진 거지."

"그럼 청나라랑 일본이 우리나라에서 전쟁을 벌인 건가요?"

"맞아. 일본 군대는 전쟁을 시작하자마자 청나라 군대에 잇따라 승리했어. 일본은 평양에서 크게 승리를 거두었고, 황해 곳곳의 해전에서도 청나라 함대를 격파했단다. 심지어 중국 본토로 진군해 랴오둥반도와 산둥반도까지 쳐들어갔지. 결국 청나라는 채 일 년도 지나지 않아서 두 손을 들 수밖에 없었어. 일본이 아시아의 거인 청나라를 쓰러트린 거야."

↑ 청일 전쟁 상황

← 인천에 상륙한 일본군
일본은 인천 제물포와 원산에 군대를 상륙시키고 청나라에 전쟁을 선포했어.

메이지 유신이 성공하고 일본이 열강으로 떠오르다 **229**

↑ **영국 주간지에 실린 만평** 청일 전쟁의 결과를 다윗과 골리앗의 싸움으로 묘사했어.

"청나라는 왜 그렇게 맥없이 진 거죠? 일본군이 훨씬 신식이었던 건가요?"

"그건 아니야. 이 무렵이면 청나라도 양무운동을 거쳤기 때문에 일본 못지않은 신식 군대와 함대를 갖추고 있었어. 문제는 군대를 지휘하는 정치인과 지휘관의 무능함이었어. 청나라의 정치인과 지휘관은 전쟁 중에도 군사비를 빼돌리며 부정부패를 일삼았거든. 그래서 청나라 군대는 보급도 제대로 받을 수 없었어. 물론 군대의 사기도 완전 바닥이었지."

"역시, 그런 문제가 있었군요."

"아무튼 청일 전쟁은 세계인이 일본을 다시 보게 만든 사건이었어. 청나라가 비록 두 차례의 아편 전쟁으로 한물가긴 했지만, 모두들 아직은 청나라가 동아시아에서 가장 강력한 국가라고 생각했거든. 그런데 이제는 일본이 동아시아 최강국으로 우뚝 서게 된 거야. 청일

↑ **시모노세키 조약을 체결하는 청나라와 일본** 청일 전쟁의 패배로 청나라는 일본에 막대한 배상금을 지불하고 랴오둥반도와 타이완섬을 주기로 했어. 또한 조선의 내정에 간섭할 수도 없게 됐지.

↑ **타이완 총독부** 시모노세키 조약이 맺어진 이후 타이완의 일본 총독이 머물던 총독부야. 지금은 타이완의 총통부 건물로 사용하지.

전쟁 이후 맺어진 시모노세키 조약을 통해 일본은 동아시아에서 상당한 이득을 보았단다."

"무슨 이득을 봤는데요?"

"일단 청나라는 조선에서 손을 떼고, 랴오둥반도와 타이완섬을 일본에 내주기로 했어. 또 엄청난 양의 전쟁 배상금을 물어냈지. 이때 청나라가 배상금으로 낸 돈은 일본 한 해 세금 수입의 4배나 됐어."

"우아, 엄청나네요. 그렇게 많은 돈을 받아서 어디다 쓴담?"

"돈을 쓸 곳이야 많지. 이때 일본 정부는 한창 산업화를 진행하고 있었으니까 말이야. 일본 정부는 청일 전쟁으로 받은 배상금을 제철업에 집중 투자했어. 그 결과 일본은

↑ **야하타 제철소** 청일 전쟁의 배상금으로 건설된 제철소야. 이곳은 한때 일본 철강 생산량의 90퍼센트를 차지했을 정도로 일본 산업 발전에 중요한 역할을 했단다.

메이지 유신이 성공하고 일본이 열강으로 떠오르다

허영심의 상식 사전

중공업 부피에 비해 무게가 무거운 물건을 생산하는 공업을 말해. 철강 산업과 기계 산업, 자동차 산업 등이 해당돼.

철강 생산과 배를 만드는 조선업 등 철이 많이 필요한 중공업 분야에서도 빠른 속도로 발전을 이룰 수 있었단다."

용선생의 핵심 정리

일본은 운요호 사건을 계기로 강화도 조약을 맺어 조선에서 세력을 넓혀 갔으며, 이를 막으려는 청나라와 충돌해 청일 전쟁을 벌임. 청일 전쟁에서 승리한 일본은 동아시아 최강국으로 떠오르며 영토와 전쟁 배상금을 비롯한 많은 이득을 챙김.

일본이 러시아를 무너뜨리고 열강으로 떠오르다

"청나라도 물리쳤으니, 이제 일본이 조선을 손쉽게 식민지로 만들겠군요."

"아직은 넘어야 할 벽이 있었어. 청나라보다 훨씬 덩치도 크고 강력한 러시아가 조선을 노리고 있었거든. 러시아는 청나라가 아편 전쟁으로 혼란스러운 틈을 타서 한반도 북쪽의 연해주를 차지하고, 만주와 한반도로 세력을 넓혀 갔어. 일본이 청일 전쟁을 통해 확보한 조선과 랴오둥반도는 정확히 러시아가 노리는 지역이었지."

"맞다. 그러고 보니까 러시아가 부동항을 찾아 남쪽으로 계속 내려왔다고 하셨죠?"

용선생은 곽두기에게 눈을 찡긋하는 걸로 대답을 대신했다.

"러시아는 외교력을 동원해 일본의 앞길을 가로막았어. 프랑스, 독일과 함께 랴오둥반도를 청나라에 돌려주라고 일본에 압박을 넣었

▲ 러시아와 일본 사이에서 고통받는 조선
왼쪽의 일본, 오른쪽의 러시아 사이에 끼어 있는 조선의 신세를 풍자하는 그림이야.

▲ 동아시아로 남하하는 러시아

지. 러시아, 프랑스, 독일, 이 세 나라가 간섭해 일본의 세력 확장을 막았다고 해서 이 사건을 삼국 간섭이라고 불러."

"전쟁을 해서 어렵게 차지한 땅인데…… 설마 돌려줬어요?"

"일본에서는 '우리가 전쟁 끝에 차지한 땅을 왜 러시아가 문제 삼느냐'며 반발이 거셌어. 하지만 유럽의 쟁쟁한 세 강대국의 요구를 무시할 수는 없었지. 일본은 배상금을 좀 더 받는 조건으로 랴오둥반도를 청나라에 돌려주었단다."

"일본도 유럽 강대국 앞에선 별수 없었네요."

"그런 셈이지. 삼국 간섭을 계기로 러시아가 조선에서 영향력을 키워 나가자 일본은 위기를 느꼈어. 자칫하다가는 조선을 식민지로 삼으려는 계획이 물거품이 될지도 몰랐거든. 그때 일본에 슬며시 손을 내민 유럽의 강대국이 있었어. 바로 자나 깨나 러시아의 남하를 막는

용선생의 세계사 돋보기

삼국 간섭을 지켜본 조선의 고종과 왕비 민씨는 러시아와 손을 잡았어. 그러자 일본은 조선에서 밀려나지 않으려고 왕비 민씨를 살해했단다. 하지만 목숨의 위협을 느낀 고종이 궁궐을 떠나 러시아 공사관으로 몸을 피해 버리는 통에 러시아의 영향력은 더욱 커졌지.

메이지 유신이 성공하고 일본이 열강으로 떠오르다 **233**

→ **영일 동맹 풍자화**
(1902년) 영국은 청나라에서, 일본은 조선에서 서로의 이익을 지켜 주기로 하고, 제3국과 싸움이 벌어지면 중립을 지켜 주기로 했어.

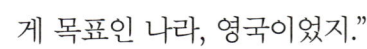

게 목표인 나라, 영국이었지."

"어머, 그럼 영국이 일본과 동맹을 맺은 거예요?"

"그래. 영국은 러시아를 견제하기 위해 일본과 동맹을 맺고, 일본이 한반도를 식민지로 삼는 걸 인정해 줬단다."

"이런, 완전 자기네 마음대로네요!"

"이제 일본은 두려울 게 없었어. 일본은 1904년에 러시아 해군이 주둔한 항구 도시 뤼순을 기습했단다. 이로써 러일 전쟁이 시작됐지. 이제 전 세계가 또다시 일본을 주목했어. 러시아는 세계 최강국 영국과 어깨를 나란히 하는 강대국이고, 일본은 이제 막 발전하기 시작한 동아시아 구석의 신흥국에 불과했거든. 그야말로 거인과 난쟁이의 대결이 시작된 거야."

"그럼 이번에는 러시아가 이겼겠죠?"

왕수재의 지리 사전

뤼순 랴오둥반도 끝에 자리 잡은 항구 도시로 전략적으로 중요한 항구였어. 지금은 다롄 시의 일부가 되었어.

→ **일본군의 공격에 함락된 뤼순항**
러시아군은 일본군의 공격에 맞서 치열하게 싸웠지만 결국 항복했어.

234

"아니, 놀랍게도 러일 전쟁은 일본의 승리로 끝났어."

"어떻게 그럴 수가 있죠? 영국이 함께 싸워 준 거예요?"

"영국이 전쟁을 직접 도와주진 않았어. 전쟁 자금을 빌려주며 조용히 응원하는 정도였지."

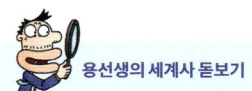

용선생의 세계사 돋보기

영국뿐 아니라 미국도 일본 편을 들었어. 일본은 이 두 나라에서 전쟁 자금의 약 60퍼센트를 빌렸지.

"그런데도 러시아가 졌다는 거예요?"

장하다가 도저히 믿기지 않는다는 표정을 지었다.

"러시아가 진 데에는 여러 가지 이유가 있었어. 우선 전쟁이 벌어진 한반도 부근이 유럽에서 워낙 멀다는 게 문제였어. 러시아 영토가 유라시아 전역에 뻗어 있긴 하지만, 대부분의 병력과 물자는 유럽에 집중되어 있었거든. 막상 전쟁이 터지자 이 병력과 물자가 동쪽 끝 아시아로 이동하는 데에만 몇 개월이 필요했지. 실제로 유럽에서 출동한 러시아 함대는 8개월이 지난 후에야 겨우겨우 한반도에 도착했단다. 그나마 일본 함대의 기습으로 제대로 싸워 보

↑ 발트해 함대의 이동 경로

← 대포를 맞고 침몰하는 발트해 함대 발트해 함대는 러시아가 자랑하는 최강의 함대였어. 하지만 8개월간의 긴 항해를 거친 후에야 겨우 대한 해협에 도착했고, 그나마 제대로 싸워 보지도 못하고 무력하게 패배했지.

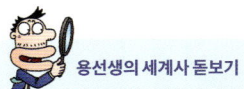

용선생의 세계사 돋보기

이 사건을 '피의 일요일'이라고 해. 훗날 러시아 혁명까지 이어지는 중요한 사건이지.

왕수재의 지리 사전

포츠머스 미국 북동부 뉴햄프셔주에 위치한 항구 도시야. 조선업이 발달했고 미국의 해군 기지가 있어 오랫동안 군사 도시 역할을 하기도 했지.

지도 못하고 전멸했지."

"8개월이나요? 와, 전쟁터로 가다가 전쟁 다 끝나겠네요."

"여기에 러시아 내부의 사정도 엉망이었단다. 이 무렵 러시아는 계속되는 기근과 경제 위기 때문에 시민들의 불만이 폭발하기 일보 직전이었거든. 심지어 황제의 근위병이 시위를 벌이는 시민을 향해 총을 쏘아서 수많은 민간인을 사살하는 사태가 벌어졌어. 그 이후 러시아 전역에서 노동자 수십만 명이 폭동과 파업을 일으켜 경제가 마비되기에 이르렀지."

"어휴, 그래서 전쟁을 제대로 치를 수가 없었다는 말씀이시군요."

곽두기가 고개를 끄덕였다.

"선생님, 일본은 러일 전쟁에서도 큰 이득을 봤겠네요?"

"그러지 못했어. 사실 일본은 러시아의 약점을 노려서 재빠르게 아픈 곳만 친 다음에 유리한 조건으로 평화 조약을 맺을 생각이었지."

"근데 계획대로 되지 않았군요."

"응. 일본은 청일 전쟁을 8개월 만에 끝냈지만, 러일 전쟁은 1년 넘게 이어졌어. 이렇게 전쟁이 길어질수록 일본은 전쟁 비용 때문에 쩔쩔매게 됐지. 전쟁이 시작된 지 1년 만에 무려 8년 치 세금을 전쟁 비용으로 써 버렸거든. 게다가 인명 피해도 계속 늘어나면서 도저히 전쟁을 계속할 수 없는 상태에 이르렀지. 결국 두 나라는 미국의 중재로 포츠머스에서

↑ 러시아와 일본의 대립을 그린 풍자화
1904년 프랑스 신문에 실린 만평이야. 거인 러시아와 난쟁이 일본의 싸움을 서양 열강들이 흥미진진하게 구경하고 있어. 청나라는 경기장에 들어오지도 못하고 밖에서 지켜보고 있지.

↑ **포츠머스에 모인 러시아와 일본 협상 대표** 러시아와 일본은 미국의 중재 아래 조약을 체결했어. 포츠머스 조약으로 러시아는 일본이 한반도에서 세력을 확대하는 걸 인정하고 사할린 남부를 일본에 넘겨주었어.

평화 조약을 맺었단다."

"엥? 그럼 일본이 이긴 것도 아니네요? 누가 이긴 거죠?"

영심이가 이상하다는 듯 고개를 갸웃거렸다.

"공식적으로는 일본의 승리였지. 하지만 러시아는 패배를 전혀 인정하지 않았어. 그래서 일본은 러시아에게서 전쟁 배상금을 챙기지 못했단다. 일본은 사할린 남부를 차지하고 조선에서 러시아의 영향력을 없애는 정도에 만족해야 했지. 막대한 비용을 들여 전쟁을 치른 것치고는 초라한 성과였어."

"일본 국민들도 많이 실망했겠네요."

"그랬단다. 승리 소식에 기뻐하던 일본 국민들은 배상금이 없다는

왕수재의 지리 사전

사할린 북태평양에 있는 거대한 섬이야. 일본 홋카이도 북쪽에 있어.

▲ 도쿄에서 열린 포츠머스 조약 반대 시위 시위대는 정부가 무능하다고 비판하며 불만을 드러냈어.

소식에 분노에 휩싸였지. 배상금 대신 받아 왔다는 사할린 남부는 사실 농사가 힘든 땅이라 큰 이득이 되지 못했거든. 사람들은 러시아와 재협상을 하라며 폭동을 일으켰어. 관공서를 부수고 거리를 불태웠지. 정부는 신속하게 폭동을 제압했지만 사람들의 불만은 오랫동안 잦아들지 않았어."

"막무가내로 전쟁을 일으키고, 이기면 배상금 받아내고, 그걸 제대로 못 받았다고 시위까지 하는 걸 보면 좀 이상해요."

장하다가 볼멘소리로 말했다.

"그래. 제국주의 시대는 이렇게 국가간의 분쟁이 끊임없이 일어나고 국민들도 전쟁을 부추기는 분위기였지. 러일 전쟁의 승리로 일본은 이제 누구의 눈치도 보지 않고 한반도를 식민지로 만들 수 있었어. 미국도 일본이 한반도를 식민지로 삼는 것을 인정했고, 영국도 일본과 다시 동맹을 맺어서 지원을 계속해 나갔거든. 러일 전쟁이 끝난 지 5년 뒤인 1910년에 일본은 대한 제국을 강제로 합병하며 우리나라를 식민지로 만들었단다."

"한국사 수업에서도 그랬지만 이 부분은 언제 들어도 답답하고 슬퍼요."

"우리 입장에서는 그렇지. 그런데 뜻밖에도 아시아의 지식인들은 러일 전쟁을 통해 희망을 얻기도 했단다."

"네? 희망이라고요?"

아이들이 일제히 인상을 찌푸렸다.

"1900년대 초 아시아의 모든 국가는 서양 열강의 침략 때문에 큰 고통을 겪었어. 그런데 일본은 아시아에서 유일하게 자기 힘으로 산업화와 개혁에 성공하고, 심지어 러시아 같은 강대국과 전쟁을 벌여 승리를 거두기까지 한 거야. 그래서 아시아의 지식인들은 일본을 모범으로 삼아야 한다고 생각했지."

 용선생의 세계사 돋보기

베트남에서는 일본으로 청년들을 유학 보내는 움직임이 활발히 일어났고, 청나라 지식인들은 메이지 유신을 모방해 혁명을 일으키기도 했어.

메이지 유신이 성공하고 일본이 열강으로 떠오르다 **239**

▲ 1910년 일본의 아시아 침략

"쳇, 이웃 나라를 침략해서 식민지로 삼는 나라를 모범으로 삼다니……."

"그만큼 서양 열강의 침략이 너무나 극심했고, 러일 전쟁이 준 충격이 대단했던 거지. 유럽인도 일본을 달리 보게 되었어. 그래서 개항 초기에 맺었던 불평등한 조약들도 평등하게 고쳤단다. 한마디로 이제 일본도 서양 열강과 어깨를 나란히 하는 열강 세력으로 인정받았다는 뜻이지."

"어휴, 일본 사람들은 아주 의기양양했겠어요."

"맞아. 일본은 아시아에서 제일가는 강대국일 뿐 아니라, 제일가는 문명국이라는 자부심을 갖게 됐어. 그래서인지 이전보다 훨씬 과감하고 본격적으로 아시아 침략에 매달렸단다. 열강으로 거듭난 일본이 어떤 식으로 아시아를 뒤흔드는지는 다음 시간에 계속 알아보도록 하자. 오늘은 여기까지!"

> **용선생의 핵심 정리**
>
> 러시아가 주도한 삼국 간섭으로 일본은 궁지에 몰림. 그러나 일본은 러시아의 팽창을 경계한 영국과 동맹을 맺으며 러일 전쟁을 일으켰고, 러일 전쟁에서 승리하며 한반도를 식민지로 삼고 열강으로 지위를 굳히게 됨.

나선애의 정리노트

1. ### 서양 열강에 문을 연 에도 막부
   - 에도 막부는 아편 전쟁 후 서양의 힘을 깨닫고 쇄국 정책 완화
   - 페리의 위협으로 미국에 개항하고, 서양 열강과 불평등 조약을 맺음.
     → 미일 수호 통상 조약: 최혜국 대우, 협정 관세, 치외 법권 등을 인정한 불평등 조약

2. ### 에도 막부의 붕괴와 메이지 유신
   - 막부 반대파는 서양과의 전쟁에서 패배 후 서양 문물을 적극 받아들임.
   - 막부와 막부 반대파의 내전에서 에도 막부가 무너지고 새 정부가 세워짐.
     → 새 정부는 메이지 유신으로 천황 중심의 중앙 집권 국가를 만들려고 함.

3. ### 메이지 유신을 통해 개혁에 성공한 일본
   - 일본은 사회를 서양식으로 바꾸는 문명개화 정책과 산업화를 실시함.
   - 무사 집단이 몰락하고 헌법과 의회 설립을 주장하는 자유 민권 운동이 시작됨.
     → 메이지 헌법을 제정했으나 천황에게 절대 권력을 부여하는 한계를 가짐.

4. ### 새로운 열강으로 떠오른 일본
   - 운요호 사건으로 조선과 강화도 조약을 맺고 청일 전쟁을 벌임.
     → 승리한 일본은 동아시아 최강국으로 떠오름.
   - 러시아가 삼국 간섭을 펼치며 팽창하자 일본은 영국과 동맹을 맺고 러일 전쟁을 일으킴.
     → 승리한 일본은 한반도를 식민지로 삼고 열강으로서의 입지를 확고히 하게 됨.

세계사 퀴즈 달인을 찾아라!

1 아편 전쟁 이후 에도 막부의 모습으로 옳지 않은 것은? ( )

① 쇄국 정책을 강화했다.
② 미국의 위협을 받고 개항했다.
③ 미국을 비롯한 열강과 불평등 조약을 맺었다.
④ 막부 반대파는 개항에 반대하고, 막부를 몰아내려 했다.

3 빈칸에 들어갈 말로 알맞은 것은? ( )

일본은 서양을 따라 문명 개화 정책을 실시하는 과정에서 일본 제국 헌법을 만들었어. 하지만 이 헌법은 ○○에게 절대 권력을 부여하는 한계가 있어.

① 국민　　② 무사
③ 의회　　④ 천황

2 빈칸에 들어갈 알맞은 말을 써 보자.

막부 반대파는 에도 막부를 무너뜨리고, 천황을 중심으로 일본을 유럽 열강과 같은 강국으로 만들려고 했어. 그러기 위해 막부의 봉건 제도를 없애는 등 서양의 제도를 따라 여러 개혁 정책을 펼쳤지. 이 개혁 과정을 당시 천황의 연호를 따서 ○○○ ○○이라고 해.

( )

4 청일 전쟁에 대해 잘못 설명한 친구는? ( )

 ① 러시아의 삼국 간섭을 계기로 터진 전쟁이야.

 ② 전쟁에서 승리한 일본은 시모노세키 조약을 체결했지.

 ③ 청나라는 랴오둥 반도와 타이완섬을 일본에 내주기로 했어.

 ④ 일본은 청일 전쟁에서 승리한 후 동아시아 최강국으로 떠올랐대.

정답은 263쪽에서 확인하세요!

5 사진 속 인물들이 일본에 가져온 변화로 옳지 <u>않은</u> 것은? ( )

<이와쿠라 사절단>

① 일본 곳곳에 철도가 건설되고 각종 산업이 발달했다.
② 6세 이상의 모든 아동이 서양식 교육을 받게 되었다.
③ 독일 헌법을 모델로 삼아 일본식 근대 헌법이 제정되었다.
④ 군수 산업의 성장으로 전쟁 전문가인 쇼군과 무사의 지위가 올라갔다.

6 다음 사건들을 일어난 순서대로 써 보자.

| ㉠ 러일 전쟁 | ㉡ 청일 전쟁 |
| ㉢ 메이지 유신 | ㉣ 자유 민권 운동 |

(- - -)

> 용선생 세계사 카페

막부를 지키는 무사 집단 신센구미

▲ 곤도 이사미
곤도 이사미는 신센구미 대장으로 대원들을 이끌었어. 대정봉환 이후 막부 편에서 싸우다가 목숨을 잃었지.

▲ 이케다야 사건이 일어난 이케다야
신센구미는 이케다야에서 테러를 계획하던 막부 반대파를 습격해 체포했어.

페리의 내항으로 막부는 그동안 꽁꽁 닫아 놓았던 나라의 문을 활짝 열었어. 하지만 뒤이어 막부를 타도하려는 막부 반대파와 막부에 충성하고 지지하는 세력이 대결을 시작했지. 막부 반대파는 개항에 반대하며 천황을 중심으로 힘을 모아 서양 세력을 쫓아내야 한다고 주장했어. 그래서 일본 곳곳에서 쇼군이나 막부 주요 관료를 목표로 삼아 테러를 벌이며 막부에 맞섰지.

특히 천황이 살았던 교토가 막부 반대파의 주된 무대였단다. 막부는 무사들을 고용해 테러를 막고 교토의 불안정한 치안을 바로잡으려고 했어. 이때 막부에 고용된 무사 집단을 '신센구미'라고 해.

신센구미 대원들은 대부분 일본 각지에서 올라온 하급 무사나 평민이었어. 신센구미의 대장도 평민이었고, 고위급 지휘관 중에도 평민이 많았지. 신분을 따지지 않고 대원들을 두루 받아들이다 보니 갈등도 심했어. 신센구미 대원들 중에서는 막부 반대파와 싸우다가 목숨을 잃은 사람 못지않게 내분에 휘말려 목숨을 잃은 사람도 많았지. 그래서 신센구미는 내부 규율을 몹시 엄격하게 세웠어. 신센구미 탈퇴는 허용되지 않았고 만일 허락 없이 신센구미를 나간 게 적발되었을 경우 스스로 목숨을 끊어야 했대.

신센구미는 교토에서 막부 반대파를 감시하며 오늘날 경찰과 같이 사회의 안전과 질서를 유지하는 일을 맡았어. 특히 1864년에 일어난 이케다야 사건은 신센구미가 올린 최고 성과 중 하나란다.

이케다야 사건은 신센구미가 교토의 '이케다야'라는 술집에서 막부 반대파의 주요 인물들을 체포한 사건이야. 막부 반대파는 천황을 납치하려는 계획을 논의하고 있었는데, 이 사실을 알아낸 신센구미가 기습적으로 들이닥쳤지. 이케다야 사건으로 신센구미는 막부 반대파에게는 무서운 존재가 되었단다.

하지만 1867년, 에도 막부의 쇼군이 대정봉환을 선언하고 스스로 권력을 천황에게 넘기면서 신센구미의 몰락이 시작됐어.

▲ 신센구미의 본거지 니시혼간지 신센구미의 세력이 커지면서 교토의 니시혼간지라는 큰 사찰로 본거지를 옮겼어.

황궁을 점거한 막부 반대파가 새 정부를 세우고 막부파와 전쟁을 시작하자, 신센구미 역시 막부파로서 전쟁에 끼어들었어. 그리고 막부파가 2년 만에 전쟁에서 패하고 새 정부가 일본을 완전히 장악하자 신센구미 역시 역사의 뒤안길로 사라지게 되었단다.

역사 속에서 신센구미가 활약한 기간은 매우 짧지만, 일본 젊은이들은 신센구미를 매우 잘 알고 있을뿐더러 많이 좋아해. 아마 에도 막부 말기, 걷잡을 수 없이 몰락해 가던 무사들이 마지막으로 눈에 띄게 활약했던 사례이기 때문일 거야. 그래서 신센구미는 사적인 이득보다 충성과 명예 같은 가치를 우선시하고, 총과 대포 같은 신무기에 맞서서 뛰어난 무예 실력으로 저항하다가 결국 비장한 최후를 맞이하는 영웅적인 이미지로 많이 알려졌지. 오늘날 신센구미는 사극은 물론 만화, 게임의 소재로 자주 등장한단다.

▲ 신센구미 제복을 입은 마네킹

➡ 일본의 인기 만화 〈은혼〉
막부 반대파와 신센구미의 대립을 중심으로 에도 막부 말기의 복잡한 사회상에서 모티브를 따왔어.

용선생 세계사 카페

메이지 시대에 만들어진 일본 기업들

메이지 유신이 시작되고 일본 정부가 적극적인 산업화를 추진하면서 여러 기업이 만들어졌어. 이들 중에는 오늘날까지 일본 경제에서 활약 중인 기업이 많지. 어떤 기업이 있는지 같이 살펴보도록 할까?

▶ 미쓰비시 그룹 로고
마름모 세 개가 맞물린 형태야.

일본 최대의 재벌 미쓰비시 그룹

미쓰비시 그룹은 일본 3대 재벌 기업 중 하나로 우리나라에도 이름이 잘 알려졌어. 거대 편의점 체인인 로손, 공장 기계와 산업용 로봇을 만드는 미쓰비시 전기, 일본 중공업의 중심인 미쓰비시 중공업이 미쓰비시 그룹이 거느린 유명 회사야.

미쓰비시는 1870년 도사 번 출신의 하급 무사 이와사키 야타로가 세웠는데, 첫 출발은 '미쓰비시 상회'라는 작은 선박 회사였지. 미쓰비시 상회는 메이지 유신 이후 일본 정부를 적극 지원하면서 정부와 밀접한 관계를 맺었고, 그 덕분에 메이지 시대를 거치며 폭발적인 성장을 거듭했어. 정부의 지원을 받은 덕에 미쓰비시는 여러 회사를 인수하며 광산과 조선소, 은행 등 다양한 업종을 거느린 회사로 탈바꿈했단다. 이후 회사 이름을 '미쓰비시 합자 회사'로 바꾸고 일본 경제의 중추로 거듭났지. 미쓰비시 그룹은 오늘날도 중공업, 유통, 은행업 등에서는 일본에서 으뜸으로 꼽히는 회사야.

↑ 미쓰비시의 창업주 이와사키 야타로

> 도사 번은 사쓰마, 조슈 번과 더불어 막부 반대 운동을 주도한 곳이야.

◀ 나가사키에 설치된 미쓰비시 중공업 크레인
미쓰비시는 정부의 지원으로 여러 기업을 인수하며 거대 회사로 성장했어. 그중에서도 대형 선박 건조나 에너지 발굴 사업을 하는 미쓰비시 중공업이 미쓰비시 그룹의 핵심 사업이란다.

◀ **하시마섬** 탄광이 발견된 뒤 1890년부터 미쓰비시 소유가 된 무인도야. 독특한 모습 때문에 '군함도'라고 불리지. 태평양 전쟁 동안 많은 우리나라 사람들이 이곳으로 끌려와 강제 노동을 했어.

지옥섬, 하시마 이야기

하지만 미쓰비시는 우리나라에 엄청난 고통을 안겨 준 회사이기도 해. 일제 강점기 당시 미쓰비시는 많은 한국인을 강제로 끌고 가 일을 시켰거든. 이때 급료는커녕 식사조차 제대로 주지 않으며 한국인을 노예처럼 비인간적으로 부려 먹었지. 특히 태평양 전쟁 시기 일본에 강제로 끌려갔던 한국인은 가혹한 노동 조건 아래에서 일본군의 전투기, 잠수함 같은 군수품을 만들어야만 했어.

미쓰비시 그룹에 강제로 끌려간 한국인들은 오늘날까지도 피해 보상을 요구하고 있어. 하지만 미쓰비시 그룹은 제대로 사과하지 않은 채 이들의 요구를 전혀 모른 척하고 있단다. 사실 미쓰비시 그룹은 대표적인 극우 기업으로, 일본의 극우 언론과 정치인 후원에 앞장서는 회사이기도 해.

↑ 미쓰비시 그룹에 피해 보상을 요구하는 사람들

작은 포목점에서 일본 재벌로 거듭난 미쓰이 그룹

세계에서 가장 많은 자동차를 판매하는 회사는 어딜까? 바로 일본의 자동차 회사 '도요타'야. 도요타 자동차는 너희들도 많이 들어 봤지? 도요타는 일본 주식 시장에서 주가 총액 1위를 달리는 기업이자 세계 최대의 자동차 생산 회사 중 하나야. 이 도요타 자동차 회사를 계열사로 거느리고 있는 그룹이 바로 일본에서 손꼽히는 재벌 그룹인 미쓰이 그룹이란다.

미쓰이 그룹은 메이지 시대를 기점으로 폭발적으로 성장한 기업이야. 첫 출발은 1673년 에도 시대 거상인 미쓰이 다카토시가 세운 '에치고야 포목점'이었지. 미쓰이는 메이지 시대에 은행과 무역, 광업 등에 진출해 일본 최고의 기업 중 하나로 거듭났어. 1909년에는 회사 이름을 '미쓰이 합명 회사'로 바꾸고 다양한 사업에 진출했지.

미쓰이는 미쓰비시와 더불어 일본 3대 재벌 기업 중 하

↑ 에도 시대의 에치고야 포목점
후지산을 배경으로 뻗은 거리에 미쓰이 그룹 로고가 그려진 포목점들이 보여.

↑ 미쓰이 그룹의 로고

→ 삿포로 맥주 공장

→ 삿포로 맥주

나로 제조업 부문에서 최대 규모를 자랑해. 방금 말한 것처럼 세계적인 자동차 생산 기업인 도요타가 미쓰이 그룹에 속한 대표적 계열사란다. 그 밖에도 우리나라에서 인기 있는 맥주인 '삿포로', 컴퓨터와 기억 장치를 만드는 '도시바'가 미쓰이 그룹에 속해 있어.

미쓰이 역시 미쓰비시처럼 일본의 제국주의 정책과 아시아 침략 전쟁에 적극적으로 협조하며 전쟁 물자를 지원했어. 그래서 제2차 세계 대전이 끝난 뒤 승전국인 미국은 전쟁의 책임을 물어 미쓰이 그룹을 해체해 버렸지.

하지만 6·25 전쟁 이후 미쓰이에 속했던 회사들이 '다이이치 물산회사'를 중심으로 다시 합쳤고, 그 뒤 오늘날 미쓰이 그룹으로 발전해 이어지고 있어.

➡ **도시바 노트북**
도시바는 노트북뿐 아니라 반도체, 철도 차량, 의료 기기 등을 생산하는 유명한 전기 및 전자 기기 제조 기업이야.

➡ **니혼바시 미쓰이 타워**
도쿄에 위치한 미쓰이 본사 건물이야. 높이 194.69미터, 지상 39층에 이르지.

⬇ **도요타 자동차 생산 공장**
도요타 공장에서 생산된 자동차는 전 세계로 수출되고 있어.

한눈에 보는 세계사-한국사 연표

세계사

1683년	제2차 빈 포위 실패
1699년	오스트리아, 오스만 제국과의 전쟁에서 승리(카를로비츠 조약)
1776년	미국 독립 전쟁 발발
1806년	나폴레옹, 대륙 봉쇄령 발령
1818년	오스만 제국에서 튤립 시대 시작
1821년	그리스 독립 전쟁 발발
1825년	데카브리스트의 반란
1839년	오스만 제국에서 탄지마트 개혁 시작
1840년	제1차 아편 전쟁 발발
1848년	1848년 혁명 발발 / 마르크스, 《공산당 선언》 발표
1851년	태평천국 운동이 시작됨
1853년	페리 제독 내항, 일본 개항 / 크림 전쟁 발발
1856년	제2차 아편 전쟁 발발
1862년	양무운동이 시작됨
1867년	에도 막부, 천황에 지배권 반납
1869년	수에즈 운하 개통 / 미국, 대륙 횡단 철도 개통
1871년	일본, 이와쿠라 사절단 파견 / 독일 제국 탄생
1877년	스탠리가 콩고 지방을 탐험함
1879년	영국이 이산들와나 전투에서 패배함
1884년	베를린 회의(아프리카 분할)
1889년	대일본 제국 헌법(메이지 헌법) 공포
1894년	청일 전쟁 발발
1898년	파쇼다 사건 / 변법자강 운동 시작
1899년	의화단 운동이 시작됨
1904년	러일 전쟁 발발
1906년	페르시아에서 입헌 혁명이 일어남
1907년	영국-프랑스-러시아 동맹 체결(삼국 협상)
1908년	오스만 제국에서 청년 튀르크당이 혁명을 일으킴
1911년	중국에서 신해혁명이 일어남
1912년	중화민국 건국 / 제1차 발칸 전쟁 발발

돌마바흐체 궁전

아편 전쟁

세실 로즈

이와쿠라 사절단

한국사

1725년	영조, 탕평책 실시
1750년	균역법 실시
1762년	사도 세자 죽음
1776년	정조, 창경궁에 규장각 설치
1778년	박제가, 《북학의》 저술
1780년	박지원, 《열하일기》 저술
1786년	서학 금지
1793년	장용영 설치
1796년	수원 화성 완공
1800년	순조 즉위, 정순 왕후 수렴청정
1811년	홍경래의 난 발발
1818년	정약용, 《목민심서》 완성
1834년	헌종 즉위
1849년	철종 즉위
1860년	최제우, 동학 창시
1861년	김정호, 《대동여지도》 제작
1862년	전국적인 농민 항쟁(1862년 농민 항쟁)
1863년	고종 즉위, 흥선 대원군 집권
1865년	경복궁 중건
1866년	프랑스 함대 침입(병인양요)
1871년	미국 함대 침입(신미양요)
1873년	고종이 직접 통치하기 시작
1876년	일본과 강화도 조약 체결
1884년	개화파들이 정변을 일으킴(갑신정변)
1885년	영국, 거문도 불법 점령
1886년	신식 교육 기관인 육영 공원과 이화 학당 설립
1894년	갑오개혁 실시
1895년	일본 자객이 왕비를 죽임(을미사변)
1896년	고종이 러시아 공사관으로 피신(아관파천)
1897년	고종, 대한 제국 선포
1898년	만민 공동회 개최
1900년	경인선 전 구간 개통
1905년	조선이 일본에 외교권을 빼앗김(을사늑약)
1907년	고종 퇴위, 군대 해산
1908년	13도 창의군 서울 진공 작전
1909년	안중근, 이토 히로부미 저격
1910년	일본이 대한 제국을 병합함
1912년	토지 조사 사업 실시

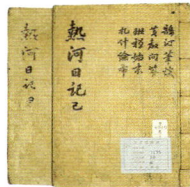

《열하일기》

《대동여지도》

황제 제복을 입은 고종

안중근 의사

찾아보기

ㄱ
가봉 14, 17~18
강화도 조약 226~227
광서제 166
광저우 135, 142~143, 145, 147, 149~153, 156, 185~186
국제 아프리카 협회 70~71
그리스 독립 전쟁 76, 97, 109~111

ㄴ
나시르 앗딘 샤 119~120
난징 조약 135, 150~151
네이폼 31

ㄷ
대정봉환 207, 245
데이비드 리빙스턴 66~69
돌마바흐체 궁전 104, 130~131
동인도 회사 29~40, 144~145

ㄹ
러일 전쟁 190, 234, 236, 238~239
레오폴 2세 50, 69~73

ㅁ
마카오 136, 139, 147, 156
마흐무트 2세 100~103
말라리아 21~22, 48~49, 67~68
메이지 유신 191, 208~209, 211, 217~218, 224, 239, 246
메이지 헌법 219, 222~223
무함마드 알리 109~111
미드하트 파샤 106

ㅂ
배상제회 156~157
베를린 회의(1884년) 50~51, 71
베이징 조약 155
벵갈 29~32, 134
변법자강 운동 166~168
북양군 162, 178~179
블라디보스토크 59
빅토리아 여왕 55~56, 68, 131

ㅅ
사쓰마 번 206~208, 218, 246
사파비 왕조 116~118
사회진화론 27
삼국 간섭 233
삼민주의 172~173, 184
상하이 135~136, 140~141, 150, 160
서 태후 164~166, 168, 170~171
세바스토폴 107
수에즈 운하 47~48
시모노세키 조약 190, 230~231
신센구미 244~245
신해혁명 134, 176~177, 185
싱가포르 13, 39

ㅇ
쑨원 172~174, 176~180, 184~185

ㅇ
아바스 1세 117
아편 35, 83, 134, 142, 144~148, 150~151, 159
아편 전쟁 41, 135~136, 142~148, 150~151, 155~157, 160, 163, 169, 196~198, 230
아프가니스탄 59, 78~83, 117~118, 129
아흐메트 3세 92~93, 95
알제리 16, 47, 99
압둘메지트 1세 103, 131
양무운동 161~163, 167, 178, 230
애로우호 152
에티오피아 13, 53
영일 동맹 234
예니체리 88~90, 92, 95, 100~102, 116
오토 폰 비스마르크 25, 50, 71, 219
와하브 운동 110, 126~129
요코하마 191, 200, 202, 215~216
워런 헤이스팅스 33
위안스카이 178~180, 185
의화단 운동 169~171
이슬람 원리주의 83, 110, 126~129
이와쿠라 사절단 212~213
이토 히로부미 193, 219
임칙서 147~150

입헌 혁명 77, 121

ㅈ
자유 민권 운동 218~219
정한론 225~226
제국주의 20, 22~28, 35, 56, 59, 61, 70, 78, 122, 136, 160, 173, 185~186, 193, 197, 203
조계지 135~136, 140~141
조슈 번 203, 205~209, 218
존왕양이 205
중화민국 38, 177~179
진화론 27

ㅊ
찰스 다윈 27
청년 튀르크당 106, 108
청일 전쟁 166, 184, 190, 229~232, 236
칭다오 136, 141

ㅋ
카를로비츠 92
카자르 왕조 118~121
캉유웨이 166~168
콩고 12, 50, 52, 69~73
콩고 분지 14~16, 19, 70~71
크림 전쟁 107, 116
크즐바쉬 116~117

ㅍ
타이완 179, 185, 190, 230
탄지마트 102~105, 107~108, 110, 130
태평천국 156~161

톈진 149, 150, 153
톈진 조약 153, 155, 228
튤립 시대 95, 96

ㅍ

파나마 운하 45
파쇼다 52, 54
페리 내항 199, 201
포츠머스 조약 237~238
프로이센-프랑스 전쟁 51, 113
필리핀 44, 46

ㅎ

하렘 87, 131
하와이섬 44, 46, 184
허버트 스펜서 27
헨리 모턴 스탠리 50, 68, 69~70
홍수전 156~158, 160
홍차법 32
홍콩 135~139, 150~152, 184, 186~187
화교 184~185
황페이홍 186~187

참고문헌

국내 도서

2022 개정 교육과정에 따른 중학교, 고등학교 사회교과군 교과서.
21세기연구회 저/전경아 역, 《지도로 보는 세계민족의 역사》, 이다미디어, 2012.
E.H. 곰브리치 저/백승길, 이종숭 역, 《서양미술사》, 2012.
R.K. 나라얀 편저/김석희 역, 《라마야나》, 아시아, 2012.
R.K. 나라얀 편저/김석희 역, 《마하바라타》, 아시아, 2014.
가와카쓰 요시오 저/임대희 역, 《중국의 역사》, 혜안, 2004.
강선주 등저, 《마주보는 세계사 교실》, 1~8권, 웅진주니어, 2011.
강희숙, 공수진, 박미선, 이동규, 정기문 저, 《세계사 뛰어넘기 1》, 열다, 2012.
강창훈, 남종국, 윤은주, 이옥순, 이은정, 최재인 저, 《세계사 뛰어넘기 2》, 열다, 2012.
거지엔숑 편/정근희 외역, 《천추흥망》1~8권, 따뜻한손, 2010.
고려대 중국학연구소 저, 《중국지리의 즐거움》, 차이나하우스, 2012.
고처, 캔디스&월트, 린다 저/황보영조 역, 《세계사 특강》, 삼천리, 2010.
교육공동체 나다 저, 《피터 히스토리아》1~2권, 북인더갭, 2011.
권동희 저, 《지리이야기》, 한울, 2005.
금현진 등저, 《용선생의 시끌벅적 한국사》1~10권, 사회평론, 2016.
기노 쓰라유키 외 편/구정호 역, 《고킨와카슈(상/하)》, 소명출판, 2010.
기노 쓰라유키 외 편/최충희 역, 《고금와카집》, 지만지, 2011.
기쿠치 요시오 저/이경덕 역,《결코 사라지지 않는 로마, 신성 로마 제국》, 다른세상, 2010.
김경묵 저, 《이야기 러시아사》, 청아, 2012.
김기협 저, 《냉전 이후》, 서해문집, 2016.
김대륜, 김윤태, 안효상, 이은정, 최재인 글, 《세계사 뛰어넘기 3》, 열다, 2013.
김대호 저, 《장건, 실크로드를 개척하다》, 아카넷주니어, 2012.
김덕진 저, 《세상을 바꾼 기후》, 다른, 2013.
김명호 저, 《중국인 이야기 1~5권》, 한길사, 2016.
김상훈 저, 《통세계사 1, 2》, 다산에듀, 2015.
김성환 저, 《교실 밖 세계사여행》, 사계절, 2010.
김수행 저, 《세계대공황》, 돌베개, 2011.
김영한, 임지현 편저, 《서양의 지적 운동》, 1~2권, 지식산업사, 1994/1998.
김영호 저, 《세계사 연표사전》, 문예마당, 2012.
김원중 저, 《대항해 시대의 마지막 승자는 누구인가?》, 민음인, 2011.
김종현 저, 《영국 산업혁명의 재조명》, 서울대학교출판문화원, 2013.
김진섭 편, 《한 권으로 읽는 인도사》, 지경사, 2007.
김진호 저, 《근대 유럽의 역사: 종교개혁부터 신자유주의까지》, 한양대학교출판부, 2016.
김창성 저, 《세계사 산책》, 솔, 2003
김태권 저, 《르네상스 미술이야기》, 한겨레출판, 2012.
김현수 저, 《이야기 영국사》, 청아출판사, 2006.
김형진 저, 《이야기 인도사》, 청아출판사, 2013.
김호동 역, 《마르코 폴로의 동방견문록》, 사계절, 2005.
김호동 저, 《아틀라스 중앙유라시아사》, 사계절, 2016.
김호동 저, 《황하에서 천산까지》, 사계절, 2011.
남경태 저, 《종횡무진 동양사》, 그린비, 2013.
남경태 저, 《종횡무진 서양사(상/하)》, 그린비, 2013.
남문희 저, 《전쟁의 역사 1, 2, 3》, 휴머니스트, 2011.
남종국 저, 《지중해 교역은 유럽을 어떻게 바꾸었을까?》, 민음인, 2011.
노명식 저, 《프랑스 혁명에서 파리 코뮌까지 1789~1871》, 책과함께, 2011.
누노메 조후 등저/임대희 역, 《중국의 역사: 수당오대》, 혜안, 2001.
닐 포크너 저/이윤정 역, 《좌파 세계사》, 엑스오북스, 2016.
데라다 다카노부 저/서인범, 송정수 공역, 《중국의 역사: 대명제국》, 혜안, 2006.
데이비드 O. 모건 저/권용철 역, 《몽골족의 역사》, 모노그래프, 2012.
데이비드 아불라피아 저/이순호 역, 《위대한 바다: 지중해 2만년의 문명사》, 책과함께, 2013.
데이비드 프리스틀랜드 저, 이유영 역, 《왜 상인이 지배하는가》, 원더박스, 2016.
도널드 쿼터트 저/이은정 역, 《오스만 제국사》, 사계절, 2008.
두보, 이백 등저/최병국 편, 《두보와 이백 시선》, 한솜미디어, 2015.
라시드 앗 딘 저/김호동 역, 《부족지: 몽골 제국이 남긴 최초의 세계사》, 사계절, 2002.
라시드 앗 딘 저/김호동 역, 《칭기스칸기》, 사계절, 2003.
라시드 앗 딘 저/김호동 역, 《칸의 후예들》, 사계절, 2005.
라이프사이언스 저, 노경아 역, 《지도로 읽는다 세계5대 종교 역사도감》, 이다미디어, 2016.
라인하르트 쉬메켈 저/한국 게르만어 학회 역, 《인도유럽인, 세상을 바꾼 쿠르간 유목민》, 푸른역사 2013.
러셀 쇼토 저, 허형은 역, 《세상에서 가장 자유로운 도시, 암스테르담》, 책세상, 2016.
러셀 프리드먼 저/강미경 역, 《1차 세계대전: 모든 전쟁을 끝내기 위한 전쟁》, 두레아이들, 2013.
로버트 M. 카멕 편저/강정원 역, 《메소아메리카의 유산》, 그린비, 2014.
로버트 템플 저/과학세대 역, 《그림으로 보는 중국의 과학과 문명》, 까치, 2009.
로스 킹 저/신영화 역, 《미켈란젤로와 교황의 천장》, 다다북스, 2007.
로스 킹 저/이희재 역, 《브루넬레스키의 돔》, 세미콜론, 2007.
로저 크롤리 저/이순호 역, 《바다의 제국들》, 책과함께, 2010.
루츠 판다이크 저/안인희 역, 《처음 읽는 아프리카의 역사》, 웅진씽크빅, 2014.
류시화, 《백만 광년의 고독 속에서 한 줄의 시를 읽다》, 연금술사, 2014.

르네 그루세 저/김호동, 유원수, 정재훈 공역, 《유라시아 유목제국사》, 사계절, 1998.
르몽드 디플로마티크 기획/권지현 등 역, 《르몽드 세계사 1, 2, 3》, 휴머니스트 2008/2010/2013.
리처드 번스타인 저/정동현 역, 《뉴욕타임스 기자의 대당서역기》, 꿈꾸는돌, 2003.
린 화이트 주니어 저/강일휴 역, 《중세의 기술과 사회변화: 등자와 쟁기가 바꾼 유럽 역사》, 지식의 풍경, 2005.
마르크 블로크 저/한정숙 역, 《봉건사회 1, 2》, 한길사, 1986.
마리우스 B. 잰슨 저/김우영 등역, 《현대일본을 찾아서》, 이산, 2010.
마이클 우드 저/김승욱 역, 《인도 이야기》, 웅진지식하우스, 2009.
마이클 파이 저/김지선 역, 《북유럽세계사 1, 2》, 소와당, 2016.
마크 마조워 저/이순호 역, 《발칸의 역사》, 을유문화사, 2014.
마틴 버낼 저/오홍식 역, 《블랙 아테나 1》, 소나무, 2006.
마틴 자크 저/안세민 역, 《중국이 세계를 지배하면》, 부키, 2010.
마틴 키친 편저/유정희 역, 《사진과 그림으로 보는 케임브리지 독일사》, 시공아크로총서, 2001.
매리 하이듀즈 저/박장식, 김동역 역, 《동남아의 역사와 문화》, 솔과학, 2012.
모방푸 저, 전경아 역, 《지도로 읽는다! 중국도감》, 이다미디어, 2016.
문수인 저, 《아세안 영웅들 – 우리가 몰랐던 세계 속 작은 거인》, 매일경제신문사, 2015.
문을식 저, 《인도의 사상과 문화》, 도서출판 여래, 2007.
미르치아 엘리아데 저/이용주 등 역, 《세계종교사상사 1, 2, 3》, 이학사, 2005.
미셀 파루티 저/ 권은미 역, 《모차르트: 신의 사랑을 받은 악동》, 시공디스커버리총서 011, 시공사, 1999.
미야자키 마사카쓰 저/노은주 역, 《지도로 보는 세계사》, 이다미디어, 2005.
미야자키 이치사다 저, 조병한 역, 《중국통사》, 서커스, 2016.
미조구치 유조 저/정태섭, 김용천 역, 《중국의 공과 사》, 신서원, 2006.
박금표 저, 《인도사 108장면》, 민족사, 2007.
박노자 저, 《거꾸로 보는 고대사》, 한겨레, 2010.
박노자 저, 《러시아는 우리에게 무엇인가》, 신인문사, 2011.
박래식 저, 《이야기 독일사》, 청아출판사, 2006.
박노자 저, 《러시아 혁명사 강의》, 나무연필, 2017.
박수철 저, 《오다 도요토미 정권의 사사지배와 천황》, 서울대학교출판문화원, 2012.
박용진 저, 《중세 유럽은 암흑시대였는가?》, 민음인, 2011.
박윤덕 등저, 《서양사강좌》, 아카넷, 2016.
박종현 저, 《희랍사상의 이해》, 종로서적, 1990.
박지향 저, 《클래식영국사》, 김영사, 2012.
박찬영, 엄정훈 등저, 《세계지리를 보다 1, 2, 3》, 리베르스쿨, 2012.
박한제, 김형종, 김병준, 이근명, 이준갑 공저, 《아틀라스 중국사》, 사계절, 2015.
배병우 등저, 《신들의 정원, 앙코르와트》, 글씨미디어, 2004.
배영수 편, 《서양사 강의》, 한울아카데미, 2000.
배재호 저, 《세계의 석굴》, 사회평론, 2015.
버나드 루이스 편/김호동 역, 《이슬람 1400년》, 까치, 2001.
베른트 슈퇴버 저/최승완 역, 《냉전이란 무엇인가》, 역사비평사, 2008.
베빈 알렉산더 저/김형배 역, 《위대한 장군들은 어떻게 승리하였는가》, 홍익출판사, 2000.
벤자민 킨, 키스 헤인즈 공저/김원중, 이성훈 공역, 《라틴아메리카의 역사 상/하》, 그린비, 2014.
볼프람 폰 에센바흐 저/허창운 역, 《파르치팔》, 한길사, 2009.
브라이언 타이어니, 시드니 페인터 공저/이연규 역, 《서양 중세사》, 집문당, 2012.
브라이언 페이건 저/이희준 역, 《세계 선사 문화의 이해》, 사회평론아카데미, 2015.
브라이언 페이건 저/최파일 역, 《인류의 대항해》, 미지북스, 2012.
브라이언 페이건, 크리스토퍼 스카레 등저/이청규 역, 《고대 문명의 이해》, 사회평론아카데미, 2015.
비토리오 주디치 저/남경태 역, 《20세기 세계 역사》, 사계절, 2005.
사마천 저/김원중 역 《사기 본기》, 민음사, 2015.
사마천 저/김원중 역 《사기 서》, 민음사, 2015.
사마천 저/김원중 역 《사기 세가》, 민음사, 2015.
사마천 저/김원중 역 《사기 열전 1, 2》, 민음사, 2015.
사와다 아시오 저/김숙경 역, 《흉노: 지금은 사라진 고대 유목국가 이야기》, 아이필드, 2007.
새뮤얼 노아 크레이머 저/박성식 역, 《역사는 수메르에서 시작되었다》, 가람기획, 2000.
새뮤얼 헌팅턴 저/강문구, 이재영 역, 《제3의 물결: 20세기 후반의 민주화》, 인간사랑, 2011.
서영교 저, 《고대 동아시아 세계대전》, 글항아리, 2015.
서울대학교 독일학연구소 저, 《독일이야기 1, 2》, 거름, 2003.
서진영 저, 《21세기 중국정치》, 폴리테이아, 2008.
서희석, 호세 안토니오 팔마 공저,《유럽의 첫 번째 태양, 스페인》, 을유문화사, 2015.
설혜심 저, 《소비의 역사 : 지금껏 아무도 주목하지 않은 '소비하는 인간'의 역사》, 휴머니스트, 2017.
송영배 저, 《동서 철학의 교섭과 동서양 사유 방식의 차이》, 논형, 2004.
수잔 와이즈 바우어 저/꼬마이실 역, 《교양 있는 우리 아이를 위한 세계역사이야기》, 1~5권, 꼬마이실, 2005.
스테파니아 스타푸티, 페데리카 로마놀리 등저/박혜원 역, 《고대 문명의 역사와 보물: 그리스/로마/아스텍/이슬람/이집트/인도/켈트/크메르/페르시아》, 생각의나무, 2008.
시바료타로 저/양억관 역, 《항우와 유방 1, 2, 3》, 달궁, 2003.
시오노 나나미 저/김석희 역, 《로마 멸망 이후의 지중해 세계(상/하)》, 한길사, 2009.
시오노 나나미 저/김석희 역, 《로마인 이야기》, 1~15권, 한길사 2007.
신성곤, 윤혜영 저, 《한국인을 위한 중국사》, 서해문집, 2013.
신승하 저, 《중국사(상/하)》, 미래엔, 2005.
신준형 저, 《뒤러와 미켈란젤로》, 사회평론, 2013.
아사다 미노루 저/이하준 역, 《동인도회사》, 피피에, 2004.
아사오 나오히로 편저/이계황, 서각수, 연민수, 임성모 역, 《새로 쓴 일본사》, 창비, 2013.
아서 코트렐 저/까치 편집부역, 《그림으로 보는 세계신화사전》, 까치, 1997.

아일린 파워 저/이종인 역, 《중세의 사람들》, 즐거운상상, 2010.
안 베르텔로트 저/체계병 역, 《아서왕》, 시공사, 2003.
안병철 저, 《이스라엘 역사》, 기쁜소식, 2012.
안효상 저, 《미국은 어떻게 만들어졌을까》, 민음인, 2013.
알렉산드라 미네르비 저/조행복 역, 《사진으로 읽는 세계사 2: 나치즘》, 플래닛, 2008.
알렉산드라 미지엘린스카 외 저, 《MAPS 색칠하고 그리며 지구촌 여행하기》, 그린북, 2017.
알렉산드라 미지엘린스카 외 저, 이지원 역, 《MAPS》, 그린북, 2017.
앙투안 갈랑/임호경 역, 《천일야화 1~6》, 열린책들, 2010.
애덤 하트 데이비스 편/윤은주, 정범진, 최재인 역, 《히스토리》, 북하우스, 2009.
양은영 저, 《빅히스토리: 제국은 어떻게 나타나고 사라지는가?》, 와이스쿨 2015.
양정무 저, 《난생 처음 한번 공부하는 미술 이야기 1~4》, 사회평론, 2016.
양정무 저, 《상인과 미술》, 사회평론, 2011.
에드워드 기번 저/윤수인, 김희용 공역, 《로마제국 쇠망사 1~6》, 민음사, 2008.
에르빈 파노프스키 저/김율 역, 《고딕건축과 스콜라철학》, 한길사, 2015.
에릭 홉스봄 저/김동택 역, 《제국의 시대》, 한길사, 1998.
에릭 홉스봄 저/정도역, 차명수 공역, 《혁명의 시대》, 한길사, 1998.
에릭 홉스봄 저/정도영 역, 《자본의 시대》, 한길사, 1998.
에이브러험 애서 저/김하은, 신상돈 역, 《처음 읽는 러시아 역사》, 아이비북스, 2013.
엔리케 두셀 저/박병규 역, 《1492년, 타자의 은폐》, 그린비, 2011.
역사미스터리클럽 저, 안혜은 역, 《한눈에 꿰뚫는 세계사 명장면》, 이다미디어, 2017.
오토 단 저/오인석 역, 《독일 국민과 민족주의의 역사》, 한울아카데미, 1996.
윌리엄 로 저, 기세찬 역, 《하버드 중국사 청 : 중국 최후의 제국》, 너머북스, 2014.
웨난 저/이익희 역, 《마왕퇴의 귀부인 1, 2》, 일빛, 2005.
유라쿠 천황 외 저/고용환, 강용자 역, 《만엽집》, 지만지, 2009.
유세희 편, 《현대중국정치론》, 박영사, 2009.
유용태, 박진우, 박태균 공저, 《함께 읽는 동아시아 근현대사 1, 2》, 창비, 2011.
유인선 등저, 《사료로 보는 아시아사》, 종이비행기, 2014.
이강무 저, 《청소년을 위한 세계사. 서양편》, 두리미디어, 2009.
이경덕 저, 《함께 사는 세상을 보여주는 일본 신화》, 현문미디어, 2005.
이기영 저, 《고대에서 봉건사회로의 이행》, 사회평론, 2017.
이노우에 고이치 저/이경덕 역,《살아남은 로마, 비잔틴 제국》, 다른세상, 2010.
이명현 저, 《빅히스토리: 세상은 어떻게 시작되었을까?》, 와이스쿨, 2013.
이병욱 저, 《한권으로 만나는 인도》, 너울북, 2013.
이영림, 주경철, 최갑수 공저, 《근대 유럽의 형성: 16~18세기》, 까치글방, 2011.
이영목 등저, 《검은, 그러나 어둡지 않은 아프리카》, 사회평론, 2014.

이옥순 등저, 《세계사 교과서 바로잡기》, 삼인, 2011.
이익선 저, 《만화 로마사 1, 2》, 알프레드, 2017.
이희수 저, 《이슬람의 모든 것》, 주니어김영사, 2009.
일본사학회 저, 《아틀라스 일본사》, 사계절, 2011.
임태승 저, 《중국 서예의 역사》, 미술문화, 2006.
임승희 저, 《유럽의 절대 군주는 어떻게 살았을까?》, 민음인, 2011.
임한순, 최윤영, 김길웅 공역, 《에다. 북유럽신화》, 서울대학교출판문화원, 2015.
임홍배, 송태수, 장병기 등저, 《독일 통일 20년》, 서울대학교출판문화원, 2011.
자닉 뒤랑 저/조성애 역, 《중세미술》, 생각의 나무, 2004.
장문석 저, 《근대정신은 어떻게 탄생했을까?》, 민음인, 2011.
장 콩비 저/노성기 외 역, 《세계교회사여행: 고대·중세 편》, 가톨릭출판사, 2013.
장진퀘이 저/남은숙 역, 《흉노제국 이야기》, 아이필드, 2010.
장 카르팡티에, 프랑수아 르브룅 편저/강민정, 나선희 공역, 《지중해의 역사》, 한길사, 2009.
재레드 다이어먼드 저/김진준 역, 《총, 균, 쇠》, 문학사상, 2013.
전국역사교사모임 저, 《살아있는 세계사 교과서 1, 2》, 휴머니스트, 2013.
전국역사교사모임 저, 《처음 읽는 미국사》, 휴머니스트, 2013.
전국역사교사모임 저, 《처음 읽는 인도사》, 휴머니스트, 2013.
전국역사교사모임 저, 《처음 읽는 일본사》, 휴머니스트, 2013.
전국역사교사모임 저, 《처음 읽는 중국사》, 휴머니스트, 2013.
전국역사교사모임 저, 《처음 읽는 터키사》, 휴머니스트, 2013.
전국지리교사모임 저, 《지리쌤과 함께하는 80일간의 세계여행 : 아시아·유럽 편》, 폭스코너, 2017.
전종한 등저, 《세계지리: 경계에서 권역을 보다》, 사회평론아카데미, 2017.
정기문 저, 《크리스트교의 탄생: 역사학의 눈으로 본 원시 크리스트교의 역사》, 길, 2016.
정기문 저, 《역사보다 재미있는 것은 없다》, 신서원, 2004.
정수일 편저, 《해상 실크로드 사전》, 창비, 2014.
정재서 저, 《이야기 동양신화 중국편》, 김영사, 2010.
정재훈 저, 《돌궐 유목제국사 552~745》, 사계절, 2016.
제니퍼 올드스톤무어 저/이연승 역, 《처음 만나는 도쿄》, SBI, 2009.
제임스 포사이스 저/정재겸 역, 《시베리아 원주민의 역사》, 솔, 2009
조관희 저, 《중국사 강의》, 궁리, 2011.
조길태 저, 《인도사》, 민음사, 2012.
조르주 루 저/김유기 역, 《메소포타미아의 역사 1, 2》, 한국문화사, 2013.
조성권 저, 《마약의 역사》, 인간사랑, 2012.
조성일 저, 《미국학교에서 가르치는 미국역사》, 소이연, 2014.
조셉 린치 저/심창섭 등역, 《중세교회사》, 솔로몬, 2005.
조셉 폰타나 저/김원중 역, 《거울에 비친 유럽》, 새물결, 2005.
조지무쇼 저, 안정미 역, 《지도로 읽는다 한눈에 꿰뚫는 전쟁사도감》, 이다미디어, 2017.
조지 바이런 저, 윤명옥 역, 《바이런 시선》, 지만지, 2015.
조지프 니덤 저/김주식 역, 《조지프 니덤의 동양항해선박사》, 문현,

2016.

조지형 등저, 《지구화 시대의 새로운 세계사》, 혜안, 2008.

조지형 저, 《빅히스토리: 세계는 어떻게 연결되었을까?》, 와이스쿨, 2013.

조흥국 등저, 《제3세계의 역사와 문화》, 한국방송통신대학교출판부, 2012.

존 루이스 개디스 저/박건영 역, 《새로 쓰는 냉전의 역사》, 사회평론, 2003.

존 리더 저/남경태 역, 《아프리카 대륙의 일대기》, 휴머니스트, 2013.

존 맥닐, 윌리엄 맥닐 공저/ 유정희, 김우역 역, 《휴먼 웹. 세계화의 세계사》, 이산, 2010.

존 줄리어스 노리치 편/남경태 역, 《위대한 역사도시70》, 위즈덤하우스, 2010.

존 후퍼 저, 노시내 역, 《이탈리아 사람들이라서 : 지나치게 매력적이고 엄청나게 혼란스러운》, 마티, 2017.

주경철 저, 《대항해시대: 해상 팽창과 근대 세계의 형성》, 서울대학교출판부, 2008.

주경철 저, 《히스토리아》, 산처럼, 2012.

주디스 코핀, 로버트 스테이시 등저/박상익 역, 《새로운 서양 문명의 역사. 상》, 소나무, 2014.

주디스 코핀, 로버트 스테이시 등저/손세호 역, 《새로운 서양 문명의 역사. 하》, 소나무, 2014.

중앙일보 중국연구소 외, 《공자는 귀신을 말하지 않았다》, 중앙북스, 2010.

지리교육연구회 지평 저, 《지리 교사들, 남미와 만나다》, 푸른길, 2011.

지오프리 파커 편/김성환 역, 《아틀라스 세계사》, 사계절, 2009.

찰스 다윈 저, 장순근 역, 《찰스 다윈의 비글호 항해기》, 리젬, 2013.

찰스 스콰이어 저/나영균, 전수용 공역, 《켈트 신화와 전설》, 황소자리, 2009.

최병욱 저, 《동남아시아사 –민족주의 시대》, 산인, 2016.

최병욱 저, 《동남아시아사 –전통시대》, 산인, 2015.

최재호 등저, 《한국이 보이는 세계사》, 창비, 2011.

최충희 등역, 《햐쿠닌잇슈의 작품세계》, 제이앤씨, 2011.

카렌 암스트롱 저/장병옥 역, 《이슬람》, 을유문화사, 2012.

콘수엘로 바렐라, 로베르토 마자라 등저/신윤경 역, 《크리스토퍼 콜럼버스》, 21세기북스, 2010.

콘스탄스 브리텐 부셔 저/강일휴 역, 《중세 프랑스의 귀족과 기사도》, 신서원, 2005.

크리스 브래지어 저/추선영 역, 《세계사, 누구를 위한 기록인가?》, 이후, 2007.

클린 존스 저/방문숙, 이호영 공역, 《사진과 그림으로 보는 케임브리지 프랑스사》, 시공아크로총서, 2001.

타밈 안사리 저/류한월 역, 《이슬람의 눈으로 본 세계사》, 뿌리와이파리, 2011.

타키투스 저/천병희 역, 《게르마니아》, 숲, 2012.

토마스 말로리 저/이현주 역, 《아서왕의 죽음 1, 2》, 나남, 2009.

파멜라 카일 크로슬리 저/강선주 역, 《글로벌 히스토리란 무엇인가》, 휴머니스트, 2010.

패트리샤 버클리 에브리 저 /이동진, 윤미경 공역, 《사진과 그림으로 보는 케임브리지 중국사》, 시공아크로총서 2010.

퍼트리샤 리프 애너월트 저/한국복식학회 역, 《세계 복식 문화사》, 예담, 2009.

페리클레스, 뤼시아스, 이소크라테스, 데모스테네스 저/김헌, 장시은, 김기훈 역, 《그리스의 위대한 연설》, 민음사, 2012.

페르낭 브로델 저/강주헌 역, 《지중해의 기억》, 한길사, 2012.

페르낭 브로델 저/김홍식 역, 《물질문명과 자본주의 읽기》, 갈라파고스, 2014.

페르디난트 자입트 저/차용구 역, 《중세의 빛과 그림자》, 까치글방, 2002.

폴 콜리어 등저/강민수 역, 《제2차 세계대전》, 플래닛미디어, 2008.

프레드 차라 저/강경이 역, 《향신료의 지구사》, 휴머니스트, 2014.

플라노 드 카르피니, 윌리엄 루부룩 등저/김호동 역, 《몽골 제국 기행: 마르코 폴로의 선구자들》, 까치, 2015.

피터 심킨스 등저/강민수 역, 《제1차 세계대전》, 플래닛미디어 2008.

피터 안드레아스 저/정태영 역, 《밀수꾼의 나라 미국》, 글항아리, 2013.

피터 홉커크 저/정영목 역, 《그레이트 게임: 중앙아시아를 둘러싼 숨겨진 전쟁》, 사계절, 2014.

필립 M.H. 벨 저/황의방 역, 《12전환점으로 읽는 제2차 세계대전》, 까치, 2012.

하네다 마사시 저/이수열, 구지영 역, 《동인도회사와 아시아의 바다》, 선인, 2012.

하름 데 블레이 저/유나영 역, 《왜 지금 지리학인가》, 사회평론, 2015.

하야미 이타루 저/양승영 역, 《진화 고생물학》, 서울대학교출판문화원, 2012.

하우마즈 데쓰오 저/김성동 역, 《대영제국은 인도를 어떻게 통치하였는가》, 심산, 2004.

하인리히 뵐플린 저/안인희 역, 《르네상스의 미술》, 휴머니스트, 2002.

하타케야마 소 저, 김경원 역, 《대논쟁! 철학배틀》, 다산초당, 2017.

한국교부학연구회 저, 《교부학 인명·지명 용례집》, 분도출판사, 2008.

한종수 저, 굽시니스트 그림, 《2차 대전의 마이너리그》, 길찾기, 2015.

해양문화연구원 편집위원회 저, 《해양문화 02. 바다와 제국》, 해양문화, 2015.

허청웨이 편/남광철 등역, 《중국을 말한다》 1~9권, 신원문화사, 2008.

헤수스 알바레스 고메스 저/강운자 편역, 《수도생활: 역사 II》, 성바오로, 2002.

호르스트 푸어만 저/안인희 역, 《중세로의 초대》, 이마고, 2005.

홍익희 저, 《세 종교 이야기》, 행성B잎새, 2014.

황대현 저, 《서양 기독교 세계는 왜 분열되었을까?》, 민음인, 2011.

황패강 저, 《일본신화의 연구》, 지식산업사, 1996.

후지이 조지 등저/박진한, 이계황, 박수철 공역, 《쇼군 천황 국민》, 서해문집, 2012.

외국 도서

クリステル・ヨルゲンセン 等著/竹内喜, 德永優子 譯, 《戦闘技術の歴史 3: 近世編》, 創元社, 2012.

サイモン・アングリム 等著/天野淑子 譯, 《戦闘技術の歴史 1: 古代編》, 創元社, 2011.

ジェフリー・リ・ガン, 《ウィジュアル版〈決戦〉の世界史》, 原書房,

2008.
ブライアン・レイヴァリ,《航海の歴史》, 創元社, 2015.
マーティン・J・ドアティ,《図説 中世ヨーロッパ 武器・防具・戦術百科》, 原書房, 2013.
マシュー・ベネット 等著/野下祥子 譯,《戰鬪技術の歷史 2: 中世編》, 創元社, 2014.
リュシアン・ルスロ 等著/辻元よしふみ, 辻元玲子 譯,《華麗なるナポレオン軍の軍服》, マール社, 2014.
ロバート・B・ブルース 等著/野下祥子 譯,《戰鬪技術の歷史 4: ナポレオンの時代編》, 創元社, 2013.
菊地陽太,《知識ゼロからの世界史入門 1部 近現代史》, 幻冬舎, 2010.
気賀澤保規,《絢爛たる世界帝国 隋唐時代》, 講談社, 2005.
金七紀男,《図説 ブラジルの-歴史》, 河出書房新社, 2014.
木下康彦, 木村靖二, 吉田寅 編,《詳說世界史研究 改訂版》, 山川出版社, 2013.
山内昌之,《世界の歴史 20 : 近代イスラームの挑戦》, 中央公論社, 1996.
山川ビジュアル版日本史図録編集委員会,《山川 ビジュアル版日本史図録》, 山川出版社, 2014.
西ヶ谷恭弘 監修,《衣食住になる日本人の歴史 1》, あすなろ書房, 2005.
西ヶ谷恭弘 監修,《衣食住になる日本人の歴史 2》, あすなろ書房, 2007.
小池徹朗 편,《新・歴史群像シリーズ 15: 大清帝國》, 学習研究社, 2008.
水野大樹,《図解 古代兵器》, 新紀元社, 2012.
神野正史,《世界史劇場イスラーム三国志》, ベレ出版, 2014.
神野正史,《世界史劇場イスラーム世界の起源》, ベレ出版, 2013.
五十嵐武士, 福井憲彦,《世界の歴史 21: アメリカとフランスの革命》, 中央公論社, 1998.
宇山卓栄,《世界一おもしろい 世界史の授業》, KADOKAWA, 2014.
伊藤賀一,《世界一おもしろい 日本史の授業》, 中経出版, 2012.
日下部公昭 等編,《山川 詳說世界史図録》, 山川出版社, 2014.
井野瀬久美恵,《興亡の世界史 16: 大英帝国という経験》, 講談社, 2007.
佐藤信 等編,《詳說日本史研究 改訂版》, 山川出版社, 2013.
池上良太,《図解 装飾品》, 新紀元社, 2012.
後藤武士,《読むだけですっきりわかる世界史 近代編》, 玉島社, 2011.
後藤武士,《読むだけですっきりわかる現代編》, 玉島社, 2013.
後河大貴 外,《戦国海賊伝》, 笠倉出版社, 2015.
Acquaro, Enrico:《The Phoenicians: History and Treasures of An Ancient Civilization》, White Star, 2010.
Albert, Mechthild:《Das französische Mittelalter》, Klett, 2005.
Bagley, Robert:《Ancient Sichuan: Treasures from a Lost Civilization》, Princeton University Press, 2001.
Beck, B. Roger&Black, Linda:《World History: Patterns of Interaction》, Holt McDougal, 2010.
Beck, Rainer(hrsg.):《Das Mittelalter》, C.H.Beck, 1997.
Bernlochner, Ludwig(hrsg.):《Geschichten und Geschehen》, Bd. 1-6. Klett, 2004.
Bonavia, Judy:《The Silk Road》, Odyssey, 2008.
Borst, Otto:《Alltagsleben im Mittelalter》, Insel, 1983.
Bosl, Karl:《Bayerische Geschichte》, Ludwig, 1990.
Brown, Peter:《Die Entstehung des christlichen Europa》, C.H.Beck, 1999.
Bumke, Joachim:《Höfische Kultur》, Bd. 1-2. Dtv, 1986.
Celli, Nicoletta:《Ancient Thailand: History and Treasures of An Ancient Civilization》, White Star, 2010.
Cornell, Jim&Tim:《Atlas of the Roman World》, Checkmark Books, 1982.
Davidson, James West&Stoff, Michael B.:《America: History of Our Nation》, Pearson Prentice Hall, 2006.
de Vries, Jan:《Die Geistige Welt der Germanen》, WBG, 1964.
Dinzelbach, P. (hrsg.):《Sachwörterbuch der Mediävistik》, Kröner, 1992.
Dominici, David:《The Maya: History and Treasures of An Ancient Civilization》, VMB Publishers, 2010.
Duby, Georges:《The Chivalrous Society》, translated by Cynthia Postan, University of California Press, 1980.
Eco, Umberto:《Kunst und Schönheit im Mittelalter》, Dtv, 2000.
Ellis, G. Elisabeth&Esler, Anthony:《World History Survey》, Prentice Hall, 2007.
Fromm, Hermann:《Basiswissen Schule: Geschichte》, Duden, 2011.
Funcken, Liliane&Fred:《Rüstungen und Kriegsgerät im Mittelalter》, Mosaik 1979.
Gibbon, Eduard:《Die Germanen im Römischen Weltreich,》, Phaidon, 2002.
Goody, Jack:《The development of the family and marriage in Europe》, Cambridge University Press, 1988.
Grant, Michael:《Ancient History Atlas》, Macmillan, 1972.
Großbongardt, Anette&Klußmann, Uwe,《Spiegel Geschichte 5/2013: Der Erste Weltkrieg》, Spiegel, 2013.
Heiber, Beatrice(hrsg.):《Erlebte Antike》, Dtv 1996.
Hinckeldey, Ch.(hrsg.):《Justiz in alter Zeit》, Mittelalterliches Kriminalmuseum, 1989
Holt McDougal:《World History》, Holt McDougal, 2010.
Horst, Fuhrmann:《Überall ist Mittelalter》, C.H.Beck, 2003.
Horst, Uwe(hrsg.):《Lernbuch Geschichte: Mittelalter》, Klett, 2010.
Huschenbett, Dietrich&Margetts, John(hrsg.):《Reisen und Welterfahrung in der deutschen Literatur des Mittelalters》, Würzburger Beiträge zur deutschen Philologie. Bd. VII, Königshausen&Neumann, 1991.
Karpeil, Frank&Krull, Kathleen:《My World History》, Pearson Education, 2012.
Kircher, Bertram(hrsg.):《König Aruts und die Tafelrunde》, Albatros, 2007.
Klußmann, Uwe&Mohr, Joachim:《Spiegel Geschichte 5/2014: Die Weimarer Republik》, Spiegel 2014.
Klußmann, Uwe:《Spiegel Geschichte 6/2016: Russland》, Spiegel 2016.

Kölzer, Theo&Schieffer, Rudolf(hrsg.): 《Von der Spätantike zum frühen Mittelalter: Kontinuitäten und Brüche, Konzeptionen und Befunde》, Jan Thorbecke, 2009.
Langosch, Karl: 《Profile des lateinischen Mittelalters》, WBG, 1965.
Lesky, Albin: 《Vom Eros der Hellenen》, Vandenhoeck&Ruprecht, 1976.
Levi, Peter: 《Atlas of the Greek World》, Checkmark Books, 1983.
Märtle, Claudia: 《Die 101 wichtigsten Fragen: Mittelalter》 C.H.Beck, 2013.
McGraw-Hill Education: 《World History: Journey Across Time》, McGraw-Hill Education, 2006.
Mohr, Joachim&Pieper, Dietmar: 《Spiegel Geschichte 6/2010: Die Wikinger》, Spiegel, 2010.
Murphey, Rhoads: 《Ottoman warfare, 1500-1700》, Rutgers University Press, 2001
Orsini, Carolina: 《The Incas: History and Treasures of An Ancient Civilization》, White Star, 2010.
Pieper, Dietmar&Mohr, Joachim: 《Spiegel Geschichte 3/2013: Das deutsche Kaiserreich》, Spiegel 2013.
Pieper, Dietmar&Saltzwedel, Johannes: 《Spiegel Geschichte 4/2011: Der Dreißigjährige Krieg》, Spiegel 2011.
Pieper, Dietmar&Saltzwedel, Johannes: 《Spiegel Geschichte 6/2012: Karl der Große》, Spiegel 2012.
Pötzl, Nobert F.&Traub, Rainer: 《Spiegel Geschichte 1/2013: Das Britische Empire》, Spiegel, 2013.
Pötzl, Nobert F.&Saltzwedel: 《Spiegel Geschichte 4/2012: Die Päpste》, Spiegel, 2012.
Prentice Hall: 《History of Our World》, Pearson/Prentice Hall, 2006.
Rizza, Alfredo: 《The Assyrians and the Babylonians: History and Treasures of An Ancient Civilization》White Star, 2007.
Rösener, Werner: 《Die Bauern in der europäischen Geschichte》, C.H.Beck, 1993.
Schmidt-Wiegand: 《Deutsche Rechtsregeln und Rechtssprichwörter》, C.H.Beck, 2002.
Seibt, Ferdinand: 《Die Begründung Europas》, Fischer, 2004.
Seibt, Ferdinand: 《Glanz und Elend des Mittelalters》, Siedler, 1992.
Simek, Rudolf: 《Erde und Kosmos im Mittelalter》, Bechtermünz, 2000.
Speivogel, J. Jackson: 《Glecoe World History》, McGraw-Hill Education, 2004.
Talbert, Richard: 《Atlas of Classical History》, Routledge, 2002.
Tarling, Nicholas(ed.): 《The Cambridge of History of Southeast Asia》, Vol. 1-4. Cambridge University Press 1999.
Todd, Malcolm: 《Die Germanen》Theiss, 2003.
van Royen, René&van der Vegt, Sunnyva: 《Asterix – Die ganze Wahrheit》, übersetzt von Gudrun Penndorf, C.H.Beck, 2004.
Wehrli, Max: 《Geschichte der deutschen Literatur im Mittelalter》, Reclam, 1997.
Zimmermann, Martin: 《Allgemeine Bildung: Große Persönlichkeiten》, Arena, 2004.

논문

기민석, 〈고대 '의회'와 솀어 mlk〉, 《구약논단》 17, 한국구약학회, 2005, 140-160쪽.
김병준, 〈진한제국의 이민족 지배: 부도위 및 속국도위에 대한 재검토〉, 역사학보 제217집, 2013, 107-153쪽.
김인화, 〈아케메네스조 다리우스 1세의 왕권 이념 형성과 그 표상에 대한 분석〉, 서양고대사연구 38, 2014, 37-72쪽
남종국, 〈12~3세기 이자 대부를 둘러싼 논쟁: 자본주의의 서막인가?〉, 서양사연구 제52집, 2015, 5-38쪽.
박병규, 〈스페인어권 카리브 해의 인종 혼종성과 인종민주주의〉, 이베로아메리카 제8권, 제1호. 93-114쪽.
박병규, 〈카리브 해 지역의 문화담론과 문화모델에 관한 연구〉, 스페인어문학 제42호, 2007, 261-278쪽.
박수철, 〈직전정권의 '무가신격화'와 천황〉, 역사교육 제121집, 2012. 221-252쪽.
손태창, 〈신 아시리아 제국 후기에 있어 대 바빌로니아 정책과 그 문제점: 기원전 745-627〉, 서양고대사연구 38, 2014, 7-35
우석균, 《《포폴 부》와 옥수수〉, 이베로아메리카연구 제8권, 1997, 65-89쪽.
유성환, 〈아마르나 시대 예술에 투영된 시간관〉, 인문과학논총, 제73권 4호, 2016, 403-472쪽.
유성환, 〈외국인에 대한 이집트인들의 두 시선: 고왕국 시대에서 신왕국 시대까지 창작된 이집트 문학작품 속의 외국과 외국인에 대한 묘사를 중심으로〉, 서양고대사연구 제34집, 2013, 33-77쪽.
윤은주, 〈18세기 초 프랑스의 재정위기와 로 체제〉, 프랑스사연구 제16호, 2007, 5-41쪽.
이근명, 〈왕안석 신법의 시행과 대간관〉, 중앙사론 제40집, 2014, 75-103쪽.
이삼현, 〈하무라비法典 小考〉, 《법학논총》 2, 국민대학교 법학연구소, 1990, 5-49쪽.
이은정, 〈'다종교, 다민족, 다문화'적인 오스만제국의 통치 전략〉, 역사학보 제217집, 2013, 155-184쪽.
이은정, 〈오스만제국 근대 개혁기 군주의 역할: 셀림3세에서 압뒬하미드 2세에 이르기까지〉, 역사학보 제 208집, 2010, 103-133쪽.
이종근, 〈고대 메소포타미아의 수메르 우르-남무 법의 도덕성에 관한 연구〉, 《법학연구》 32, 한국법학회, 2008, 1-21쪽.
이종근, 〈메소포타미아 법사상 연구: 받는 소(Goring Ox)를 중심으로〉, 《신학지평》 16, 안양대학교 신학연구소, 2003, 297-314쪽.
이종근, 〈생명 존중을 위한 메소포타미아 법들이 정의: 우르 남무와 리피트이쉬타르 법들을 중심으로〉, 《구약논단》 15, 한국구약학회, 2003, 261-297쪽.
이종득, 〈멕시코-테노츠티틀란의 성장 과정과 한계: 삼각동맹〉, 라틴아메리카연구 제23권, 3호. 111-160쪽.
이지은, 〈"인도 센서스"와 식민 지식의 구축: 19세기 인도 사회와

정립되지 않은 카스트〉, 역사문화연구 제59집, 2016, 165-196쪽.
정기문, 〈로마 제국 초기 디아스포라 유대인의 팽창원인〉, 전북사학 제48호, 2016, 279-302쪽.
정기문, 〈음식 문화를 통해서 본 세계사〉, 역사교육 제138집, 2016, 225-250쪽.
정재훈, 〈북아시아 유목 군주권의 이념적 기초: 건국 신화의 계통적 분석을 중심으로〉, 동양사학연구 제122집, 2013, 87-133쪽.
정재훈, 〈북아시아 유목민족의 이동과 정착〉, 동양사학연구 제103집, 2008, 87-116쪽.
정혜주, 〈태초에 빛이 있었다: 마야의 천지 창조 신화〉, 이베로아메리카 제7권 2호, 2005, 31-62쪽.
조주연, 〈미학과 역사가 미술사를 만났을 때〉,《미학》52, 한국미학회, 2007. 373-425쪽.
최재인, 〈미국 역사교육의 쟁점과 전망: 아프리카계 미국인 역사교육을 중심으로〉, 역사비평 제110호, 2015, 232-257쪽.

인터넷 사이트

네이버 지식백과: terms.naver.com
미국 자율학습 사이트: www.khanacademy.org
미국 필라델피아 독립기념관 역사교육 사이트: www.ushistory.org
영국 브리태니커 백과사전: www.britannica.com
영국 대영도서관 아시아, 아프리카 연구 사이트: britishlibrary.typepad.co.uk/asian-and-african
영국 BBC방송 청소년 역사교육 사이트: www.bbc.co.ukschools/primaryhistory
독일 브록하우스 백과사전: www.brockhaus.de
독일 WDR방송 청소년 지식교양 사이트: www.planet-wissen.de
독일 역사박물관 www.dhm.de
독일 청소년 역사교육 사이트: www.kinderzeitmschine.de
독일 연방기록원 www.bundesarchiv.de
위키피디아: www.wikipedia.org

사진 제공

수록된 사진 중 일부는 노력에도 불구하고 저작권자를 확인하지 못하고 출간하였습니다. 확인되는 대로 최선을 다해 협의하겠습니다.
퍼블릭 도메인은 따로 표기하지 않았습니다.

표지
중국의 분할 Wikipedia

1교시
콩고 다이아몬드 광산 게티이미지코리아
파나마 운하 Shutterstock
파쇼다 사건 The Granger Collection
콩고 열대 우림 Agefotostock
세파 프랑 Shutterstock
피그미족 Agefotostock
콩고민주공화국 차밭 MONUSCO Photos
콜탄 Rob Lavinsky, iRocks.com
마운틴 고릴라 Shutterstock
코발트 Shutterstock
킨샤사 MONUSCO Photos
브라자빌 게티이미지코리아
푸앵트누와르 기차역 Col André Kritzinger
리브르빌 Kennedy8kp
오웬도 항구의 목재들 Shutterstock
팜나무 열매 Shutterstock
팜 와인 Dhruvarahjs at ml.wikipedia
카사바 Shutterstock
푸푸와 모암베 Shutterstock
바부트 Shutterstock
빌리빌리 고추 Shutterstock / Ossewa
수확한 목화를 나르는 일꾼 Agefotostock
고무 채취 Shutterstock
벵갈 지역의 모내기 Balaram Mahalder
네덜란드인을 쫓아내는 정성공 통로이미지
싱가포르 Shutterstock
인도네시아 사탕수수 농장 Shutterstock
타이의 짜끄리 마하프라삿 왕궁 Andy Marchand
1869년 수에즈 운하 개통식 Shutterstock
키나 나무껍질 H. Zell
맥심 기관총 Jonathan Cardy
콜카타의 빅토리아 여왕 기념관 Shutterstock
거문도 사건 당시 사진 Wikipedia
빅토리아 폭포 DoctorJoeE

말라위호 Shutterstock
탕가니카호 FRANCESCA ANSALONI
앨리스 셀리 해리슨 Devonish

2교시
돌마바흐체 궁전 Shutterstock
돌마바흐체 궁전 전면 Shutterstock
수에즈 운하 Shutterstock
케르치 요새 Sergey Ashmarin
카불 게티이미지코리아
카르카나 Kandaray from Afghanistan
인도, 이란과의 경제 협약 Narendra Modi
새 시장 Afghanistan Matters
과일 상인 Steve Evans from Citizen of the World
전기차 리튬 전지 Tennen-Gas
휴대폰 리튬 전지 Raimond Spekking
아이나크 구리 광산 Jerome Starkey
바미얀 석불 Tsui / Carl Montgomery
아프가니스탄 국립 박물관 Ninaras
로마의 영향을 받은 유리 공예품 Miguel Hermoso Cuesta
틸리야 테페 금관 World Imaging
신라 금관 국립중앙박물관
반드 에 아미르 Shutterstock
부즈카시 Peretz Partensky from San Francisco, USA
이드 알피트르 AP Images
두그 Shutterstock
케밥 Shutterstock
탈레반 Alamy
카불 독일 대사관 연합뉴스
하자라인 연합뉴스
부르카를 입고 장을 보는 여인 imtfi
왕자궁의 실내 모습 Derzsi Elekes Andor
아흐메트 3세의 왕립 도서관 Наталия19
튤립을 주제로 한 세밀화 Wikipedia
튤립 시대에 유행한 튤립 Shutterstock
오늘날 필로스만 Flyax
테살로니키 하얀 탑 Leandro Neumann Ciuffo from Rio de Janeiro, Brazil
페즈 Édouard Hue
궐하네 칙령 Maldek™
다륄퓌눈(학예원) Shutterstock
테르주마니 아흐왈 Wikipedia
수에즈 운하 건설 통로이미지

이스파한 이맘 광장 Arad Mojtahedi
카라즈 왕조 국기 Iran-persian
테헤란 Shutterstock
쿠란을 읽는 이슬람교도 Mustafa Bader
터만 남은 알바키 영묘 ﻡﻧﻔﻳ
쇼핑몰의 사우디아라비아 여성들 게티이미지코리아
알카에다 조직원 Magharebia
불타는 국제 무역 센터 TheMachineStops (Robert J. Fisch)
응접실 Gryffindor
정원 Shutterstock
선착장 문 Shutterstock
복도 Peace01234
행사장 Gryffindor
하렘 Gryffindor

3교시

홍콩 야경 Shutterstock
양귀비꽃 Shutterstock
블라디보스토크 Даниил Рыжков (Daniil Ryzhkov)
상하이 Shutterstock
홍콩 Shutterstock
홍콩 항 Shutterstock
고층 아파트 Shutterstock
우산 혁명 상징 마크 Wright
우산 혁명 Pasu Au Yeung
홍콩식 밀크티 Shutterstock
1997년 홍콩 반환식 연합뉴스
베네시안 호텔 Shutterstock
에그타르트 Shutterstock
세나도 광장 AwOiSoAk KaOsIoWa
성 바오로 성당 Diego Delso
따자시에 Kentaro Iemoto from Tokyo, Japan
상하이 대한민국 임시 정부 청사(외관) 장유영(Jang yooyoung)
상하이 대한민국 임시 정부 청사 내부 Jiyoon Jung
와이탄 Daniel Case
신티엔디 Jiyoon Jung
칭다오 Shutterstock
칭다오 국제 맥주 축제 연합뉴스
칭다오 맥주 Erik Cleves Kristensen
하이얼 The Conmunity - Pop Culture Geek from Los Angeles, CA, USA / Haier Group
차를 마시는 유럽 여성들 Wellcome Images
홍콩 트램 Shutterstock
폐허가 된 원명원 颐园新居
야오족 Takeaway
홍수전 집무실 KongFu Wang from Beijing, China
전족을 한 여성 Bundesarchiv, Bild 116-127-075
이화원 Shutterstock
베이징 대학교 캠퍼스 Kent Wang

철도 국유화 반대 시위 희생자 추모비 M. Weitzel
우한 Shutterstock
위안스카이 Jindaihua
말레이시아 페낭의 쑨원 박물관 Chongkian
황페이홍 동상 long79
광저우 사자춤 Shutterstock
황페이홍 기념관 무술 시연 게티이미지코리아
〈라이즈 오브 더 레전드: 황비홍〉 연합뉴스

4교시

요코하마 Shutterstock
타이완 총독부 Photo by CEphoto, Uwe Aranas
고쿄 Shutterstock
사세보항 Shutterstock
센카쿠 열도 연합뉴스
후텐마 미군 기지 Pixta
야스카와 전기 산업용 로봇 Ptmetindoerasakti
다네가시마 우주 센터 20nana75
후쿠오카 Jakub Hałun
벳푸 Shutterstock
운젠 온천 지구 Shutterstock
야쿠시마 Shutterstock
〈모노노케 히메〉 포스터 Wikipedia
오키나와 해변 Shutterstock
이부스키 Agefotostock
《풍설서》 National Diet Library
향유고래 Shutterstock
향유고래 기름 Raphael D. Mazor
요코하마 Jorge Láscar from Australia
누에를 치는 일본 사람들 University of Victoria Libraries from Victoria, Canada
규나베 Shutterstock
이타가키 다이스케 Hide-sp
갑신정변을 일으킨 개화파들 독립기념관
러시아와 일본 사이에서 고통받는 조선 Alamy
영일 동맹 조약문 World Imaging
대포를 맞고 침몰하는 발트해 함대 토픽이미지스
신센구미 본거지 Kakidai
이케다야 じゃんもどき
신센구미 제복 Michael Reeve (MykReeve)
일본의 인기 만화 〈은혼〉 Wikipedia
미쓰비스 중공업 크레인 I LOVE NAGASAKI
하시마섬 kntrty
미쓰비시에 피해 보상을 요구하는 사람들 뉴시스
도시바 노트북 Smial
삿포로 비어 공장 Prosperosity
미쓰이 타워 Angaurits
도요타 자동차 생산 공장 Bertel Schmitt

퀴즈 정답

1교시

1 ①
2 ③
3 O, O, X
4 Ⓐ 파쇼다, Ⓑ 에티오피아
5 ①

2교시

1 예니체리
2 ④
3 탄지마트
4 ②
5 ④
6 ㉡-㉢-㉠-㉣

3교시

1 아편
2 ③
3 ④
4 ㉢-㉠-㉣-㉡
5 쑨원
6 ③

4교시

1 ①
2 메이지 유신
3 ④
4 ①
5 ④
6 ㉢-㉣-㉡-㉠

일러두기

- 맞춤법과 띄어쓰기는 국립국어원에서 펴낸 《표준국어대사전》을 따랐습니다.
- 역사 용어와 띄어쓰기는 《교과서 편수자료》의 표기 원칙을 따랐습니다.
  단, 학계의 일반적인 표기와 다른 경우 감수자의 자문을 거쳐 학계의 표기를 따랐습니다.
- 중국의 지명은 현재까지 남아 있는 지명은 중국어 발음, 남아 있지 않은 지명은 한자음을 따랐습니다.
- 중국의 인명은 변법자강 운동을 기준으로 그 이전은 한자음, 그 이후는 중국어 발음을 따라하는 것을 원칙으로 했습니다.
- 일본의 지명과 인명은 일본어 발음을 따랐습니다.

- 이 책에 실린 사진은 북앤포토를 통해 저작권자로부터 사용허가를 받았습니다.
- 일부 사진은 wikipedia commons public domain에 게재되어 있습니다.
- 저작권자와 접촉이 되지 않는 등 불가피한 사정으로 사용 허가를 받지 못한 사진에 대해서는
  저작권자의 허락을 구하는 대로 게재 허락을 받고 사용료를 지불하겠습니다.
- 이 책에 실려 있는 지도와 그림의 저작권은 별도의 표기가 없는 한 (주)사회평론에 있습니다.

교양으로 읽는 용선생 세계사 ⑪ 제국주의의 등장 — 제국주의의 등장, 이슬람 세계의 쇠퇴, 청나라의 몰락과 일본의 부상

전면 개정판 1쇄 발행　　2025년 7월 23일

글	차윤석, 김선빈, 박병익, 김선혜
그림	이우일, 박기종
지도	김경진
구성	장유영, 정지윤
자문 및 감수	강영순, 김광수, 박상수, 박수철, 이은정, 이지은, 최재인
교과 과정 감수	박혜정, 한유라, 원지혜
어린이사업본부	이승필
편집	송용운, 김언진, 윤선아
마케팅	윤영채, 정하연, 안은지, 박찬수, 염승연
경영지원	나연희, 주광근, 오민정, 정민희, 김수아, 김승현
디자인	이수경
본문디자인	박효영, d.purple
사진	북앤포토
영상 제작	(주)트립클립

펴낸이	윤철호
펴낸곳	(주)사회평론
전화	02-326-1182
팩스	02-326-1626
주소	03993 서울시 마포구 월드컵북로6길 56 사평빌딩
용선생 클래스	yongclass.com
출판등록	1993년 10월 6일 제 10-876호

ⓒ사회평론, 2018

ISBN 979-11-6273-370-7 73900

- 이 책 내용의 일부나 전부를 다시 사용하려면 저작권자와 사회평론의 동의를 받아야 합니다.
- 잘못 만들어진 책은 구입하신 곳에서 바꾸어 드립니다.

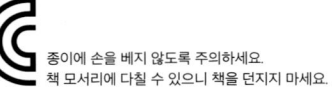
종이에 손을 베지 않도록 주의하세요.
책 모서리에 다칠 수 있으니 책을 던지지 마세요.

이 책을 만드는 데 강의, 자문, 감수하신 분

강영순(한국외국어대학교 강사)
아세아연합신학대학교 아세아학과를 졸업하고 한국외국어대학교 대학원 아시아학과에서 석사 학위를, 국립 인도네시아대학교에서 박사 학위를 받았습니다. 현재 한국외국어대학교 말레이·인도네시아어통번역 학과에서 강의를 하고 있습니다. 〈인도네시아 환경정치에 대한 연구: 열대림을 중심으로〉, 〈수까르노와 이승만: 제2차 세계 대전 후 건국 지도자 비교〉, 〈인도네시아 서 파푸아 특별자치제에 관한 연구〉 등의 논문을 지었습니다.

김광수(한국외국어대학교 HK교수)
한국외국어대학교를 졸업하고 남아프리카 공화국 노스-웨스트대학교 역사학과에서 석사·박사 학위를 받았습니다. 현재 한국외국어대학교 아프리카연구소 HK교수로 재직 중입니다. 지은 책으로 《스와힐리어 연구》, 《에티오피아 악숨 문명》 등이 있고, 함께 지은 책으로 《7인 7색 아프리카》, 《남아프리카사》 등이 있으며 《현대 아프리카의 이해》를 우리말로 옮겼습니다.

김병준(서울대학교 교수)
서울대학교 동양사학과를 졸업하고 같은 학교 대학원에서 석사·박사 학위를 받았습니다. 현재 서울대학교 역사학부 교수로 재직 중입니다. 《순간과 영원: 중국고대의 미술과 건축》, 《고사변 자서》 등을 우리말로 옮겼고, 《중국고대 지역문화와 군현지배》 등을 지었습니다. 함께 지은 책으로 《사료로 보는 아시아사》, 《역사학의 성과와 역사교육의 방향》, 《동아시아의 문화교류와 소통》 등이 있습니다.

남종국(이화여자대학교 교수)
서울대학교 서양사학과를 졸업하고 같은 학교 대학원에서 석사 학위를, 프랑스 파리1대학에서 박사 학위를 받았습니다. 현재 이화여대 사학과 교수로 재직하고 있습니다. 지은 책으로 《이탈리아 상인의 위대한 도전》, 《지중해 교역은 유럽을 어떻게 바꾸었을까?》, 《세계사 뛰어넘기》 등이 있으며 《프라토의 중세 상인》을 우리말로 옮겼습니다.

박병규(서울대학교 HK교수)
고려대학교 서어서문학과를 졸업하고 멕시코 국립대학(UNAM)에서 문학 박사 학위를 받았습니다. 현재는 서울대 라틴아메리카연구소 HK교수로 재직 중입니다. 《불의 기억》, 《파블로 네루다 자서전 - 사랑하고 노래하고 투쟁하다》, 《1492년, 타자의 은폐》 등을 우리 말로 옮겼습니다.

박상수(고려대학교 교수)
고려대학교 사학과를 졸업하고 같은 학교 대학원에서 석사학위와 박사과정 수료를, 프랑스 국립 사회과학고등연구원에서 박사 학위를 받았습니다. 현재 고려대학교 사학과 교수로 재직하고 있습니다. 지은 책으로 《중국혁명과 비밀결사》 등이 있고, 함께 지은 책으로는 《동아시아, 인식과 역사적 실재: 전시기(戰時期)에 대한 조명》 등이 있습니다. 《중국현대사 - 공산당, 국가, 사회의 격동》을 우리말로 옮겼습니다.

박수철(서울대학교 교수)
서울대학교 역사교육과를 졸업하고 같은 대학 대학원 동양사학과에서 석사를, 일본 교토대에서 박사 학위를 받았습니다. 현재는 서울대학교 역사학부 교수로 재직 중입니다. 지은 책으로는 《오다·도요토미 정권의 사사지배와 천황》이 있으며, 함께 지은 책으로는 《아틀라스 일본사》, 《사료로 보는 아시아사》, 《일본사의 변혁기를 본다》 등이 있습니다.

성춘택(경희대학교 교수)
서울대학교 고고미술사학과와 대학원에서 고고학을 전공했으며, 워싱턴대학교 인류학과에서 고고학으로 석사와 박사 학위를 받았습니다. 현재 경희대학교 사학과 교수로 재직 중입니다. 《석기고고학》이란 책을 쓰고, 《고고학》, 《다윈 진화고고학》, 《인류학과 고고학》 등을 우리말로 옮겼습니다.

유성환(서울대학교 강사)
부산대학교 영문학과를 졸업하고 미국 브라운대학교에서 박사 학위를 받았습니다. 현재 서울대 아시아언어문명학부에서 강의를 하고 있습니다. 〈이히, 시스트럼 연주자-이히를 통해 본 어린이 신 패턴〉과 〈외국인에 대한 이집트인들의 두 시선〉 등의 논문을 지었습니다.

윤은주(국민대학교 강의 전담 교수)
서울대학교 서양사학과를 졸업하고 프랑스 사회과학고등연구원에서 박사 학위를 받았습니다. 현재 국민대학교 교양대학 강의 전담 교원으로 일하고 있습니다. 《넬슨 만델라 평전》을 우리말로 옮겼으며 《히스토리》의 4~5장과 유럽 국가들의 연표를 우리말로 옮겼습니다.

이근명(한국외국어대학교 교수)
서울대학교 동양사학과를 졸업하고 같은 학교 대학원에서 석사·박사 학위를 받았습니다. 현재 한국외국어대학교 사학과 교수로 재직하고 있습니다. 지은 책으로는 《남송 시대 복건 사회의 변화와 식량 수급》, 《아틀라스 중국사(공저)》, 《동북아 중세의 한족과 북방민족》 등이 있고, 《중국역사》, 《중국의 시험지옥 - 과거》, 《송사 외국전 역주》 등을 우리말로 옮겼습니다.

이은정(서울대학교 강사)
한국외국어대학교 터키어과를 졸업하고 터키 국립 앙카라 대학교 역사학과에서 석사 학위를, 서울대학교 서양사학과에서 박사 학위를 받았습니다. 현재는 서울대학교 등에서 강의를 하고 있습니다. 〈16-17세기 오스만 황실 여성의 사회적 위상과 공적 역할-오스만 황태후의 역할을 중심으로〉와 〈'다종교·다민족·다문화'적인 오스만 제국의 통치전략〉 등의 논문을 지었습니다.

이지은(한국외국어대학교 전임연구원)
이화여대 사학과를 졸업하고 한국외국어대학교와 인도 델리대학교, 네루대학교에서 석사·박사 학위를 받았습니다. 현재 한국외국어대학교 인도연구소 전임연구원으로 일하고 있습니다. 함께 지은 책으로는 《탈서구중심주의는 가능한가》가 있으며 〈인도 식민지 시기와 국가형성기 하층카스트 엘리트의 저항 담론 형성과 역사인식〉, 〈반서구중심주의에서 원리주의까지〉 등의 논문을 지었습니다.

정기문(군산대학교 교수)
서울대학교 역사교육과를 졸업하고 같은 학교 대학원에서 석사·박사 학위를 받았습니다. 현재 군산대학교 사학과 교수로 재직하고 있습니다. 지은 책으로는 《한국인을 위한 서양사》, 《내 딸을 위한 여성사》, 《역사란 무엇인가》 등이 있고, 《역사, 시민이 묻고 역사가 답하다 저널리스트가 논하다》, 《고대 로마인의 생각과 힘》, 《지식의 재발견》 등을 우리말로 옮겼습니다.

정재훈(경상대학교 교수)
서울대학교 동양사학과를 졸업하고 같은 학교 대학원에서 석사·박사 학위를 받았습니다. 현재 경상대학교 사학과 교수로 재직 중입니다. 지은 책으로는 《돌궐 유목제국사》, 《위구르 유목 제국사(744~840)》 등이 있고 《유라시아 유목제국사》, 《사료로 보는 아시아사》 등을 우리말로 옮겼습니다.

최재인(서울대학교 강사)
서울대학교 서양사학과를 졸업하고 같은 학교 대학원에서 석사·박사 학위를 받았습니다. 현재 서울대학교 강사로 일하고 있습니다. 함께 지은 책으로 《서양여성들 근대를 달리다》, 《여성의 삶과 문화》, 《다민족 다인종 국가의 역사인식》, 《동서양 역사 속의 다문화적 전개양상》 등이 있고, 《가부장제와 자본주의》, 《유럽의 자본주의》, 《세계사 공부의 기초》 등을 우리말로 옮겼습니다.